云南省哲学社会科学创新团队成果文库

上市公司财务报表重述：
预防与发现

Financial Statement Restatements
of Chinese Listed Companies:
Prevention and Detection

佘晓燕　著

社会科学文献出版社
SOCIAL SCIENCES ACADEMIC PRESS(CHINA)

《云南省哲学社会科学创新团队成果文库》
编辑说明

《云南省哲学社会科学创新团队成果文库》是云南省哲学社会科学创新团队建设中的一个重要项目。编辑出版《云南省哲学社会科学创新团队成果文库》是落实中央、省委关于加强中国特色新型智库建设意见，充分发挥哲学社会科学优秀成果的示范引领作用，为推进哲学社会科学学科体系、学术观点和科研方法创新，为繁荣发展哲学社会科学服务。

云南省哲学社会科学创新团队 2011 年开始立项建设，在整合研究力量和出人才、出成果方面成效显著，产生了一批有学术分量的基础理论研究和应用研究成果，2016 年云南省社会科学界联合会决定组织编辑出版《云南省哲学社会科学创新团队成果文库》。

《云南省哲学社会科学创新团队成果文库》从 2016 年开始编辑出版，拟用 5 年时间集中推出 100 本云南省哲学社会科学创新团队研究成果。云南省社科联高度重视此项工作，专门成立了评审委员会，遵循科学、公平、公正、公开的原则，对申报的项目进行了资格审查、初评、终评的遴选工作，按照"坚持正确导向，充分体现马克思主义的立场、观点、方法；具有原创性、开拓性、前沿性，对推动经济社会发展和学科建设意义重大；符合学术规范，学风严谨、文风朴实"的标准，遴选出一批创新团队的优秀成果，根据"统一标识、统一封面、统一版式、统一标准"的总体要求，组织出版，以达到整理、总结、展示、交流，推动学术研究，促进云南社会科学学术建设与繁荣发展的目的。

编委会

2017 年 6 月

前　言

　　会计信息是资本市场上投资者进行投资决策的主要信息来源之一，因而高质量的会计信息是现代资本市场正常运转的主要基石，也是投资者利益得以充分保护的重要保障。上市公司财务报告作为上市公司对外披露信息的重要方式，是投资者了解上市公司的主要途径。近年来，国内外大量的财务报表重述对投资者和资本市场起到了误导的作用，导致了市场资源配置的低效率。财务报表重述在一定程度上动摇了投资者对财务报表系统的信心。在国内外都有大量报表重述现象的情况下，对这一问题的研究较有现实意义。财务报表重述作为一种不实财务报表的纠错机制，它所反映出来的是监管力度的加大，同时，也表明财务报表的质量令人担忧。无论在制度层面上，还是在实务当中都有许多值得进一步深入研究的问题。从国内的资本市场来看，相关研究关注较多的是财务报表舞弊现象，而对财务报表重述较少关注。从财务报表舞弊入手，研究报表信息披露质量问题固然比较直接，但因财务报表舞弊的认定需要一定的法律程序和周期，可靠的样本较难获得，而且舞弊样本属于财务报表质量较差的极端情况，研究结论也有一定的局限性。本书连续考察了我国上市公司 2002～2017 年的财务报表重述情况，大量的财务报表重述事件让本书有了一个新的切入点来探索如何提高财务报表的质量。

　　本书的基本思路是：在对我国资本市场财务报表重述原因、特征、存在问题、发展趋势进行分析的基础上，考察公司治理和外部审计在防范财务报表重述上所起的作用，从而为财务报表重述的监管提供一定的政策建议。

遵循以上研究思路，本书分三个部分开展研究，共九章，各部分涵盖的内容如下。

第一部分，即第一章，导论。作为引论部分，首先，介绍了本书的研究背景、目的和意义，并在此基础上提出了本书所要研究的问题。其次，梳理了财务报表重述的相关文献。文献主要集中于研究财务报表重述动因、财务报表重述与公司治理特征的关系、财务报表重述与外部审计质量的关系以及财务报表重述研究的其他领域。最后，阐述了本书的研究内容、全书的框架以及研究方法。

第二部分，在对我国资本市场财务报表重述原因、特征、存在问题、发展趋势进行分析的基础上，考察公司治理和外部审计在防范财务报表重述上所起的作用。包括第二~八章。

第三部分，即第九章，研究结论及政策建议。本章是对全书的总结，归纳本书的创新及主要观点，分析研究的局限性与改进建议，并提出上市公司财务报表重述问题的未来研究方向。

本书的主要创新点包括以下几个方面。

第一，从财务报表重述的数量、重述的原因、重述的提起人、重述公司审计意见、重述公司行业分布、重述公司地区分布、重述信息披露质量、重述方向、重述公司注册会计师更换等九个方面入手，研究了我国财务报表重述公司的特征。在此基础上，指出了我国上市公司财务报表重述存在的严重问题，具体表现为重述制度不完善、报表重述信息披露滞后，重述金额巨大、利用重大会计差错调节利润较明显，重述错误表述含混不清，审计意见模糊、不准确，重大会计差错与非重大会计差错混淆，前后任会计师缺乏沟通，财务报表重述动机较隐蔽，重述结果真实性仍受到质疑等。这些结论为规范上市公司财务报表重述、提高财务报表质量提供了重要依据。

　　第二，基于大量的资本市场数据，进行了实证研究。首先，用实证研究方法检验了外部审计在防范财务报表重述中所起的作用和局限性。研究发现，非标审计意见能够在一定程度上反映报表重述公司盈余错报的程度、盈余错报的动机，注册会计师对财务报表中的重大错报有一定程度的识别，但外部审计对财务报表重述的发现作用不是非常显著，外部审计质量还有待提高。其次，用实证研究方法检验了公司治理特征在预防财务报表重述中所起的作用和局限性。检验结果表明，公司治理在财务报表重述上也没有发挥应有的预防作用，公司治理不应只重视其治理结构的表面特征，而更应关注公司治理的实效。以上结论为资本市场监管当局在制定相应措施的基础上提供了经验证据。

　　第三，本书的研究对象是我国 2002～2017 年发生报表重述的 A 股上市公司。本书连续考察了我国上市公司 2002～2017 年的财务报表重述情况。其中，既包括错误导致的报表重述，也包括舞弊导致的报表重述，分别从差错年度和重述年度两个角度来进行研究，研究样本有较好的代表性。目前检索到的有关财务报表质量的文献，其研究样本大多为财务报表舞弊，属于信息披露质量差的极端情况，样本量少，研究结论不具有较好的代表性。大部分文献主要集中于研究财务报表重述的发生机制，即导致报表需进行重大会计差错追溯调整的原因，一部分文献对重大会计差错的手段方式进行了分析研究，但系统地研究财务报表重述相关问题的文献较少。此外，也有部分文献研究了财务报表重述引发的市场反应，以及财务报表重述对审计质量相关方面的影响。但总的来说，无论从研究的范围还是研究的深度来看，有关财务报表重述的研究都明显不足，进一步研究的空间很大。

目 录

第一章

导　论

一　研究背景、目的和意义

近年来，国内外资本市场上出现了大量的财务报表重述事件，越来越多的公司在发布年报之后的一年或几年内，又重新对前期发布过的报表进行修正。这种重述前期发布的财务报表的现象，国外有文献形象地称之为"外科手术"，即通过重述使存在问题的报表就像动过手术的病人一样迅速地恢复健康。这一现象引起了人们对公司治理有效性及财务报表审计质量的关注。财务报表是会计信息的载体，财务报表的重述意味着前期报表的不真实，当然报表重述也是一种纠错机制，但伴随这种机制而来的是一系列的问题：是什么原因导致了报表重述？重述是否合理？注册会计师在其中起到何种作用？这些都是值得本书进一步思考的问题。

（一）国外上市公司财务报表重述现象回顾

财务报表重述问题较早引起关注是在美国，尽管其市场经济发达、会计水准较高，但在这样的国家中，财务报表错弊的状况也令人担忧。监管部门关注到，越来越多的美国公司宣布对其前期发布的财务报表进行重述，较典型的如美国安然公司（Enron）于2001年11月8日向美国证交会（SEC）提交Form 8-K格式报告，宣布由于隐藏债务和虚增利润等问题，需重新表述1997~2000年度的财务报告；美国世界通信公司（WorldCom）于2002年6月22日发布临时公告，宣布存在一笔不恰当的资本支出导致虚增利润 30 多亿美元，因此要对其 2001 年度财务报告和 2002 年第一季度财务报告重新表述。针对上市公司不断增加的重述现象，美国政府问责局（Government Accountability Office，GAO）进行了专门研究，于 2002 年 10 月 24 日发布了一份 262 页的有关财务报表重述的报告《财务报表重述：趋势、市场反应、监管回应和剩余挑战》①，报告涵盖了该机构长达 8 个月的研究结果，这也是迄今为止最早系统研究财务报表重述的一份报告。报告指出：由会计违规操作引起的财务报表重述的现象十分严重。1997 年 1 月~2002 年 6 月 30 日，有近 10% 的上市公司宣布过至少一次的报表重述。这类报表重述现象的增长率为 145%，并预期将在 2002 年底达到 170%。这些曾对报表进行重述的公司市值累计损失 1000 亿美元。调查结果表明，这些损失动摇了投资者对财务报表系统的信心。报告特别突出了对包括 Adelphia、Enron、MicroStrategy、Rite Aid、SunbeamYachts、Waste Management、Xerox 等公司在内的案例研究，1997~2002 年共有 919 家美国上市公司重述报表。图 1-1、表 1-1 反映了 1997~2002 年美国财务报表重述公司的数量和历年分布情况。

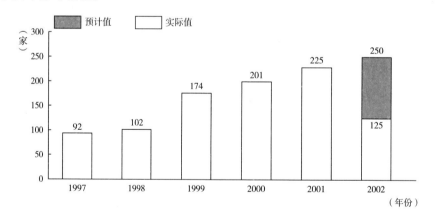

图 1-1　1997~2002 年美国财务报表重述公司数量分布

注：包括在场外交易（OTC）公告板和粉单市场上交易的上市公司的重述公告。此外，请注意，2002 年的数据是根据到 2002 年 6 月收集到的 125 份重述声明估计的。

资料来源：GAO 对相关新闻稿和美国证券交易委员会（SEC）文件的分析。

---

① GAO, "Financial Statement Restatements: Trends, Market Impacts, Regulatory Responses, and Remaining Challenges," October 4, 2002.

表 1-1　1997~2002 年美国财务报表重述公司占上市公司比例分布

单位：家，%

年份	上市公司数量	报表重述公司数量	占比
1997	9275	83	0.89
1998	9179	94	1.02
1999	8739	151	1.73
2000	8534	171	2.00
2001	7902	195	2.47
2002	7446	220	2.95
1997~2002	8494	845	9.95

注：1997~2002 年上市公司（纽约证券交易所、纳斯达克和美国证券交易所上市公司）的数量以月平均值为基础。2002 年上市公司的数量截至 2002 年 6 月 30 日。2002 年重述的上市公司总数是根据截至 2002 年 6 月确定的独特公司估算的。重述一次以上的公司只计算一次。另外，要注意重述的上市公司数量与重述的总数量不同，因为并非所有重述的公司都在纽约证券交易所（NYSE）、纳斯达克（NASDAQ）或美国证券交易所（AMEX）上市。例如，1997 年有 92 次重述；然而，有 8 家公司被认定为场外交易，1 家公司被确认 2 次，剩下 83 家上市公司被确认为重述。

资料来源：GAO 对重述公告和纳斯达克的分析。

　　2006 年 7 月，美国政府问责局（GAO）再次发布研究报告《财务报表重述：上市公司最新趋势、市场反应及强制监管行动》[1]。报告研究了自上次研究报告之后即 2002 年之后上市公司财务报表重述的情况，这份报告是对 2002 年研究报告的延续和对比。上市公司财务报表重述的数量每年都在增长，从 2002 年的 314 家上升到 2005 年 9 月的 523 家。2002 年 7 月~2005 年 9 月，大约有 1121 家上市公司发布了 1390 个重述公告。2002~2005 年，财务报表重述的比例从 3.7% 上升到 6.8%，重述公告确认的比例上升至 67%。图 1-2 汇总了 1997~2005 年美国上市公司财务报表重述的总体情况。

　　另外，著名的休伦咨询公司（Huron）也于 2003 年 1 月发布了一份研究报告《对财务报表重述事件的分析：规则、错误、道德——截至 2002 年 12 月 31 日五年间的数据》[2]，对包括公司规模、行业和引起重述在内的诸多问题进行了详尽的分析。

---

[1]　GAO, "Financial Statement Restatements: Update of Public Company Trends, Market Impacts, and Regulatory Enforcement Activities," July 24, 2006.

[2]　Huron, "An Analysis of Restatement Matters: Rules, Errors, Ethics—For the Five Years Ended December 31, 2002," Huron Consulting Group, LLC. January, 2003. https://www.huronconsultinggroup.com/.

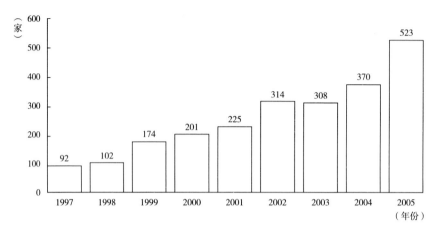

图 1-2　1997~2005 年美国财务报表重述公司数量分布
注：包括大型上市公司在场外交易（OTC）公告板和粉单市场上的重述。
资料来源：GAO 对相关新闻稿和 SEC 文件的分析。

　　近年来，美国上市公司仍然存在诸多财务报表重述的现象，许多学者采用大量实证方法研究分析了美国上市公司财务报表重述的特征，且其研究主要集中在公司规模、资产负债率、成长性、盈利能力以及应计性项目等方面。譬如，一般认为大公司更容易发生财务报表重述，但艾哈迈德（K. Ahmed）和古德温（J. Goodwin）却发现小规模的公司也会发生财务报表重述；同时，在分析美国上市公司进行财务报表重述的内部原因时发现，其重述的重要原因是进行盈余管理操纵利润。[①]

（二）国内上市公司财务报表重述现象回顾

　　从国内的资本市场来看，早期有关财务报表的研究关注较多的还是会计舞弊，从 20 世纪 90 年代初的"深圳原野"，到 1997~1998 年的"琼民源""红光实业""东方锅炉"，以及让人们记忆犹新的"大庆联谊""银广厦"事件，越来越多的会计舞弊案把人们的目光吸引到上市公司的舞弊上来，但财务报表重述事件却因手段和表现形式隐匿而较少受到关注，实际上财务报表重述在我国上市公司中并不少见，例如，科龙电器屡屡出现

① Kamran Ahmed, John Goodwin, "An Empirical Investigation of Earnings Restatements by Australian Firms," *Accounting and Finance* 47（2007）：1-22.

重大会计差错更正现象。2003 年 4 月 4 日《中国证券报》和《证券时报》曾发布会计报告重新表述公告称：报表重述事项使科龙电器 2002 年的合并资产负债表净资产减少 11122 万元，2002 年度公司合并利润及利润分配表净利润减少 9959 万元。此外，2005 年上半年的半年报中科龙电器也承认了两笔重大会计差错更正，分别是 2004 年不适当地确认 4.31 亿元的销售收入以及 2003 年漏计应收及应付款项各 6500 万元。① 另一个更惊人的案例是 TCL 通讯，TCL 通讯虽然已于 2004 年 1 月 13 日终止上市，但其重大会计差错仍然令人震惊。2003 年 3 月 29 日，TCL 通讯发布了《关于对公司 2000 年度会计报表所反映问题进行整改的报告》，报告中提到：中国证监会广州证管办于 2003 年 1 月 22 日对公司下发了整改通知，指出 TCL 通讯的会计处理不当，由于提前确认未实现的销售收入、研发费用未计入当期损益、提前确认所得税返还收益、漏结转成本、少计销售费用等，2000 年度会计报表出现虚增利润 4952 万元的重大会计差错。针对此问题，TCL 通讯在 2001 年年报中做了追溯调整。查看 TCL 通讯 2001 年年报发现，会计差错追溯调整事项之多令人不敢相信这是一家上市公司的年报，差错调整项目多达八项，分别是：①2000 年度及以前年度，少计提的资产减值准备合计分别约为 6949 万元及 942 万元；②2000 年度，确认了未实现的销售收入，造成多计利润约 426 万元；③2000 年度及以前年度，由于成本结转计算的差错，少计算成本分别约为 2265 万元及 350 万元；④2000 年度，所得税返还款于年末并未实际收到，而公司已冲减了 2000 年度的所得税费用，造成少计所得税费用约 300 万元；⑤2000 年度及以前年度，将实际已发生的广告费用计入待摊费用摊销，造成少计费用分别约 1915 万元及 77 万元；⑥2000 年度，将研究开发费用计入长期待摊费用摊销，造成少计费用约 1200 万元；⑦2000 年度，未将公司本部与分公司间交易产生的存货未实现利润予以抵销，造成多计利润约 840 万元；⑧2000 年度，其他会计差错，造成少计费用约 221 万元。② 这些显而易见的重大会计差错居然在注册会计师眼皮底下溜走，不能不让人怀疑外部审计的质量！最令人不解的是，没有人为这些重大的会计差错负责，TCL 通讯公司也未因如此巨

---

① 巨潮资讯网站 http：//www.cninfo.com.cn/new/index，最后访问日期：2005 年 8 月 31 日。
② 巨潮资讯网站 http：//www.cninfo.com.cn/new/index，最后访问日期：2002 年 4 月 26 日。

大的财务报表重述而受到处罚。为 TCL 通讯执行 2000 年度审计的中天勤已经解体，认定会计差错的安达信·华强也已经解体，无法再去追溯它们的责任，而财务报表重述所带来的问题却依然存在。

据本书统计，2002~2006 年，我国 A 股上市公司会计差错次数共计 991 次（其中，沪市 517 次，深市 474 次），发生会计差错的公司共计 637 家（重述 1 次的公司为 389 家，累计重述 1 次以上的公司为 248 家）。2007~2017 年，我国 A 股上市公司会计差错次数共计 2062 次（其中，沪市 1222 次，深市 840 次），发生会计差错的公司共计 919 家（重述 1 次的公司为 393 家，累计重述 1 次以上的公司为 526 家）。

2005 年，《中国注册会计师行业发展研究资料 2004》分析了 2003 年上市公司审计报告非标准意见，这份报告指出，我国证券市场上会计报表重述现象时有发生，每年的比例在 0.1% 到 0.5% 之间，主要是一些上市公司进行会计造假而被监管部门发现，被迫对会计报表进行更正。也有一些上市公司在会计政策的选用、会计估计和会计报表的披露方面不完全符合要求，监管部门责令其对会计报表做出更正。[①]

自 2007 年 1 月 1 日起执行新会计准则后，有关财务报表重述的研究随之兴起。本书对 2007~2017 年沪深 A 股上市公司发生财务报表重述的样本进行统计后发现，与 2007 年之前的财务报表重述相比，近年来发生的财务报表重述存在重述种类多、重述原因杂、重述范围广的状况，与之前大多数由会计差错或会计舞弊造成的重述相比，如今的重述涉及会计、技术、法律法规等多个方面，并且其重述的原因也是多种多样的，譬如有因为利润造假重述的，有因为数据错误需要更正重述的，有因为遗漏内容需要补充披露重述的……但财务造假、延迟披露等导致的财务报表重述仍是大家关注的重中之重，且有关此类的重述还存在滞后重述的情况。例如，始建于 1956 年的紫光古汉集团股份有限公司（以下简称"紫光古汉"）于 1996 年 1 月 19 日在深圳证券交易所 A 股上市。2013 年 3 月 12 日，紫光古汉披露了公司财务造假等多项违法事实及证监会的处罚决定。2005~2008 年，紫光古汉连续四年累计虚增利润 5163.83 万元，占其对外披露利润累

---

① 中国注册会计师协会编《中国注册会计师行业发展研究资料 2004》，经济科学出版社，2005，第 202 页。

计额的 87.04%。其实，早在 2009 年 8 月 28 日，紫光古汉便披露了因涉嫌违反证券法律法规而被湖南证监局立案稽查的事项。时隔 3 年半后，紫光古汉终于披露了其违法的具体事实。重述公告称，紫光古汉遭证监会警告并处 50 万元罚款，前董事长郭元林等 7 名时任高管被证监会警告并处累计 39 万元罚款。同时，涉及影响以前年度财务报表的事项如下：①2005～2007 年，虚增营业收入 5325 万元，虚增营业成本 1121 万元，该事项导致紫光古汉 2005～2007 年虚增利润 2756 万元；②2005 年，紫光古汉对湖南紫光药业有限公司 756 万元返利未计入当年营业费用；③2007 年，虚减财务费用 88 万元，子公司紫光古汉集团衡阳中药有限公司向职工借款 783 万元未在报表中反映；④2008 年，虚减财务费用 116 万元，紫光古汉自郑州谙拓公司借款 1200 万元未在报表中反映。分析其发生重述的原因可知，紫光古汉财务造假的主要动因应该是避免被 ST 以及随之而来的退市风险。同时，证监会的处罚公告显示，中国证监会针对这一系列造假行为给予紫光古汉 50 万元罚款，并对相关人员处以共计 39 万元罚款。从罚款的金额上看，似乎其财务造假付出的代价并不大，远远低于其退市所带来的损失。

总体来说，虽然我国发生财务报表重述的公司总体呈现减少趋势，但反映出来的问题却较为严重，主要问题集中在以下几方面：重述制度不完善、报表重述信息披露滞后；重述金额巨大、利用重大会计差错调节利润较明显；重述错误表述含混不清；重大会计差错与非重大会计差错混淆；审计意见模糊、不准确；前后任会计师缺乏沟通；财务报表重述动机较隐蔽等。

高质量的财务报告长期以来都是资本市场上各参与方追求的目标，而如何才能保证一份高质量财务报告的披露却是一个巨大的难题。它需要上市公司、监管部门、外部审计等各方面的合作，因此，提供高质量的财务报告是一个复杂的系统工程。前已述及会计舞弊案因被曝光而备受瞩目，而财务报表重述却还是躲在阴影中的问题，虽然仅从重述事件本身难以看出上市公司是否舞弊，但从这一问题展开研究，却能从另一个角度探索提高财务报表质量的途径。

财务报表重述有损财务报表的公正性和可靠性，降低社会经济资源的配置效率。高质量的信息披露可以降低资本市场的信息不对称程度，降低交易成本，从而提高资本市场的效率，改善资源配置。对财务报表重述和外部审计质量的研究还有助于找到重塑投资者信心的途径，为我国上市公司信息披露质量的提高提供有用的经验证据，为提高证券市场的监管水平和外部审计质量提供政策建议和改革措施，进一步促进资本市场的健康发展。

二 研究问题

财务报表重述作为一种不实财务报表的纠错机制，为前期财务报表的不实提供了有力的证据，针对财务报表重述现象有一系列值得本书深入思考的问题。

首先，财务报表为什么会发生重述？是哪些因素导致它重述？也就是说，财务报表重述的形成机制是什么？

其次，在中国既定的经济环境和制度背景下，财务报表重述具有什么特征？

再次，财务报表重述作为一种强制披露的信息，是在信息披露制度下产生的一种现象，也是一种使会计信息更加真实、可靠的纠错机制。这种纠错机制有没有发挥应有的功效？存在的问题是什么？

最后，公司治理和外部审计是高质量财务报表的保证，上市公司的公司治理结构和财务报表重述之间存在什么样的关系？巨大的重述金额背后是否潜藏着盈余管理的动机？外部审计在财务报表重述事件中扮演着什么样的角色？

本书力求在国内外已有研究的基础上，进一步探索在中国特定经济环境和制度背景下财务报表重述的形成机制、财务报表重述公司的特征、上市公司财务报表重述中存在的问题、财务报表重述的监管机制、财务报表重述监管机制的有效性。

三 文献回顾与评述

（一）关于财务报表重述与公司治理的文献

1. 财务报表重述与公司规模的研究

金尼（W. R. Kinney Jr.）和麦克丹尼尔（L. S. McDaniel）通过检验

1976～1985 年 73 家发生财务报表重述的公司，发现报表重述的发生概率与公司规模负相关。[1] 莫里亚蒂（G. B. Moriarty）和利文斯顿（P. B. Livingston）研究了 1970～2000 年的 1080 个报表重述后，发现规模小的公司比规模大的公司更有可能进行报表重述。[2] 艾哈迈德和古德温对澳大利亚的公司进行了研究，指出进行重述的公司往往有较大的成长机会，在相同的行业中，未进行重述的公司规模更小。[3] 陈凌云和李歆研究了发布年报补充更正公告公司的特征，发现发布年报补充更正公告的公司具有总资产增长较快的特征。[4] 马晨等人以 2002～2010 年我国 A 股上市公司年报中出现"前期会计差错更正"项目的公司为研究对象，基于财务报表重述差错发生期和差错更正期的分析，以是否发生财务报表重述为被解释变量，利用 Logit 回归系统，考察了财务报表重述的影响因素，发现在财务指标方面，自由现金流越大，流动比率越高，公司发生会计差错和更正会计差错的概率就越小，公司总资产增长速度与会计差错的发生和更正之间不存在显著关系。[5]

2. 财务报表重述与盈利能力的研究

金尼和麦克丹尼尔检验了 1976～1985 年 73 家发生财务报表重述的公司，发现报表重述的发生概率与盈利能力负相关。[6] 迪丰德（M. L. DeFond）和贾姆巴沃（J. Jiambalvo）分析了会计差错的发生动因，并把财务报表中的会计差错划分为无意差错和有意差错。尽管报表披露本身并没有迹象表明前期差错是有意的，但差错的发生动因与管理层的经济动机有关。该研究选取了 41 家发生会计差错并进行了前期调整的公司，通过发生差错和未发生差错的公司的配对样本检验，研究发现，高报盈余差

---

① William R. Kinney Jr., Linda S. McDaniel, "Characteristics of Firms Correcting Previously Reported Quarterly Earnings," *Journal of Accounting and Economics* 11 (1989)：71-93.

② George B. Moriarty, Philip B. Livingston, "Quantitative Measures of the Quality of Financial Reporting," *Financial Executive* 17 (2001)：53-56.

③ Kamran Ahmed, John Goodwin, "An Empirical Investigation of Earnings Restatements by Australian Firms," *Accounting and Finance* 47 (2007)：1-22.

④ 陈凌云、李歆：《中国证券市场年报补丁公司特征研究》，《证券市场导报》2006 年第 2 期，第 35～42 页。

⑤ 马晨、张俊瑞、李彬：《财务重述影响因素研究——基于差错发生期和差错更正期的分析》，《山西财经大学学报》2012 年第 5 期，第 96～105 页。

⑥ William R. Kinney Jr., Linda S. McDaniel, "Characteristics of Firms Correcting Previously Reported Quarterly Earnings," *Journal of Accounting and Economics* 11 (1989)：71-93.

错的产生与利润增长速度负相关，即利润增长缓慢的公司越容易出现高报盈余差错。① 王啸和赵雪媛研究了会计差错更正中的利润操纵问题，指出上市公司会因避免连续亏损、实现扭亏为盈、保持再融资资格的动机进行恶意的会计差错更正。② 郭超贤根据会计差错更正的案例进行了重大会计差错更正对扭亏公司效用的实证研究，选取了 2002 年 72 家扭亏上市公司中存在会计差错更正的 38 家公司为样本，并对其中 28 家发生会计差错自愿性更正的上市公司进行了统计分析，研究发现，这 28 家公司中差错金额普遍较大，更正金额在公司扭亏中扮演了重要角色。③ 王霞和张为国以 1999～2001 年年度财务报表中出现"会计差错更正"的 A 股上市公司为样本，研究了高报盈余的会计差错的动因，研究表明，高报盈余的会计差错有明显的盈余管理的动机，当期利润低于上期的公司、亏损的公司以及线下项目产生的收益高的公司更容易产生高报盈余的错误。④ 李宇的研究表明，亏损的上市公司更多地采用高报错误来进行盈余管理，其选取了 131 家发生重大会计差错更正的上市公司，研究重大会计差错更正的动因，发现高报盈余的会计差错有明显的盈余管理的动机，高报错误的公司不但在数量上远远多于非高报错误的公司，而且在差错的幅度上也是明显高于非高报错误的公司，且规模小的上市公司更多地采用高报错误来进行盈余管理。⑤ 格利森（C. Gleason）等人则发现财务报表重述具有一定的传染效应，毁灭股东财富的会计重述也诱使同一行业中没有进行报表重述的公司股价的下降。⑥ 王玉翠等人以 2013～2016 年在深沪两市 A 股主板上市公司发布的财务报告为研究样本，主要研究上市公司财务报表重述的影响因素，研究发现，发生财务报表重述较多的是那些负债水平高、盈利能力差、股权集

① Mark L. DeFond, James Jiambalvo, "Incidence and Circumstances of Accounting Errors," *The Accounting Review* 66 (1991): 643-655.
② 王啸、赵雪媛：《会计差错更正问题初探》，《中国注册会计师》2003 年第 6 期，第 17～19 页。
③ 郭超贤：《会计差错更正与我国上市公司利润操纵实证研究》，《事业财会》2003 年第 4 期，第 41 页。
④ 王霞、张为国：《财务重述与独立审计质量》，《审计研究》2005 年第 3 期，第 56～61 页。
⑤ 李宇：《中国上市公司会计差错的发生动因研究》，硕士学位论文，重庆大学工商管理系，2005。
⑥ Cristi A. Gleason, Nicole Thorne Jenkins, and W. Bruce Johnson, "The Contagion Effects of Accounting Restatements," *The Accounting Review* 83 (2008): 83-110.

中度低以及董事长与总经理兼任的上市公司。① 这些研究都说明了财务报表重述之后投资者对公司盈利不确定性的担忧。

3. 财务报表重述与公司负债率的研究

金尼和麦克丹尼尔通过检验 1976~1985 年 73 家发生财务报表重述的公司，发现报表重述的发生概率与公司负债率正相关。② 李宇的研究表明，资产负债率高的上市公司更多地采用高报错误进行盈余管理。③ 王霞和张为国研究了 1999~2001 年的年度财务报表中出现"会计差错更正"的 A 股上市公司高报盈余的会计差错的动因，研究发现，有较高资产负债率的公司更容易产生高报盈余的错误。④ 章爱文和陈庚岸以 2004~2010 年我国 A 股食品饮料行业上市公司年报中是否发生财务报表重述为研究样本，分析了财务报表重述的影响因素，研究表明，资产负债率越高的上市公司，发生财务报表重述的可能性就越大。⑤

4. 财务报表重述与董事会特征的研究

巴伯（W. R. Baber）等人研究了公司治理特征和控制环境与财务报表重述可能性的关系，实证研究分析了 1997~2002 年的财务报表重述公司，将 204 家重述公司和 1617 家非重述公司进行对比检验，研究发现，通常被公司治理专家及监管者用来提高公司治理水平的机制，如董事长和 CEO 分离、董事会规模、CEO 的股权激励、公司所有权结构、董事会中独立董事的比例、董事的勤勉等都不能解释财务报表重述的发生。也就是说，最主要的内部公司治理特征无论是单独衡量还是作为一个整体来衡量，与报表重述都不相关。虽然普遍的观点是把董事会的独立性作为提高公司治理的一种机制，而研究结果对董事会及其下属委员会（审计、薪酬、提名委员会）独立性没有提供太多的支持，没有发现报表重述和董事会特征之间的

---

① 王玉翠、杜鑫、刘春华：《上市公司财务重述影响因素的实证研究》，《哈尔滨商业大学学报》（自然科学版）2017 年第 4 期，第 507~512 页。

② William R. Kinney Jr., Linda S. McDaniel, "Characteristics of Firms Correcting Previously Reported Quarterly Earnings," *Journal of Accounting and Economics* 11 (1989): 71-93.

③ 李宇：《中国上市公司会计差错的发生动因研究》，硕士学位论文，重庆大学工商管理系，2005。

④ 王霞、张为国：《财务重述与独立审计质量》，《审计研究》2005 年第 3 期，第 56~61 页。

⑤ 章爱文、陈庚岸：《上市公司财务重述影响因素分析——基于我国食品饮料行业的经验数据》，《财会通讯》2013 年第 18 期，第 58~60 页。

关系。研究结论认为，以公司治理特征来提高公司治理水平本身就存在不足。① 如果这一结论成立，那么那些确保公司治理所做的努力（如董事会独立性或要求有财务专家）显而易见不是一种对公司治理的改善。杨忠莲和杨振慧通过对 2002~2004 年沪深两市 72 家发生报表重述的上市公司进行配对研究，发现我国公司独立董事的兼职家数和董事长的双重职责与报表重述显著相关，而独立董事人数比例和津贴与报表重述的关系并不显著。② 马晨等人研究发现，在内部治理方面，董事会规模越大，发生会计差错的概率就越高，对更正差错起到的作用不显著；领导权结构为两职合一的公司更正会计差错的概率相对较低，但对差错发生没有显著影响；董事会会议频率越低，公司发生和更正会计差错的概率就越小。③ 李彬等人实证研究发现，董事会规模和董事会会议频率与公司发生财务报表重述的概率显著正相关，董事会独立性和董事会成员持股比例与公司发生财务报表重述的概率显著负相关，研究结果表明，公司财务报表重述行为会受到董事会特征的影响。④ 周方召等人以沪深两市的民营上市公司为样本，研究公司财务报表重述和高管薪酬之间的关系，分析公司财务报表重述行为是否会对 CEO 或 CFO 薪酬产生影响。其结果表明，公司财务报表重述和 CEO 次年的薪酬之间存在显著的负向关系，而对 CFO 薪酬的影响并不显著，此外，当 CEO 相对影响力更高的时候，CEO 的降薪效应将会减弱。⑤

5. 财务报表重述与审计委员会的研究

迪丰德和贾姆巴沃研究发现，设有审计委员会的公司出现高报盈余差

---

① William R. Baber, Sok-Hyon Kang, and Lihong Liang, "Strong Boards, External Governance, and Accounting Restatement," *Working Paper*, 2005.

② 杨忠莲、杨振慧：《独立董事与审计委员会执行效果研究——来自报表重述的证据》，《审计研究》2006 年第 2 期，第 81 页。

③ 马晨、张俊瑞、李彬：《财务重述影响因素研究——基于差错发生期和差错更正期的分析》，《山西财经大学学报》2012 年第 5 期，第 96~105 页。

④ 李彬、张俊瑞、马晨：《董事会特征、财务重述与公司价值——基于会计差错发生期的分析》，《当代经济科学》2013 年第 1 期，第 111 页。

⑤ 周方召、信荣珍、苏云鹏：《上市公司财务重述对 CEO 与 CFO 薪酬的影响》，《金融论坛》2017 年第 10 期，第 67~80 页。

错的可能性相对较小。[1] 艾博特（L. J. Abbott）等人选取了 1991～1999 年 88 个重述样本来检验审计委员会有效性和财务报表重述的相关性。研究发现，审计委员会和报表重述的发生显著负相关，审计委员会专业性越强、独立性越强、活跃水平越高的企业发生财务报表重述的可能性越小；研究还发现，只有一位财务专家的审计委员会与报表重述的发生显著负相关。[2] 因此，加强审计委员会在财务报表呈报过程中的监管非常重要。斯里瓦桑（S. Srinivasan）选取了 1997～2001 年 409 家发生盈余重述的公司以检验外部董事，特别是审计委员会成员在公司发生报表重述时所受的处罚，但处罚局限于诉讼和证监会的行动。然而董事所受到的处罚主要来自经理人市场。在重述过后的三年内，对于重述导致盈余减少的公司来说，其董事更换的比例为 48%。对于高报盈余的公司来说，其董事的离职与重述的严重性有关，特别是审计委员会的董事。配对样本分析更证明了这一结论。[3] 总的来说，研究表明外部董事，特别是审计委员会成员承担着财务报告失败的声誉成本。杨忠莲和杨振慧通过对 2002～2004 年沪深两市 72 家发生报表重述的上市公司进行配对研究，发现我国公司审计委员会的成立与否与报表重述显著相关。[4] 陈凌云和李斏研究了发布会计差错更正公告公司的特征，发现相对于控制样本而言，发布差错更正公告的公司较少设置审计委员会。[5] 但巴伯等人研究发现，审计委员会有独立的财务专家并不能解释财务报表重述的发生。[6] 而近年来，越来越多的上市公司开始重视企业内部审计，这更进一步强化了内审的作用。奥拉迪

① Mark L. DeFond, James Jiambalvo, "Incidence and Circumstances of Accounting Errors," *The Accounting Review* 66 (1991): 643-655.

② Lawrence J. Abbott, Susan Parker, and Gary F. Peters, "Audit Committee Characteristics and Restatements," *Auditing: A Journal of Practice & Theory* 23 (2004): 69-87.

③ Suraj Srinivasan, "Consequences of Financial Reporting Failure for Outside Directors: Evidence from Accounting Restatements and Audit Committee Members," *Journal of Accounting Research* 43 (2005): 291-334.

④ 杨忠莲、杨振慧：《独立董事与审计委员会执行效果研究——来自报表重述的证据》，《审计研究》2006 年第 2 期，第 81～85 页。

⑤ 陈凌云、李斏：《中国证券市场年报补丁公司特征研究》，《证券市场导报》2006 年第 2 期，第 35～42 页。

⑥ William R. Baber, Sok-Hyon Kang, and Lihong Liang, "Strong Boards, External Governance, and Accounting Restatement," *Working Paper*, 2005.

（J. Oradi）和伊扎迪（J. Izadi）探讨了审计委员会成员性别差异与财务报表重述发生率的关系，在控制了其他重述相关因素后，研究发现，审计委员会中至少有一名女性成员会降低财务报表重述发生的可能性，稳健性检验也证实了这一结果；补充分析表明，审计委员会中的女性独立和财务专家女性成员与财务报表重述的减少有更大的关联；此外，研究结果也表明，审计委员会中女性成员的存在会增加聘用高质量审计师的可能性。[①]

国内学者也进行了相关研究，黄姝怡以 2008～2013 年中小板上市公司为样本，探究内部审计负责人性别特征与财务报表重述的关系，研究发现，内审负责人为女性能显著地抑制企业发生财务报表重述。[②] 王守海等人研究了审计委员会财务专长对财务报表重述的影响，并进一步检验了高管权力对两者关系的调节效应。研究发现，审计委员会财务专长能够抑制财务报表重述的发生；高管权力会影响审计委员会财务专长的发挥；在国有企业产权性质下，高管权力对审计委员会财务专长抑制财务报表重述的效果具有更强的干预作用。[③] 阿格拉瓦尔（A. Agrawal）和查达（S. Chadha）发现审计委员会的独立性与财务报表重述无关，而有财务专家的审计委员会与财务报表重述负相关。[④] 总体来说，审计委员会高质量的运作将有助于降低公司财务报表重述的可能性。

6. 财务报表重述与股权结构的研究

迪丰德和贾姆巴沃的研究结果表明：公司的股权越分散，越容易出现高报盈余差错。[⑤] 张俊瑞和马晨以 2005～2009 年中国 A 股上市公司补充与更正报告中出现"会计差错更正"项目的公司为研究对象，以是否发生财

---

① Javad Oradi, Javad Izadi, "Audit Committee Gender Diversity and Financial Reporting: Evidence from Restatements," *Managerial Auditing Journal* 35 (2019): 67-92.

② 黄姝怡：《内部审计负责人性别特征与财务重述》，《时代金融》2017 年第 5 期，第 230 页。

③ 王守海、许薇、刘志强：《高管权力、审计委员会财务专长与财务重述》，《审计研究》2019 年第 3 期，第 101～110 页。

④ Anup Agrawal, Sahiba Chadha, "Corporate Governance and Accounting Scandals," *Journal of Law and Economics* 48 (2005): 371-406.

⑤ Mark L. DeFond, James Jiambalvo, "Incidence and Circumstances of Accounting Errors," *The Accounting Review* 66 (1991): 643-655.

务报表重述为被解释变量，采用配对样本分析方法考察了股权结构对财务报表重述的影响。结果发现，股权集中度越高，发生财务报表重述的概率越低；国有股比例越高，发生财务报表重述的概率越高；流通股比例越高，发生财务报表重述的概率越低；管理层持股比例与财务报表重述之间呈 U 形关系；而法人股以及机构投资者抑制财务报表重述的作用不明显。① 马晨等人研究发现，董事会成员持股比例越高、股权集中度越高，公司发生和更正会计差错的概率就越小。②

7. 财务报表重述与外部审计的研究

穆尔西亚（Feernando D. R. Murcia）等人研究了巴西证券市场 2001～2004 年发生财务报表重述的事件，研究结果表明，导致报表重述的主要原因是：有价证券、或有资产和或有负债。在被研究的 18 家公司中只有 2 家仅被出具无保留意见，另外 16 家都被出具无保留意见加解释说明段。③ 陈凌云和李斅研究了发布会计差错更正公告公司的特征，发现相对于控制样本而言，发布差错更正公告的公司审计质量较差。④ 黄志忠等人选取了2002～2006 年 465 家发生了与盈余相关的会计差错更正和 1147 家未曾发生会计差错更正的非金融上市公司为样本，研究发现，在治理会计错报行为方面，外部独立审计的质量是保证公司财务信息质量的重要一环。⑤ 马晨等人研究发现，经四大会计师事务所审计、被出具标准审计意见的公司发生财务报表重述的概率较低；而审计事务所变更则容易导致公司发生财务报表重述。⑥ 陈婵和王思妍以 2009 年我国沪深两市发生财务报表重述的 A股上市公司以及 2008 年与之相对应的公司作为样本进行研究，发现在重述

---

① 张俊瑞、马晨：《股权结构与财务重述研究》，《审计与经济研究》2011 年第 2 期，第63～72 页。

② 马晨、张俊瑞、李彬：《财务重述影响因素研究》，《软科学》2012 年第 8 期，第126～130 页。

③ Feernando D. R. Murcia, Jose Alonso Borba, and Newton Amaral, "Financial Report Restatements: Evidences from the Brazilian Financial Market," *Working Paper*, 2005.

④ 陈凌云、李斅：《中国证券市场年报补丁公司特征研究》，《证券市场导报》2006 年第 2期，第 35～42 页。

⑤ 黄志忠、白云霞、李畅欣：《所有权、公司治理与财务报表重述》，《南开管理评论》2010年第 5 期，第 45～52 页。

⑥ 马晨、张俊瑞、李彬：《财务重述影响因素研究》，《软科学》2012 年第 8 期，第 126～130 页。

期，财务报表重述程度、重述项目与审计意见正相关，财务报表重述性质、重述方向与审计意见的关系不显著；在重述前期，财务报表差错程度与审计意见正相关。[①] 马晨等人研究了外部审计对财务报表重述的影响，研究结果显示，会计师事务所规模越大、收取的审计费用越高、审计任期越长、出具标准审计意见、具有审计行业专长时，其客户发生财务报表重述的概率越低，而经历事务所变更的公司，发生财务报表重述的概率较高。[②]

8. 财务报表重述与高管特征的研究

何威风和刘启亮以沪深两市 2003~2007 年上市公司作为研究样本，依据"高层梯队理论"，实证检验了高管背景特征对公司财务报表重述行为的影响，研究发现，高管团队规模和高管性别与公司财务报表重述显著正相关，而高管年龄与公司财务报表重述显著负相关，高管团队与董事长的性别差异和年龄差异也与公司财务报表重述的影响显著正相关；进一步研究发现，高管团队规模与非欺诈性财务报表重述显著正相关，高管团队规模和高管性别与非核心业务财务报表重述显著正相关。[③] 马蒙（Md Al Mamun）等人发现权力较大的 CEO 与更高的股价崩盘风险相关。当控制盈余管理、避税、CEO 的期权激励和 CEO 过度自信时，CEO 权力与股价崩盘风险之间存在正相关关系，而拥有强大 CEO 的公司财务报表重述的概率更高。[④] 阿尔塔拉瓦内（M. Altarawneh）等人研究 CEO 特征是否会影响马来西亚公司财务报表重述的发生。CEO 的特征包括任期、头衔、性别、专业知识和年龄。研究结果表明，CEO 任期和性别与财务报表重述呈显著正相关；此外，CEO 头衔与财务报表重述呈显著负相关；CEO 专业知识和年

---

① 陈婵、王思妍：《公司治理、财务重述与审计意见》，《湖南财政经济学院学报》2013 年第 1 期，第 93~99 页。

② 马晨、程茂勇、张俊瑞、祁珺：《外部审计、媒介环境对财务重述的影响研究》，《管理工程学报》2015 年第 4 期，第 65~75 页。

③ 何威风、刘启亮：《我国上市公司高管背景特征与财务重述行为研究》，《管理世界》2010 年第 7 期，第 144~155 页。

④ Md Al Mamun, Balasingham Balachandran, and Huu Nhan Duong, "Powerful CEOs and Stock Price Crash Risk," *Journal of Corporate Finance* 62 (2020).

龄与财务报表重述之间的关系不显著。[1]

9. 财务报表重述与其他公司治理特征的研究

金尼和麦克丹尼尔检验了 1976~1985 年 73 家发生财务报表重述的公司，他们发现报表重述的发生概率与公司总资产增长速度负相关，与公司重大不确定性正相关。[2] 迪丰德和贾姆巴沃研究发现，一个公司可供选择的会计政策的空间越小，就越容易出现高报盈余差错。[3] 陈（K. Hung Chan）等人研究发现，在高度集权情况下，管理层有报酬契约，并且有能力人员相对较少的企业发生重大会计差错的可能性较大；控制权掌握在高管手中，且仅靠会计数据来考核管理层业绩的企业发生重大会计差错的可能性较大。[4] 巴伯等人研究发现，重述发生的可能性与外部治理机制，特别是与可能提高收购成本、限制股东参与公司治理过程的法规和公司章程直接相关。[5] 郑波研究发现，上市公司利用追溯调整法，将隐含的巨额损失由以前年度消化，有意混淆会计政策变更、重大会计差错更正和会计估计变更的界限。[6] 马晨和张俊瑞以我国 2005~2009 年 A 股市场补充与更正报告中出现"会计差错更正"项目的公司为研究对象，以是否发生财务报表重述为被解释变量，采用配对样本分析的 Logit 回归方法研究了管理层持股、领导权结构与财务报表重述之间的关系。研究发现，管理层持股比例与财务报表重述之间存在显著的 U 形关系，领导权结构对财务报表重述没有显著影响，然而管理层持股的利益协同效应（堑壕效应）在两职分离

---

① Marwan Altarawneh, Rohami Shafie, and Rokiah Ishak, "Chief Executive Officer Characteristics and Financial Restatements in Malaysia," *International Journal of Financial Research* 11 (2020): 173–186.

② William R. Kinney Jr., Linda S. McDaniel, "Characteristics of Firms Correcting Previously Reported Quarterly Earnings," *Journal of Accounting and Economics* 11 (1989): 71–93.

③ Mark L. DeFond, James Jiambalvo, "Incidence and Circumstances of Accounting Errors," *The Accounting Review* 66 (1991): 643–655.

④ K. Hung Chan, Kenny Z. Lin, and Phyllis Lai Lan Mo, "An Empirical Study on the Impact of Culture on Audit-Detected Accounting Errors Auditing," *Auditing: A Journal of Practice & Theory* 22 (2003): 281–295.

⑤ William R. Baber, Sok-Hyon Kang, and Lihong Liang, "Strong Boards, External Governance, and Accounting Restatement," *Working Paper*, 2005.

⑥ 郑波：《上市公司利润操纵手段的识别》，《商业会计》2002 年第 10 期，第 31 页。

（两职合一）的公司中更容易得到发挥。① 赵艳秉和李青原以 2003～2014 年沪深两市 A 股主板上市集团公司为样本，通过比较发布财务报表重述公告前后集团内重述企业与重述关联企业的市场反应发现，财务报表重述在集团内存在负传染效应，并且重述内容、重述滞后期、重述发起方以及重述企业聘请的审计事务所规模、集团公司的控制人性质和审计方式都会影响这种传染效应。②

此外，《中国注册会计师行业发展研究资料 2004》指出，上市公司对会计报表进行重述的原因很多，主要表现在以下方面：①虚假确认收入、提前确认收入和确认不可靠收入；②成本和费用计量问题，即漏计或少计成本和费用、不恰当地进行递延或资本化支出；③重大资产重组问题，即不恰当地采用会计政策或作出会计估计，导致出现巨额损失或收益；④资产减值准备问题，即随意操纵计提减值准备，通过多提或少提资产减值准备实现"扭亏"和"保壳"目的；⑤关联方交易，即通过对关联方的销售、采购、投资、资产置换、租赁经营、债权债务转移等方式调节利润。③

（二）关于财务报表重述与外部审计质量的文献

1. 财务报表重述与审计质量的研究

王霞和张为国认为，上市公司进行财务报表重述无异于承认以前年度报表中存在重大的、足以引起投资者误解的错误，注册会计师如何看待这些存在重大差错的报表便是审计质量的最好体现。他们以 1999～2002 年发生财务报表重述的样本来检验注册会计师的审计质量，研究结果表明：对财务报表重述公司之前年度蓄意错报的行为，注册会计师有所察觉并反映在审计意见中；错报的金额以及错报涉及项目的多少对审计意见的出具有显著的解释力，表明基于重要性标准的考虑，注册会计师出具的审计意见

---

① 马晨、张俊瑞：《管理层持股、领导权结构与财务重述》，《南开管理评论》2012 年第 2 期，第 143～150 页。

② 赵艳秉、李青原：《企业财务重述在集团内部传染效应的实证研究》，《审计与经济研究》2016 年第 5 期，第 72～80 页。

③ 杨志国：《2003 年上市公司审计报告非标准意见分析》，《中国注册会计师》2004 年第 12 期，第 22～27 页；中国注册会计师协会编《中国注册会计师行业发展研究资料 2004》，经济科学出版社，2005，第 202～203 页。

能够提示重大的盈余管理行为；在财务报表重述当期，注册会计师非标意见的出具受到财务报表重述幅度及重述涉及项目多少的显著影响，但对追溯调整的方向并不敏感。[1] 企业财务报表重述代表财务报告的低质量与不可信，会给企业带来严重的经济后果，企业发生财务报表重述后为了获取标准审计意见往往会有购买审计意见的动机，且会通过较为隐蔽的手段来实现其购买审计意见的目的。[2]

2. 财务报表重述与注册会计师任期的研究

对于注册会计师任期的研究主要存在两种意见。一方面，研究认为注册会计师任期与财务报表重述呈负相关。迈尔斯（J. N. Myers）等人分析了一个 1997 年 1 月~2001 年 10 月公告了财务报表重述的上市公司样本，他们还和一系列非财务报表重述的上市公司进行了比较，研究发现，成熟公司注册会计师的任期更长，而且通常发生重述的可能性较小。从总体样本来看，注册会计师任期和发生重述的可能性并不显著相关。但是，控制公司年限后，他们发现注册会计师任期在特定的二次样本中与发生重述的可能性显著相关，特别是当审计客户关系延长时，不增加核心收益的虚假陈述发生的可能性较小。[3] 另一方面，研究认为注册会计师任期与财务报表重述无关。当任期延长时，增加核心收益的虚假陈述会更有可能发生，但是进一步的检验显示这一结果与季报相关，注册会计师任期和年报重述显著增加的倾向并不相关。[4] 没有证据表明注册会计师更换和注册会计师确认重述有关，而且没有证据表明重述的种类和程度与注册会计师的任期相关。他们的结论是不支持注册会计师强制更换。戴维斯（L. R. Davis）

[1] 王霞、张为国：《财务重述与独立审计质量》，《审计研究》2005 年第 3 期，第 56~61 页。
[2] 李青原、赵艳秉：《企业财务重述后审计意见购买的实证研究》，《审计研究》2014 年第 5 期，第 101~107 页。
[3] James N. Myers, Linda A. Myers, and Thomas C. Omer, "Exploring the Term of the Auditor-Client Relationship and the Quality of Earnings: A Case for Mandatory Auditor Rotation?" *The Accounting Review* 78 (2003): 779-799.
[4] James N. Myers, Linda A. Myers, Zoe-Vonna Palmrose, and Susan Scholz, "Mandatory Auditor Rotation: Evidence from Restatements," *Working Paper*, 2004.

等人、陈信元和夏立军则发现过长的审计任期对审计质量会造成负面影响。[①] 曹强和葛晓舰在控制了专业胜任能力差异的影响后，发现长任期注册会计师更不倾向于对财务报表重述公司出具非标准审计意见；在控制了行业专门化水平差异的影响后，短任期时财务报表重述与行业专门化水平的负相关关系更为凸显。[②] 这表明长任期对注册会计师的独立性构成严重威胁，而短任期则降低了注册会计师的专业胜任能力。江伟和李斌认为无论是注册会计师任期，还是事务所任期审计任期越长，审计独立性就越低。[③]

3. 财务报表重述与注册会计师变更的研究

2003 年 11 月，美国政府问责局（GAO）发布了《关于会计师事务所强制轮换潜在影响的研究报告》。这份报告就强制轮换会计师事务所的潜在影响进行了系统研究。在这份报告中，选取了截至 2003 年 8 月 31 日，《财富》前 1000 强公众公司向美国证券交易委员会（SEC）提交的 2001 年和 2002 年的年度财务报表重述。其目的是确定在更换注册会计师之后是否发生了报表重述。分析集中于由错误舞弊（即以前的财务报表没有遵循一般公认会计原则）引起的财务报表重述并识别是否发生了注册会计师变更。研究发现，在 960 家《财富》前 1000 强公众公司中，有 28 家（2.9%）在 2001 年变更了注册会计师，有 204 家（21.3%）在 2002 年变更了注册会计师。2001~2002 年，注册会计师变更比率的大幅增加主要是由安达信的解体导致的。《财富》前 1000 强公众公司在这两年内做出的由错误和舞弊导致的报表重述有 43 家。报表重述所涉及的年份为 1997~2002年。公众公司报表重述涉及的净利润错报率（高估利润或低估损失）最小为 6.7%（发生在 2000 年），最大值为 37%（发生在 2001 年）。在上述 43

---

① Larry R. Davis, Billy S. Soo, and Gregory M. Trompeter, "Auditor Tenure and the Ability to Meet or Beat Earnings Forecasts," *Contemporary Accounting Research* 26 (2009): 517-548; 陈信元、夏立军：《审计任期与审计质量：来自中国证券市场的经验证据》，《会计研究》2006 年第 1 期，第 44~53 页。

② 曹强、葛晓舰：《事务所任期、行业专门化与财务重述》，《审计研究》2009 年第 6 期，第 59~68 页。

③ 江伟、李斌：《审计任期与审计独立性——持续经营审计意见的经验研究》，《审计与经济研究》2011 年第 2 期，第 47~55 页。

家由于错误和舞弊而做出报表重述的《财富》前 1000 强公众公司中，变更注册会计师的公众公司的净利润错报率在 2001 年为 10.7%，在 2002 年为 3.9%，而其中未变更注册会计师的公众公司的净利润错报率在 2001 年仅为 2.5%，在 2002 年仅为 1.2%。尽管与未变更注册会计师的公司相比，变更了注册会计师的公众公司的净利润错报率在 2001 年大约是未变更注册会计师公司的 4.28 倍，在 2002 年为 3.25 倍。但是没有足够的信息来确定是公司管理当局、会计师事务所还是监管者发现了这些错误和舞弊。在发生了会计师事务所变更的情况下，也没有足够的信息来确定是前任注册会计师还是后任注册会计师发现了这些问题以及这些问题是在变更前还是在变更后被发现的。[①] 马晨等人研究发现，财务报表重述后客户解聘会计师事务所的情况以及事务所变更方向会受到财务报表重述的影响。差错类重述公司在财务报表重述后解聘原事务所以试图寻求更为顺从的事务所，而舞弊类重述公司在财务报表重述后解聘原事务所旨在恢复其受损的声誉。[②]

4. 财务报表重述与事务所规模的研究

迪安格罗（L. E. DeAngelo）认为，会计师事务所的规模越大，其审计质量相对越高。他认为会计师事务所的规模越大，其签约客户的"准租金"越高，独立性也就越强。[③] 此后，有学者在研究事务所规模与审计质量之间的关系时考虑了其他因素。科菲（J. C. Coffee）从安然事件的分析入手，认为利益关系迫使注册会计师向公司采用的激进的会计政策妥协，没能及时纠正报表中存在的实质性错误，导致日后财务报表重述的发生，并认为发生财务报表重述的公司的注册会计师独立性较差。[④] 独立和威望声誉好的事务所与会计师会更加珍爱自己的威望和声誉，会提供较高的审计质量，降低检查风险，降低财务报表重述的概率。阿尔默（E. D. Almer）等人的研究证实了经国际四大审计事务所审计的上市公司较少发生财务报

① 中国注册会计师协会编《中国注册会计师行业发展研究资料 2004》，经济科学出版社，2005，第 73 页。
② 马晨、张俊瑞、杨蓓：《财务重述对会计师事务所解聘的影响研究》，《会计研究》2016 年第 5 期，第 79~86 页。
③ Linda Elizabeth DeAngelo, "Auditor Size and Audit Quality," *Journal of Accounting and Economics* 3 (1981): 183–199.
④ John C. Coffee, "What Caused Enron?: A Capsule Social and Economic History of the 1990's," *Working Paper*, 2003.

表重述。① 谢盛纹等人利用我国 A 股上市公司，以签字注册会计师为分析单位，探讨客户重要性与财务报表重述间的关系，以及会计师事务所声誉维护机制对二者关系的调节作用。研究发现，签字注册会计师对某一客户的经济依赖越强，该客户发生财务报表重述的可能性越高，同时表明会计师事务所声誉维护机制能抑制客户重要性对财务报表重述的促进作用。② 但也有学者认为事务所规模与财务报表重述没有显著相关性，迪丰德（M. L. DeFond）和贾姆巴沃（J. Jiambalvo）采用前八大事务所审计作为高报盈余的错误发生的控制变量，但是没有发现前八大事务所审计对错误的发生具有解释力。③

5. 财务报表重述与审计费用的研究

西穆尼奇（D. A. Simunic）和斯坦（M. T. Stein）较早地发现财务错报会增加会计师事务所的诉讼风险并导致其声誉受损，因此事务所会收取相应风险补偿溢价。④ 上市公司财务报表重述的严重性与审计费用正相关，并且对于因欺诈引起的财务报表重述，上市公司收取的审计费用更高。⑤ 费尔德曼（D. A. Feldmann）等人发现了高额审计费用是重述公司必须额外承担的费用，会计师事务所意识到财务报表重述公司存在更高的审计风险，因此收取的审计费用会更高。⑥ 但其数据涵盖期间短，且没有区分不同类型的报表重述。李青原和赵艳秉从被审计公司的视角出发，发现相较于变更注册会计师，部分重述公司更倾向于与现任注册会计师合谋，通过

---

① Elizabeth Dreike Almer, Audrey A. Gramling, and Steven E. Kaplan, "Impact of Post-Restatement Actions Taken by a Firm on Non-Professional Investors' Credibility Perceptions," *Journal of Business Ethics* 80（2008）：61-76.

② 谢盛纹、熊文曲、杨钦皓：《客户重要性、会计师事务所声誉与财务重述》，《中国注册会计师》2017 年第 1 期，第 65~70 页。

③ Mark L. DeFond, James Jiambalvo, "Incidence and Circumstances of Accounting Errors," *The Accounting Review* 66（1991）：643-655.

④ D. A. Simunic, M. T. Stein, "The Impact of Litigation Risk on Audit Pricing：A Review of the Economics and the Evidence," *Auditing：A Journal of Practice & Theory* 15（1996）：119-134.

⑤ Jonathan D. Stanley, F. Todd DeZoort, "Audit Firm Tenure and Financial Restatements：An Analysis of Industry Specialization and Fee Effects," *Journal of Accounting and Public Policy* 26（2007）：131-159.

⑥ Dorothy A. Feldmann, William J. Read, and Mohammad J. Abdolmohammadi, "Financial Restatements, Audit Fees, and the Moderating Effect of CFO Turnover," *Auditing：A Journal of Practice & Theory* 28（2009）：205-223.

提高审计费用来购买标准审计意见，它们相信这种行为更加隐蔽、不易察觉。[1]

6. 财务报表重述与内部控制缺陷的研究

赖斯（S. C. Rice）和韦伯（D. P. Weber）研究发现，内部控制缺陷披露与年报重述之间有显著的正相关关系，所有披露过财务报表重述且财务报表重述是由内部控制缺陷引起的公司之前都未及时披露内部控制缺陷。[2]国内学者杨有红和陈凌云认为，做出会计差错更正的公司其内部控制存在缺陷的可能性显著大于没有出现会计差错更正的公司。[3]埃尔德（R. J. Elder）等人发现，非标准审计意见的变化与报告的内部控制缺陷的变化之间也呈正相关关系。[4]随着上市公司内部控制质量的提高，注册会计师对盈余管理出具非标准审计意见的概率显著下降。[5]

7. 关于非审计服务与财务报表重述相关性的研究

财务报表重述与非审计服务的关系研究是基于这样的前提之下的，即在美国，注册会计师非审计服务收费较高，且在公众看来高收费使注册会计师有动机去粉饰财务报表。因此，监管部门和法规都对注册会计师非审计服务进行了限制。2002 年，《萨班斯-奥克斯利法案》第 201 条规定：注册会计师执业范围外的业务中对注册会计师提供非审计服务做出了限制，会计师事务所在向证券发行人提供审计服务的同时提供非审计服务是违法的，这些非审计服务包括：①簿记以及其他与会计记录或财务报告有关的服务；②财务信息系统的设计与改进服务；③评估或计价服务、公允意见、慈善捐赠报告；④保险精算服务；⑤内部审计外包服务；⑥管理职能

---

① 李青原、赵艳秉：《企业财务重述后审计意见购买的实证研究》，《审计研究》2014 年第 5 期，第 101~107 页。

② Sarah C. Rice, David P. Weber, "How Effective Is Internal Control Reporting under SOX 404? Determinants of the (Non-) Disclosure of Existing Material Weaknesses," *Journal of Accounting Research* 50 (2012): 811-843.

③ 杨有红、陈凌云：《2007 年沪市公司内部控制自我评价研究数据分析与政策建议》，《会计研究》2009 年第 6 期，第 59~60 页。

④ Randal J. Elder, Yan Zhang, Jian Zhou, and Nan Zhou, "Internal Control Weaknesses and Client Risk Management," *Journal of Accounting, Auditing and Finance* 24 (2009): 543-579.

⑤ 杨德明、胡婷：《内部控制、盈余管理与审计意见》，《审计研究》2010 年第 5 期，第 90~97 页。

或人力资源管理；⑦经纪、经销、投资咨询或投资银行服务；⑧与审计无关的法律和专家服务；⑨任何委员会认为法规不许可的其他服务。委员会经证监会复核可以个案豁免对某人、发行证券者、注册会计师事务所或交易的禁止。

金尼（W. R. Kinney Jr.）等人假定财务报表重述反映了财务报告审计质量较低，研究了事务所是否为其审计客户提供财务信息系统设计与执行服务（Financial Information Systems Design and Implementation，FISDI）、内部审计与其他服务（指与审计有关的服务、其他保险服务和特定的商业咨询服务及内部审计服务等）是否会导致其放松对客户遵循一般公认会计原则的审计。他们对 1995~2000 年 432 家重述公司与 512 家没有重述的公司进行对比，发现其他服务收费与重述正相关，税收服务收费与重述负相关，即事务所同时提供税收服务的公司比较少发生重述或没有税收服务的公司更少发生重述。[①]

拉古南丹（K. Raghunandan）等人研究了非审计服务收费和财务报表重述之间的关系，研究分析了 2000 年和 2001 年发生财务报表重述的 100家美国公司，研究发现，财务报表重述与非审计服务收费之间并没有相关性，无论是非审计服务收费的数量、非审计服务收费的比率，还是非审计服务的总金额都和财务报表重述没有任何关联。[②] 此外，陈丽英以 2004~2007 年年报中明确披露审计与非审计费用的沪深两市 A 股上市公司为研究对象，同时以财务报表重述行为的倾向作为审计质量的替代变量，检验了非审计费用与审计质量的关系。其结果表明，以费用率表示的非审计费用提高了上市公司重述财务报表的倾向，非审计服务在一定程度上会影响外部注册会计师的审计质量。[③]

---

① William R. Kinney Jr., Zoe-Vonna Palmrose, and Susan Scholz, "Auditor Independence, Non-Audit Services, and Restatements: Was the U. S. Government Right?" *Journal of Accounting Research* 42 (2004): 561-588.

② Kannan Raghunandan, William J. Read, and Scott Whisenant, "Initial Evidence on the Association between Non-Audit Fees and Restated Financial Statements," *Accounting Horizons* 17 (2003): 223-234.

③ 陈丽英：《非审计服务与财务重述——来自上市公司的证据》，《山西财经大学学报》2009 年第 3 期，第 112~117 页。

（三）　财务报表重述研究的其他领域

1. 财务报表重述的经济后果

有关财务报表重述经济后果的主要研究集中于财务报表重述的市场反应。金尼（W. R. Kinney Jr.）和麦克丹尼尔（L. S. McDaniel）、德肖（P. M. Dechow）等人、安德森（K. L. Anderson）和约恩（T. L. Yohn）、帕尔姆罗斯（Z. Palmrose）等人、肖尔茨（S. Scholz）等的研究发现财务报表重述一般会引起公司负的市场反应。[1] 帕尔姆罗斯等人检验了 1995 ~ 1999 年 403 个发布重述公告样本的市场反应，检验了股价对重述公告的反应和重述影响市场参与者评价公司价值的特征，主要是针对重述公告两天的时间窗内股价的超常反应。他们发现平均超常回报和更多负面反应相关，因为重述对报告利润有重要的影响。[2] 卡伦（J. L. Callen）等人调查了一个 1986 ~ 2001 年发生财务报表重述公司的大样本，以判断财务报表的使用者是否总把重述看作坏消息，研究表明，不是所有的重述结果都对收益产生负面影响，约 15% 的重述是由会计差错引起的，约 40% 的重述是由会计准则变化引起的。他们的研究主要是为了确认财务报表的使用者是否关注重述事件，研究表明重述并不总是对利润产生负面影响，而且并不总是由降低现金流或利润的动机引起的。同时，研究建议财务报表的使用者在采取行动之前应该仔细分析重述的细节问题。[3] 吴（M. Wu）对投资者信

---

[1]　William R. Kinney Jr., Linda S. McDaniel, "Characteristics of Firms Correcting Previously Reported Quarterly Earnings," *Journal of Accounting and Economics* 11 (1989): 71 – 93; Patricia M. Dechow, Richard G. Sloan, and Amy P. Sweeney, "Causes and Consequences of Earnings Manipulation: An Analysis of Firms Subject to Enforcement Actions by the SEC," *Contemporary Accounting Research* 13 (1996): 1 – 36; Kirsten L. Anderson, Teri Lombardi Yohn, "The Effect of 10K Restatements on Firm Value, Information Asymmetries, and Investors' Reliance on Earnings," *SSRN Electronic Journal*, 2002; Zoe-Vonna Palmrose, Vernon J. Richardson, and Susan Scholz, "Determinants of Market Reactions to Restatement Announcements," *Journal of Accounting and Economics* 37 (2004): 59 – 89; Susan Scholz, "The Changing Nature and Consequences of Public Company Financial Restatements," *The Department of the Treasury Reporting*, 2008.

[2]　Zoe-Vonna Palmrose, Vernon J. Richardson, and Susan Scholz, "Determinants of Market Reactions to Restatement Announcements," *Journal of Accounting and Economics* 37 (2004): 59–89.

[3]　Jeffrey L. Callen, Joshua Livnat, and Dan Segal, "Accounting Restatements: Are They Always Bad News for Investors?" *Working Paper*, 2002.

心与财务报表重述的相关程度进行了实证分析，并计算了公司宣布财务报表重述信息前后的盈余反应系数，发现宣布财务报表重述前季度盈余公告与股票价格显著相关，宣布财务报表重述公告后，季度盈余公告对股票价格的显著影响消失了，这意味着市场对公司收益质量产生了怀疑，投资者对发生过财务报表重述的公司的信心已经丧失。① 格利森（C. Gleason）等人研究发现，财务报表重述导致公司股价下跌，并使投资者重新估计财务报表的可信度，因此，财务报表重述提高了会计信息的风险。② 李（Oliver Zhen Li）和张（Yuan Zhang）研究了围绕财务报表重述公告而发生的内幕交易情况。③ 财务报表重述对市值的不利影响，导致了较早获得财务报表重述时间、严重性等消息的内幕交易者在发布重述公告之前进行了内幕交易，在重述公告之前的内幕交易使其获得了较高的收益。海恩斯（K. M. Hennes）等人认为，现有的研究大多是基于重述的数据库，这些样本包括由违规（故意错报）和错误（无意错报）导致的重述，而实务中无意错报的情况也在增长，研究发现违规样本重述公告的市场反应比错误样本更显著。④

　　与国外相比，国内的研究起步较晚，曾莉研究了 2001 年沪市 A 股所有发生会计差错更正的上市公司会计差错更正的市场传导效应，发现公司年度报告披露前后时间窗内的股票交易量和股票交易价格并未存在显著差异。⑤ 此外，李晓玲和牛杰以 2007~2008 年发布补充、更正或补充更正公告的 A 股上市公司为研究对象，采用事件研究法对财务报表重述公告发布前后股票累积超额收益率变化进行实证研究，考察不同特征财务报表重述引起的市场反应。研究发现，我国财务报表重述的市场反应显著为负，但

① Min Wu, *Earnings Restatements: A Capital Market Perspective* (Ph. D. diss., New York University, 2002).
② Cristi Gleason, Nicole Thorne Jenkins, and W. Bruce Johnson, "The Contagion Effects of Accounting Restatements," *Working Paper*, 2004.
③ Oliver Zhen Li, Yuan Zhang, "Financial Restatement Announcements and Insider Trading," *Working Paper*, 2006.
④ Karen M. Hennes, Andrew J. Leone, and Brian P. Miller, "The Importance of Distinguishing Errors from Irregularities in Restatement Research: The Case of Restatements and CEO/CFO Turnover," *The Accounting Review* 83 (2008): 1487-1519.
⑤ 曾莉：《上市公司会计差错更正的市场传导效应研究》，硕士学位论文，重庆大学会计学系，2003。

影响程度较小；并且更正公告、传递坏消息的重述公告以及由会计问题和监管部门督促引起的重述公告的市场反应显著为负，且影响程度较大。[①]李世新和刘兴翠利用事件研究法考察了发布财务报表重述公告的上市公司在公告日前后的市场反应，研究发现，上市公司的财务报表重述具有显著的负面市场反应，且不同类型重述公告的市场反应各异：由收入确认问题引发的财务报表重述，其负面市场反应大于由其他问题导致的财务报表重述的市场反应；当重述公告涉及范围广、重述发起人为外部监管部门、重述涉及核心会计指标以及重述导致盈余调减时，其负面市场反应更为显著。同时，财务报表重述公告的发布还导致同行业中其他公司的股价也随之下跌，表现出显著的传染效应。[②]

2. 财务报表重述的其他影响

王清主要考察已审报表被重述的执业经历对签字注册会计师的审计质量的影响，研究发现，与已审报表未被重述的签字注册会计师相比，已审报表被重述的签字注册会计师在财务报表重述之后审计质量明显提高；同时，还发现已审报表被重述对审计质量的提升作用仅体现在重述核心指标的样本以及重述年度与签字年度的间隔期相对较短的样本中；此外，被重述年度的签字注册会计师未发生变更的财务报表重述公司在重述前后的审计质量存在明显差异。[③] 肖作平和王璐基于会计信息质量视角，理论推演财务报表重述与银行贷款契约之间的关系，进而将财务报表重述做进一步细分（根据重述形式、重述项目和重述发起者），并检验其对银行贷款契约的影响，研究发现，财务报表重述后，银行会提高贷款利率、减少贷款金额、缩短贷款期限，更可能使用贷款担保；发布财务报表重述更正公告后，贷款利率更高、贷款担保更可能被使用；涉及核心盈余项目的财务报表重述，贷款金额更少、贷款担保更可能被使用；由外部因素被动发起的

① 李晓玲、牛杰：《财务重述的市场反应研究——来自中国上市公司的经验证据》，《财贸经济》2011 年第 12 期，第 69~74 页。

② 李世新、刘兴翠：《上市公司财务重述公告的市场反应与行业传递效应研究》，《管理评论》2012 年第 5 期，第 137~143 页。

③ 王清：《已审报表被重述影响审计质量吗？——基于签字注册会计师个体层面的研究》，《北京工商大学学报》（社会科学版）2019 年第 3 期，第 51~61 页。

财务报表重述，贷款金额更少、贷款期限更短。① 阿扎利（S. Azzali）和马扎（T. Mazza）分析了财务报表重述对高管团队解聘可能性的影响，研究发现，重述类型、重述严重程度、与重述相关的国际财务报告准则估计上的难易程度均与董事长及 CEO 解聘相关。②

3. 对财务报表重述影响因素的多方面探索

近年来，对影响财务报表重述因素的探索更为细致和全面，高增亮和张俊瑞研究了投资者情绪对财务报表重述行为的影响，研究发现，投资者情绪与公司财务报表重述行为正相关，即投资者情绪越高涨，财务报表重述行为发生的概率越高。③ 莫冬燕等人检验了不同类型媒体关注对上市公司财务报表重述的影响差异，研究发现，微信媒体报道能够抑制上市公司财务报表重述，且其抑制作用要强于报纸媒体；对于不同特征媒体的影响差异，政策导向型报纸媒体报道对上市公司财务报表重述的抑制作用强于市场导向型报纸媒体；同样以市场为导向，微信媒体报道对上市公司财务报表重述的抑制作用则强于市场导向型报纸媒体。④ 马晨等人则使用2002~2011 年来自 38 个国家和地区的跨国数据，检验了文化对财务报表重述的影响，并考虑了投资者保护对这种影响的作用，研究发现，相对于集体主义，个人主义文化更容易滋生财务报表重述；不确定性规避程度较高的国家或地区，发生财务报表重述的概率较低；但权力距离对财务报表重述的作用方向尚不明显；个人主义对财务报表重述的正向影响作用在投资者保护水平较高时会更为明显；不确定性规避程度抑制财务报表重述的作用在投资者保护水平较高的制度下会有所增强。⑤ 袁蓉丽等人分析了董事高管责任保险（以下简称"董责险"）的购买对财务报表重述的影响及其

---

① 肖作平、王璐：《财务重述对银行贷款契约的影响研究——来自中国上市公司的经验数据》，《证券市场导报》2018 年第 6 期，第 4~14 页。

② Stefano Azzali, Tatiana Mazza, "Effects of Financial Restatements on Top Management Team Dismissal," *Corporate Governance* 20（2020）：485-502.

③ 高增亮、张俊瑞：《行为金融视角下投资者情绪对财务重述行为的影响》，《中南财经政法大学学报》2019 年第 3 期，第 85~93 页。

④ 莫冬燕、王纵篷、李玲：《媒体关注对上市公司财务重述的影响差异——基于不同类型媒体的比较分析》，《东北财经大学学报》2019 年第 1 期，第 42~51 页。

⑤ 马晨、程茂勇、张俊瑞：《文化对财务重述行为的影响研究》，《管理工程学报》2018 年第 3 期，第 27~36 页。

作用机制，发现董责险的购买会减少公司财务报表重述，董责险对财务报表重述的抑制作用在监督机制较弱（不聘用国际四大会计师事务所进行年报审计、机构投资者持股比例低）的公司更为显著。[①] 陈丽英和李婉丽检验了财务报表重述的可靠性，分析较低的重述概率是由会计差错少还是有错不报导致的，构建了衡量错报风险的模型并计算出上市公司的错报风险指数，通过研究重述对错报风险的敏感度，发现两者相关性较弱，即上市公司存在隐藏差错、有错不改的机会主义行为；进一步分析发现，法律环境影响了公司所做的重述选择，处在较强法律环境中的公司重述较少，但能够及时更正并披露差错；处在较弱法律环境中的上市公司重述率高，并且存在有错不报的机会主义行为；当公司存在重大错报风险时，较强的法律环境有助于公司更正并披露会计违规。研究结果表明，重述与财务报告质量的正向关系取决于公司是否有可靠的差错识别与披露机制。[②] 张洪辉和平帆考察了独立董事地理距离与公司财务报表重述之间的关系，研究表明，独立董事与上市公司之间的地理距离远会加大两者之间的信息不对称程度，降低独立董事的监督作用，导致公司财务报表重述增多；进一步研究发现，高铁开通能够有效降低地理距离导致的信息不对称程度，减小地理距离对公司财务报表重述的影响。[③]

（四）对研究文献的评述

1. 国外研究文献评述

国外对于财务报表重述的研究开始得较早，且研究的范围较广，达到了一定的深度，并且在实务当中起到了指导作用。就其研究内容而言，主要有以下四个方面的研究：财务报表重述发生动因的研究、财务报表重述与公司治理特征相关性的研究、财务报表重述与外部审计质量关系的研究、财务报表重述市场反应的研究。研究的重点集中于三个方面，一是财

---

① 袁蓉丽、文雯、谢志华：《董事高管责任保险和财务报表重述》，《会计研究》2018 年第 5 期，第 21~27 页。

② 陈丽英、李婉丽：《错报风险、法律环境与重述可靠性》，《审计与经济研究》2018 年第 3 期，第 83~93 页。

③ 张洪辉、平帆：《独立董事地理距离、高铁开通与财务重述》，《会计与经济研究》2019 年第 5 期，第 21~37 页。

务报表重述的公司治理特征，二是财务报表重述和外部审计质量的关系，三是财务报表重述的市场反应。

较早的文献探究了财务报表重述发生的动因，报表重述与管理层的经济动机密切相关。进一步的研究分析了报表重述公司的特征，研究发现，重述与公司规模、盈利能力、公司利润增长速度、资产负债率、股权结构等特征相关。在此基础上，有学者对公司治理特征与报表重述的相关性进行了检验，研究主要以分析公司内部治理特征与报表重述关系为主，但并没有得出一致的结论。大量的研究集中于财务报表重述的市场反应，这方面的研究已经较为全面和成熟。与此同时，相当一部分文献从外部审计质量的角度，对财务报表重述进行研究，主要包括：注册会计师任期与财务报表重述的研究、事务所特征与财务报表重述相关性的研究、非审计服务与财务报表重述相关性的研究、财务报表重述与内部控制缺陷的研究等。

目前较为一致的结论有：①审计质量与财务报表重述呈负相关；②注册会计师的任期、注册会计师变更、事务所规模和财务报表重述的相关性存在不同的研究结果；③上市公司财务报表重述的严重性与审计费用正相关；④内部控制缺陷越多的公司越容易发生财务报表重述等。

尚未达成共识的问题有：①董事会特征、董事会及其下属委员会的独立性与财务报表重述的相关性；②股权集中度或股权结构与财务报表重述的相关性；③财务报表重述与非审计服务的相关性等。

2. 国内研究文献评述

国内的研究文献主要是探讨会计信息失真和会计舞弊的治理和防范，而财务报表重述相关问题的研究才刚刚起步，虽说国内对财务报表重述的动因，财务报表重述与公司治理、审计质量之间的相互关系，以及财务报表重述引起的市场反应等方面也进行了一系列的研究，但相关的文献和专著与国外相比仍较少。

从研究内容来看，国内文献主要集中于研究财务报表重述的发生机制，即导致报表进行重大会计差错追溯调整的原因，一部分文献对重大会计差错的手段、方式进行了分析研究。专门、系统地研究财务报表重述相关问题的文献较少，在财务报表重述的概念认识上还存在一定的分歧和误区。此外，也有部分文献研究了财务报表重述引发的市场反应以及财务报表重述对审计质量的影响。近年来，财务报表重述事件成为研究公司舞弊、内部控制问题及财务报告信息披露质量、审计质量的重要研究对象。王洋洋等人从财务报表重述视角出发，考察了中国姓氏文化对审计行为及结果的影响，研究发现，上市公司 CEO 与审计师之间存在"同姓一家亲"现象，表现为 CEO 与签字审计师"同姓"时，更易损害审计独立性，经审计的上市公司财务报表更易发生重述；进一步地，当 CEO 与签字审计师由"不同姓"变为"同姓"时，财务报表重述概率增加；区分财务报表重述内容之后，CEO 与签字审计师的"同姓"关系对重述财务报表核心指标的影响更强；由本地会计师事务所进行审计时，"同姓一家亲"现象更加明显，然而，会计师事务所的声誉与质控机制能够显著抑制"同姓一家亲"的负面效应。[①] 佘晓燕和毕建琴以 2012~2017 年中国 A 股主板市场上有内部控制重大缺陷迹象的企业为样本，从负面偏好的坏消息过度反应和事物类别诊断两个层面分别探究中国强制实施内部控制信息披露以来，上市企业披露内部控制缺陷信息与来自主要外部利益相关方负面后果之间的关系。其中，研究样本中的内部控制重大缺陷迹象就包括财务报表重述。[②] 钟昀珈和何小锋以我国资本市场有创业投资机构支持的 IPO 公司的财务报表重述为研究对象，以事件研究法考察创业投资的声誉传染效应。研究发现，当有创业投资机构支持的 IPO 公司宣布进行财务报表重述时，这些创业投资机构所投资的其他 IPO 公司的超额股票回报为负；进一步研究发现，有政府背景的创业投资机构所投资的 IPO 公司和有创业投资机构派出董事席位的 IPO 公司更容易受到这种负面传染效应的影响，而创业投资机构的声誉会减弱这种负面传染效应。[③]

但总的来说，无论从研究的范围还是研究的深度来看，财务报表重述相关问题进一步研究的空间都很大。

从研究方法来看，国内近年来的文献主要采用实证研究方法，但部分

① 王洋洋、魏珊珊、闫焕民：《CEO 与审计师"同姓一家亲"会损害审计质量吗？——基于财务重述视角的经验证据》，《华东经济管理》2019 年第 3 期，第 136~144 页。
② 佘晓燕、毕建琴：《负面偏好与上市企业披露内部控制缺陷信息关系研究》，《管理科学》2018 年第 4 期，第 45~61 页。
③ 钟昀珈、何小锋：《创业投资的传染效应研究——基于财务重述的分析视角》，《会计研究》2018 年第 11 期，第 36~42 页。

实证研究的数据选取范围太窄，研究结论也存在一定的局限性。

总的来说，对财务报表重述的研究，本书可以借鉴国外的一些研究成果，主要是研究的范围和深度、研究的方法等。但也应注意到国外文献的研究结论对解决我国财务报表重述问题有一定的局限性：首先，国外文献的研究对象与国内的研究对象有差异，我国上市公司的制度背景、公司治理的现状等和国外差异很大；其次，国外财务报表重述的法规制度相对成熟，而我国的财务报表重述制度建立较晚，截至目前虽然得到了一定的发展，但与国外相比仍有较大的差异；最后，国外文献主要是针对英美发达国家，其经济发展水平和资本市场的完善程度都达到了一定的高度。以上因素均限制了国外研究结论在我国的适用性。

四　研究内容

首先，以分析财务报表重述的现状作为整个研究的起点，展开必要的文献综述以反映本书研究的理论前沿；其次，着重研究财务报表重述的形成机制、发生发展的规律、财务报表重述的制度背景；再次，分析公司治理和外部审计在财务报表重述监管中所起的作用，并用资本市场的数据进行检验，着重检验影响财务报表重述的因素以及监管的效用；最后，从财务报表重述的治理出发，提出相关监管策略。

本书的基本思路是：在对我国资本市场财务报表重述原因、特征、存在问题、发展趋势进行分析的基础上，考察公司治理和外部审计在防范财务报表重述上所起的作用，从而为财务报表重述的监管提供一定的政策建议。

遵循以上研究思路，本书分三个部分开展研究，共九章，各部分涵盖的内容如下。

第一部分，即第一章，导论。作为引论部分，首先，介绍了本书的研究背景、目的和意义，并在此基础上提出了本书所要研究的问题。其次，梳理了财务报表重述的相关文献。文献主要集中于研究财务报表重述动因、财务报表重述与公司治理特征的关系、财务报表重述与外部审计质量的关系以及财务报表重述研究的其他领域。最后，阐述了本书的研究内容与全书的框架以及研究方法。

第二部分，在对我国资本市场财务报表重述原因、特征、存在问题、发展趋势进行分析的基础上，考察公司治理和外部审计在防范财务报表重述上所起的作用。包括第二~八章。

第二章，财务报表重述理论基础。本章对财务报表重述的概念进行了界定。财务报表重述是指企业对前期发布的财务报表的差错进行更正和披露的过程。在对相关概念进行对比分析的基础上，阐明了财务报表重述的实质就是对前期发布的财务报表中错弊的更正，以确保前期发布的财务报表的真实性和可靠性。从形式上看，财务报表重述包括临时公告和重编财务报表。财务报表重述的根源在于财务报表中的错弊，正是财务报表中错弊的存在使报表不再具有可靠性，而投资者也无法信赖这样的报表，进而做出正确的决策。基于信息不对称下的合约理论较好地解释了代理人披露不实财务信息的问题。财务报表重述一方面反映了报表质量存在问题，另一方面作为一种纠错机制，是对不良信息的揭示，它向投资者传递上市公司财务报表前期差错的程度、原因、影响以及更正情况。当然，重述公司可能会因重述而受到经济的损失或声誉的损害，但这应该是其为差错而付出的一种代价。

第三章，财务报表重述制度背景。本章主要从财务报表重述的范围和方法、财务报表重述信息披露等方面来梳理关于财务报表重述的制度演变，并和美国财务报表重述制度、国际财务报告准则中有关财务报表重述的相关要求进行比较。1998~2017 年，我国企业会计准则对财务报表重述范围和方法的要求有了一定的变化，与国际财务报告准则日渐趋同。对财务报表重述信息披露的要求也不断完善，企业会计准则及证监会发布的一系列法规对财务报表重述信息的披露做出了严格的规定。除此之外，《中国注册会计师执业准则》《中华人民共和国证券法》《中华人民共和国公司法》等法规也为财务报表重述提供了相应的监管依据。

第四章，财务报表重述的现实考察之一：财务报表重述公司基本特征。本章根据实证数据研究了 2002~2017 年我国沪深 A 股上市公司中发生财务报表重述的公司的基本特征。本章分别从以下几个方面来进行研究：重述数量的确认、重述原因的确认、重述提起者、重述公司审计意见、重述公司行业类别、重述公司地域特征、重述信息披露质量、重述方向、重述公司的注册会计师更换等。从重述数量来看，各年数量变化较大，整体上呈现递减的趋势，但波动较大。从重述原因来看，研究发现 2007 年之前的年报中披露的财务报表重述的原因类别主要集中于税收计提（漏计、误计）、会计核算错误（税收计提除外）、相关政策误用、担保与诉讼及其他等，而且相当一部分涉及数项原因，而 2007 年及之后，财务报表重述的原因类别不再是单项而是多项。从重述提起者来看，由公司内部提起的仅占 13%，由公司外部提起的占 35%，超过 50% 的公司在年报的会计报表附注中未披露财务报表重述事项由谁提起。此外，2007 年及之后，财务报表重述未涉及提起者，均由上市公司主动进行财务报表重述。从重述公司审计意见来看，长期以来都是标准无保留意见占主导地位，并且还存在上升的趋势。从重述信息披露质量来看，研究发现相当一部分上市公司的财务报表重述信息披露质量不高，主要表现为重述的发生年、原因以及财务影响等表述模糊，难以确定。从重述方向来看，高报盈余的比例一直在 60% 以上。从重述公司注册会计师更换来看，大部分公司发生财务报表重述的年度没有更换注册会计师，但仍有 20% 左右的公司更换了注册会计师。

第五章，财务报表重述的现实考察之二：存在问题的分析。本章分析了我国上市公司财务报表重述存在的问题，并重点讨论了财务报表重述制度被滥用的原因和条件，剖析财务报表重述制度的缺陷和固有限制。在此基础上对中美两国的财务报表重述现状进行对比。最后，探讨了公司治理、外部审计在财务报表重述的预防和发现中扮演的角色。

第六章，财务报表重述监管。政府监管、公司治理、外部审计构成了上市公司财务报表信息披露监管的三个重要环节。本章重点研究了在财务报表重述的预防、发现与更正环节，政府监管、公司治理和外部审计所起的作用。从政府监管的角度来说，应建立完善的财务报表重述制度，对财务报表重述的信息披露进行监管，并加大对财务报表重述的处罚力度。从公司治理的角度来说，上市公司负有财务报告的编制责任和质量保证责任，公司治理则应在财务报表重述的预防上发挥更积极的作用。从外部审计的角度来说，外部审计对财务报告的增值作用不可否认，查错纠弊仍然是外部审计目标不可或缺的组成部分，因此，外部审计应在财务报表重述的发现上体现其积极作用。

第七章，财务报表重述与公司治理特征。本章对 2002~2017 年我国资本市场上发生报表重述的上市公司和没有发生报表重述的上市公司进行对比分析，并检验公司治理特征变量和财务报表重述的相关性，以考察公司治理在预防财务报表重述中的作用，并提供相应的经验证据。实证检验结果表明，财务报表重述与公司治理特征变量之间没有显著的相关性，即财务报表重述公司与非财务报表重述公司在公司治理结构上不存在显著的差异。虽然从形式上看，独立董事在董事会中的比例在增加，审计委员会的设立情况与 2002 年之前相比大为改观，但形式的变化并没有带来实质性的改变，只是满足了制度对形式上的要求。从监管的角度而言，可能要更加重视董事会功能的真正发挥。

第八章，财务报表重述与外部审计质量。本章选取了我国资本市场 2002~2017 年发生财务报表重述的公司，对外部审计质量与财务报表重述的相关性进行了检验。实证检验结果发现，在错报年度和重述年度，盈余错报的程度、盈余错报的动机对审计意见有一定的影响，表明注册会计师在一定程度上能够识别报表中的重大错报，但从重述公司 70% 以上被出具标准无保留意见来看，外部审计质量还有待进一步提高。

第三部分，即第九章，研究结论及政策建议。归纳本书的创新之处及主要观点，分析研究的局限性与改进建议，并提出上市公司财务报表重述问题的未来研究方向。

五 研究方法

本书是关于上市公司财务报表重述理论分析与实证检验的研究，因此采用了规范研究与实证研究相结合的研究方法，以理论分析为主，以实证分析为辅。鉴于上市公司财务报表重述问题的复杂性，本书借鉴了经济学、管理学、会计学、心理学等多学科的知识，对我国上市公司财务报表重述问题进行系统研究。具体方法是：采用规范研究方法从文献回顾与评述、财务报表重述理论基础和财务报表重述制度背景三方面展开分析，并运用在我国资本市场上获得的数据考察了财务报表重述公司的基本特征，以及财务报表重述存在的问题、影响及发展趋势，在此基础上，通过实证方法检验公司治理、外部审计与财务报表重述的相关性。

第二章

财务报表重述理论基础

一 财务报表重述概述

（一）财务报表重述

财务报表重述严格来说是一种简称，完整的说法是财务报表的重新表述。它是指企业在发现并纠正前期财务报表差错时，重新表述以前公布的财务报表。美国政府问责局（GAO）发布的报告中称之为"Financial Statement Restatements"，在其他文献中的表述有"Restating Financial Statements""Restated Financial Statements""Accounting Restatements"等。在《英汉经贸大词典》中，"Restatement"本身就是"重编报表"的意思。根据美国财务会计准则委员会发布的财务会计准则第 154 号《会计变更和差错更正——对 APB No. 20 意见书和 FASB No. 3 的取代》，财务报表重述的定义是：修正前期发布的财务报表以反映报表中错误更正情况的过程。

中国注册会计师协会的研究资料认为：会计报表重述是指上市公司出于自愿或注册会计师、监管机构的督促，对其先前公布的会计报表予以更正。①

陈今池编著的《英汉现代财会大词典》对会计报表重述的定义是：在会计准则已发生变动的情况下，按新的会计准则重新编制以前年度所公布

---

① 中国注册会计师协会编《中国注册会计师行业发展研究资料 2004》，经济科学出版社，2005，第 202 页。

的会计报表。①

实际上，财务报表重述包括了对前期发布的财务报表中存在差错的更正以及披露。因此，本章认为财务报表重述的概念可以表述为：企业对前期发布的财务报表的差错进行更正和披露的过程。

（二）相关概念辨析

和财务报表重述相关的几个概念有：会计差错、重大会计差错、前期差错和财务报表舞弊。

1. 会计差错、重大会计差错及前期差错

对于会计差错，《企业会计准则——会计政策、会计估计变更和会计差错更正》（1999 年 1 月 1 日实施，2001 年修订）这样定义：会计差错指在会计核算时，由于确认、计量、记录等方面出现的错误。具体来说，有 8 种常见的会计差错：①采用法律或会计准则等行政法规、规章所不允许的会计政策；②账户分类以及计算错误；③会计估计错误；④在期末应计项目与递延项目未予调整；⑤漏记已完成的交易；⑥对事实的忽视和误用；⑦提前确认尚未实现的收入或不确认已实现的收入；⑧资本性支出与收益性支出划分错误。② 《中国注册会计师审计准则第 1141 号——财务报表审计中对舞弊的考虑》对错误也有界定，但与会计差错的定义有一定的区别。错误是指导致财务报表错报的非故意行为，主要包括：①为编制财务报表而收集和处理数据时发生失误；②由于疏忽和误解有关事实而做出不恰当的会计估计；③在运用与确认、计量、分类或列报（包括披露）相关的会计政策时发生失误。③

对于重大会计差错，《企业会计准则——会计政策、会计估计变更和会计差错更正》（1999 年 1 月 1 日实施，2001 年修订）这样定义：重大会计差错指企业发现的使公布的会计报表不再具有可靠性的会计错误。这里的"重大"一般是指会计差错涉及的金额比较大，且足以影响会计报表使用者对财务状况、经营成果和现金流量做出正确判断。不是所有发现的以

---

① 陈今池编著《英汉现代财会大词典》，中国财政经济出版社，2006，第 853 页。

② 《〈企业会计准则——会计政策、会计估计变更和会计差错更正〉指南》。

③ 中国注册会计师协会：《中国注册会计师执业准则》，经济科学出版社，2006。

前年度的会计差错都需进行追溯调整，只有重大会计差错才需要追溯调整以前年度损益，非重大会计差错应直接调整当期项目或计入当期损益。具体来说，通常某项交易或事项的金额占该类交易或事项金额的 10% 及以上，则认为金额比较大。

对于前期差错，2006 年 2 月 15 日新发布的《企业会计准则第 28 号——会计政策、会计估计变更和差错更正》第四章"前期差错更正"第十一条指出："前期差错，是指由于没有运用或错误运用下列两种信息，而对前期财务报表造成省略漏或错报。（一）编报前期财务报表时预期能够取得并加以考虑的可靠信息。（二）前期财务报告批准报出时能够取得的可靠信息。前期差错通常包括计算错误、应用会计政策错误、疏忽或曲解事实以及舞弊产生的影响以及存货、固定资产盘盈等。"[①]

没有运用或错误运用上述两种信息而形成前期差错的情形主要有：①计算以及账户分类错误；②采用法律、行政法规或者国家统一的会计制度等不允许的会计政策；③对事实的疏忽或曲解，以及舞弊；④在期末对应计项目与递延项目未予调整；⑤漏记已完成的交易；⑥提前确认尚未实现的收入或不确认已实现的收入；⑦资本性支出与收益性支出划分差错。

会计差错产生于财务报表项目的确认、计量、列报或披露的会计处理过程中，如果财务报表中包含重要差错，或者差错不重要但是故意造成的（以便形成对企业财务状况、经营成果和现金流量等会计信息某种特定形式的列报），即应认为该财务报表未遵循企业会计准则的规定进行编报。在当期发现的当期差错应当在财务报表发布之前予以更正，当重要差错直到下一期间才被发现，就形成了前期差错。[②]

就以上概念而言，会计差错和重大会计差错的差别在于错误的程度不同，重大会计差错是指使公布的会计报表不再具有可靠性的会计错误，换言之，会计差错不一定都是使会计报表不具有可靠性的错误，二者的严重性不同。2006 年 2 月 15 日新发布的《企业会计准则第 28 号——会计政策、会计估计变更和差错更正》中不再提重大会计差错，取而代之的是前期差错的概念。前期差错类似原准则（1999 年 1 月 1 日实施，2001 年修订的企业会计准

① 《企业会计准则第 28 号——会计政策、会计估计变更和差错更正》（2006 年 2 月 15 日）。
② 财政部会计司编写组：《企业会计准则讲解 2006》，人民出版社，2007，第 448 页。

则）中的重大会计差错，但又不完全相同。其主要的区别在于以下四点。①前期差错的概念比重大会计差错宽泛。在该准则指南中将前期差错分为"不重要的前期差错"和"重要的前期差错"。重要的前期差错才采用追溯重述法，也就是说，重要的前期差错才类似重大会计差错。②重大会计差错强调的是金额的影响，而前期差错强调的是错误的性质。该准则指南强调前期差错的重要性取决于在相关环境下对遗漏或错误表述的程度和性质的判断。③重大会计差错还局限于错误的范畴，而前期差错却包含了舞弊。④比之重大会计差错，前期差错的概念与国际会计准则的定义更加一致。

本书所涉及的财务报表重述概念实质上就是前期差错更正，而《企业会计准则第 28 号——会计政策、会计估计变更和差错更正》在 2007 年 1 月才正式实施，2007 年之前所用的概念是重大会计差错更正，因为本书涉及的样本区间主要是 2002~2006 年，所以主要涉及的概念是重大会计差错更正。

财务报表重述是指企业对前期发布的财务报表的差错进行更正和披露的过程。但我国法规中并没有财务报表重述这一概念，只是在有关文献或新闻报道中有类似的用法，如报表重述等。本书采用这一概念的原因是：第一，在实务处理上，重大会计差错更正和国外的财务报表重述没有实质性的差异；第二，考虑到国际趋同的问题，因此采用国际上较为通用的概念；第三，国外的研究文献基本上都使用了财务报表重述的概念。因此，在以后的行文中重大会计差错更正与财务报表重述同质，不加以区分。

2. 财务报表舞弊

财务报表舞弊是在讨论报表重述时必然会涉及的一个概念。前面已经讨论了财务报表中存在的"错误"（Error），而"舞弊"（Fraud）是与之完全不同的概念。《中国注册会计师审计准则第 1141 号——财务报表审计中对舞弊的考虑》指出："财务报表的错报可能由于舞弊或错误所致。舞弊和错误的区别在于，导致财务报表发生错报的行为是故意行为还是非故意行为。舞弊是指被审计单位的管理层、治理层、员工或第三方使用欺骗手段获取不当或非法利益的故意行为。舞弊是一个宽泛的法律概念，但本准则并不要求注册会计师对舞弊是否已经发生作出法律意义上的判定，只要求关注导致财务报表发生重大错报的舞弊。"该准则还进一步指出有两类故意错报与财务报表审计有关：①对财务信息作出虚假报告导致的错报；②侵占资产导致的错报。① 美国注册会计师协会（AICPA）在其《审计准则公告第 82 号》（SAS No.82）中提及财务报表舞弊，并将它界定为财务报表中的故意错报或遗漏。② 此外，财务报表舞弊往往开始于很小的错报或看起来并不重大但最终"成长为盛放"的舞弊。③

财务报表重述和财务报表舞弊的关系为：财务报表舞弊是导致财务报表重述的原因之一。因为财务报表重述不仅因错误而发生，在发现财务报表存在舞弊的情况下，财务报表也需要重述，这一点在 2006 年 2 月 15 日新发布的企业会计准则的前期差错表述中已经很清楚，修正前期差错包括舞弊产生的影响。因此，财务报表舞弊也是导致财务报表重述的原因之一。但是要区分财务报表重述是因舞弊还是因错误而产生的，在实务中是很难判定的（但也不排除经有关监管部门查处舞弊之后发生的重述）。但区分因错误或舞弊产生的财务报表重述不是本书所要探讨的重点。本书着重关注的是财务报表重述的发生机制、发展规律，以及如何对其实施有效的监管。

（三）　财务报表重述的实质与形式

1. 财务报表重述的实质

从实质上看，财务报表重述强调的是对前期发布的财务报表中错弊的更正，以确保前期发布的财务报表的真实性和可靠性。国内有少量文献将年报发布之后当期的补充公告和年报更正公告视为财务报表重述，即"财务报表重述指的是公司对已公布的财务报告进行的更正和补充，具体形式表现为补充公告和更正公告"④。实际情况证明这一表述是不够准确的，以此为依据来研究财务报表重述问题有失偏颇。其原因在于以下三个方

---

① 中国注册会计师协会：《中国注册会计师执业准则》，经济科学出版社，2006。
② 〔美〕扎比霍拉哈·瑞扎伊：《财务报表舞弊：预防与发现》，朱国泓译，中国人民大学出版社，2005，第 3 页。
③ 〔美〕扎比霍拉哈·瑞扎伊：《财务报表舞弊：预防与发现》，朱国泓译，中国人民大学出版社，2005，第 7 页。
④ 杨忠莲、杨振慧：《独立董事与审计委员会执行效果研究——来自报表重述的证据》，《审计研究》2006 年第 2 期，第 81 页。

面。第一，对财务报表进行的更正补充并不一定是财务报表重述，财务报表重述强调由于前期发布的财务报表中存在重要差错而在后一会计期间发现才形成前期差错，这时才需要进行报表重述。对当年年报中出现的错误进行及时更正并不属于报表重述的范畴。第二，仅从形式上把补充公告和更正公告纳入报表重述，忽略了报表重述的实质。因为目前补充公告和更正公告绝大部分是在当年的年报公布之后发布的临时公告，它们主要针对的是当期的财务报表，而不是以前年度的报表。第三，最重要的差别是对于重大会计差错或是重要的前期差错，在会计实务的处理方法上采用的是追溯重述法，而当年发现的会计差错并不采用追溯重述法，只是在当期的报表中直接更正就可以。这与美国政府问责局（GAO）的研究报告、休伦咨询公司（Huron）的调查报告，以及美国财务会计准则中定义的财务报表重述并不一致，因此，真正与财务报表重述同质的实际上是我国企业会计准则中的重大会计差错更正，以及2006年会计准则中的前期差错更正。

2. 财务报表重述的形式

从形式上看，财务报表重述是指上市公司就前期差错发布了重述的临时公告，并在随后重编了前期的财务报表。重述年报作为上市公司重大事项，美国证券交易委员会（SEC）要求公众公司发布财务报表重述的临时公告，即重述公告，并对具体形式进行了严格的要求。但重述公告并不等同于真正的重述。因为在某些情况下，发布了重述公告的公司可能因其他原因没有进行最终的重述。如美国政府问责局（GAO）、休伦咨询公司（Huron）在进行研究时，是以最终的财务报表重述来选取样本的。其原因是：重述公告本身并不是最终的重述报表，破产或是停止上市的公司在发布公告之后并没有真正进行报表重述。因此，严格来说，研究选取的样本应该是最终进行重述的公司，重述之前发布临时公告主要是为了满足信息披露及时性的要求。

从目前掌握的资料来看，我国的重大会计差错更正最初出现在会计报表附注当中，2003年发展到要求发布重大会计差错更正公告，并要求公司在临时报告中披露以下内容。①公司董事会和管理层对更正事项的性质及原因的说明。②更正事项对公司财务状况和经营成果的影响及更正后的财务指标。③更正后经审计的年度财务报表及涉及更正事项的相关财务报表附注以及出具审计报告的会计师事务所名称，如果更正后年度财务报告被出具了无保留意见加强调事项段、保留意见、否定意见、无法表示意见的审计报告，则应当同时披露审计意见全文。如果公司对最近一期年度财务报告进行更正，但不能及时披露更正后经审计的年度财务报表及相关附注，公司应就此更正事项及时刊登"提示性公告"，并应当在该临时公告公布之日起45天内披露经具有执行证券、期货相关业务资格的会计师事务所审计的更正后的年度报告。④更正后未经审计的中期财务报表及涉及更正事项的相关财务报表附注。2004年，企业会计准则中增加了对董事会的要求，董事会要对重大会计差错更正进行讨论并在报表中专项说明；2018年，要求在临时公告中增加公司独立董事和监事会对更正事项的相关意见。另外，《中华人民共和国证券法》也规定如果公司合理预见重大差错的发现及更正事件将会对投资者决策或证券价格产生重大影响，就应该及时进行披露，不能以定期报表代替临时报告。但至今在准则中都没有重编报表的明确要求，导致实务操作的不规范。目前，上市公司重编报表原因各异，有因重大会计差错被财政部或证监会要求重编报表的，也有上市公司主动重编报表的，还有部分上市公司因刚刚发布的报表出现差错就重编报表的。从形式上看，上市公司重编的报表也不规范，有的公司仅仅发布一个补充更正公告，有的公司把重编的报表附在公告当中，形式多种多样。因此，目前的研究只能以报表中重大会计差错项目来判断是否发生了重述，这样才能与财务报表重述真正同质。

（四）财务报表重述的目的

财务报表重述的目的是把存在错弊的报表更正还原为真实、可靠的报表，追溯重述法的处理原则就是当差错从来没有发生过。[①] 可以概括为以下四点。①更正前期发生差错的财务报表；②向公司外部发布更正信息；

---

① 《企业会计准则第28号——会计政策、会计估计变更和差错更正》（2006年2月15日）
指出："企业应当采用追溯重述法更正重要的前期差错，但确定前期差错累积影响数不切
实可行的除外。追溯重述法，是指在发现前期差错时，视同该项前期差错从未发生过，
从而对财务报表相关项目进行更正的方法。"

③发现错弊的环节，为避免以后的差错进行治理；④通过制度上的设计阻止上市公司的盈余管理行为。

（五）财务报表重述的经济后果

财务报表重述的经济后果主要表现在以下五个方面。

1. 市场反应

大量学者的研究表明，财务报表重述会给上市公司带来显著的负面市场反应。其中，美国政府问责局以 1997 年 1 月 1 日～2002 年 3 月 26 日发生财务报表重述的公司为样本，发现宣布财务报表重述的 3 个交易日内股票价格下跌大约 10%，市值损失累计 1000 亿美元，损失金额从 1997 年的 46 亿美元到 2000 年的 287 亿美元不等，其中涉及收入确认问题的财务报表重述对市场的影响金额为 560 亿美元，占宣布财务报表重述的 3 个交易日内全部影响金额的 50%。排除整体市场走势的影响后，财务报表重述公司的市值损失仍达 956 亿美元。2002 年，美国政府问责局研究报告表明：1997 年 1 月～2002 年 7 月，由财务报表舞弊或会计差错引起的财务报表重述公告显著增加，重述对重述公司市值的影响达到数 10 亿美元。

我国目前还缺乏对重述市场损失的统计资料，有个别文献研究了发布会计差错更正公告后产生的市场反应。陈璐研究发现，在会计差错更正报告发布前和发布日前后，公司股价的整体表现会受到显著的负面影响；在会计差错更正报告发布后，公司股价的整体表现在极短期内会受到负面影响，但随着时间的推移，该影响会较为迅速地趋于变小，甚至不再存在。[①] 这一研究在一定程度上反映了重述对资本市场的影响。但因其样本只涉及两个年份，且只是对更正公告的市场反应的检验，与反映真正意义上的重述影响还有一定的差距。旺格（Y. F. Wang）和尤（H. C. Yu）、赫希（M. Hirschey）等人、伯克斯（J. J. Burks）认为，《萨班斯-奥克斯利法

---

① 陈璐：《会计差错更正报告的股票市场反应实证研究》，硕士学位论文，浙江大学管理学院，2007，第 81 页。

案》的出台降低了财务报表重述对公司市场表现的影响程度。^① 李世新和刘兴翠通过研究发现，我国上市公司发布的财务报表重述会带来显著的负面经济后果，不但会导致发布财务报表重述公司自身的股票价格下降，也会导致同行业其他上市公司股票价格下降，表现出股价下跌的传染效应。^②从上面的研究可以发现，财务报表重述的市场反应在时间序列上存在一定的减弱趋势。

2. 法律诉讼

发生报表重述的公司有可能引发诉讼。2005 年是美国公众公司重述数量较多的一年，因此该年被媒体称为重述年，因重述会引起大量诉讼，也叫股东起诉年。帕尔姆罗斯（Z. Palmrose）和肖尔茨（S. Scholz）的研究提供了财务报表重述和针对注册会计师诉讼的证据。他们检验了 1995 ~ 1999 年 416 家公告重述的美国公司，研究主要关注由会计问题引起的重述。他们发现，注册会计师更容易由于经济类而非技术类的重述被起诉，特别是收入确认的重述是最常见的。^③ 这类重述通常和舞弊、重要性、破产、停止上市、股价反应有关。帕尔姆罗斯和肖尔茨研究发现，核心错报引起后续诉讼的可能性更大，而非核心错报引起后续诉讼的可能性相对较小。^④ 诉讼还有可能是针对注册会计师的。因为报表重述实质上是在注册会计师的监控之下发生的，再加之公众对注册会计师财务报表审计的期望，很容易引发针对注册会计师的诉讼。李世新和刘兴翠也发现，财务报

---

① Ya Fang Wang, Hung Chao Yu, "Do Restatements Really Increase Substantially after the SOX? How does the Stock Market React to Them?" *Social Science Electronic Publishing*, 2008；Mark Hirschey, Kevin R. Smith, and Wendy M. Wilson, "Financial Reporting Credibility after SOX: Evidence from Earnings Restatements," *Social Science Electronic Publishing*, 2010；Jeffrey J. Burks, "Disciplinary Measures in Response to Restatements after Sarbanes-Oxley," *Journal of Accounting and Public Policy* 29 (2010): 195-225.

② 李世新、刘兴翠:《上市公司财务重述公告的市场反应与行业传递效应研究》,《管理评论》2012 年第 5 期, 第 143 页。

③ Zoe-Vonna Palmrose, Susan Scholz, "Restated Financial Statements and Auditor Litigation," *Working Paper*, 2000.

④ Zoe-Vonna Palmrose, Susan Scholz, "The Circumstance and Legal Consequences of Non-GAAP Reporting: Evidence from Restatements," *Contemporary Accounting Research* 21 (2004): 139-180.

表重述对前期盈余金额进行大幅更正可能会使上市公司招致法律诉讼。①

3. 管理层的变更

斯里瓦桑（S. Srinivasan）对报表重述公司的外部董事离职情况进行了研究，发现外部董事的离职率与报表收益的更正金额大小正相关，重述公司的董事会成员平均丧失了在其他公司董事会 25% 的职位。② 这一结论表明，重述对管理层的声誉产生了一定程度的影响，从而导致其变更。德赛（H. Desai）等人研究了报表重述公司高层管理者的离职率，发现 60% 的公司在报表重述日之后的 24 个月内至少有一名高层管理者离职，而未发生报表重述的公司高层管理者的离职率为 35%；离开公司后的管理者与对照组相比更难找到后续工作。③ 这说明公司董事会和外部劳动力市场均因管理者违背公认会计准则而对其做出了惩罚。王毅辉和魏志华研究发现，财务报表重述可能是企业的管理层为了粉饰报表，进行利润操纵的后果。④ 因此，在上市公司发布财务报表重述之后，如果投资者识别出管理层财务报表重述的目的，那么上市公司的市场表现将会下降，此时为了恢复受损的声誉并提高市场表现，上市公司可能采取更换管理层的措施。

4. 融资成本

如果一家公司发生了财务报表重述，那么外部投资者通常会认为该公司的未来现金流量将会下降，而现金流量的变化会对公司的债务融资成本产生影响。克莱夫（T. Kravet）和谢夫林（T. Shevlin）研究发现，重述公告披露后的短时间内由于信息风险定价的大幅度提升，公司融资成本明显提高。⑤ 有关财务报表重述对信息风险定价影响的研究，赫里巴尔

---

① 李世新、刘兴翠：《上市公司财务重述公告的市场反应与行业传递效应研究》，《管理评论》2012 年第 5 期，第 141 页。

② Suraj Srinivasan, "Consequences of Financial Reporting Failure for Outside Directors: Evidence from Accounting Restatements and Audit Committee Members," *Journal of Accounting Research* 43 (2005): 291-334.

③ Hemang Desai, Chris E. Hogan, and Michael S. Wilkins, "The Reputational Penalty for Aggressive Accounting: Earnings Restatements and Management Turnover," *The Accounting Review* 81 (2006): 83-112.

④ 王毅辉、魏志华：《财务重述研究述评》，《证券市场导报》2008 年第 3 期，第 57~58 页。

⑤ Todd Kravet, Terry Shevlin, "Accounting Restatements and Information Risk," *Review of Accounting Studies* 15 (2010): 264-294.

(P. Hribar) 和詹金斯（N. T. Jenkins）通过构建理论模型，计算发现上市公司在发布财务报表重述公告之后的一个月内，股权资本成本平均会提高7%~19%。虽然随着时间的推移，股权资本成本会呈现下降趋势，但是其最终上升幅度仍然保持在 6%。① 格雷厄姆（J. Graham）和哈维（C. R. Harvey）、格雷迪（W. M. Cready）和古朗（U. G. Gurun）对企业发布重述报告前后的债务契约进行研究，研究发现，发布重述报告后，债权人会倾向于重新商定贷款期限、利率以及保护条款等。② 简而言之，发布重述报告通常意味着债务人需要支付更高利息。潘克勤对上市公司发布重述报告前后所获取的融资规模进行比较研究，发现在发布重述报告后的融资规模显著缩小。③

5. 事务所变更

国内外有少部分学者研究了财务报表重述和会计师事务所变更二者之间的关系。将事务所的情况分为两种，一种是企业解聘事务所，另一种是事务所主动辞聘。在上市公司发布财务报表重述之后，企业可能会为了标准无保留意见而更换会计师事务所。同时，会计师事务所也可能会在评估可接受的风险程度之后选择辞聘。弗朗西斯（J. R. Francis）等人发现，事务所中一起低质量审计的出现会给这个事务所同时进行的其他审计传达出负面信息。④ 曼德（V. Mande）和桑（M. Son）发现，发布财务报表重述的公司更容易解雇它们的事务所⑤；亨尼斯（K. M. Hennes）等人认为，上市公司在发布重述之后，更换会计师事务所的举动在一定程度上会让投资

---

① Paul Hribar, Nicole Thome Jenkins, "The Effect of Accounting Restatements on Earnings Revisions and the Estimated Cost of Capital," *Review of Accounting Studies* 9（2004）：337–356.

② John Graham, Campbell R. Harvey, "How do CFOs Make Capital Budgeting and Capital Structure Decisions?" *Journal of Applied Corporate Finance* 15（2002）：8–23；William M. Cready, Umit G. Gurun, "Aggregate Market Reaction to Earnings Announcements," *Journal of Accounting Research* 48（2010）：289–334.

③ 潘克勤：《政治关联、财务年报恶意补丁与债务融资契约——基于民营上市公司实际控制人政治身份的实证研究》，《经济经纬》2012 年第 2 期，第 79 页。

④ Jere R. Francis, Paul N. Michas, and Scott E. Seavey, "Does Audit Market Concentration Harm the Quality of Audited Earnings? Evidence from Audit Markets in 42 Countries," *Contemporary Accounting Research* 30（2013）：325–355.

⑤ Vivek Mande, Myungsoo Son, "Do Financial Restatements Lead to Auditor Changes?" *Auditing* 32（2013）：119–145.

者的信心恢复。[①] 马晨等人发现，在财务报表重述后的一年内，对于事务所被解聘的频率，发生财务报表重述的公司要高于未发生财务报表重述的公司。[②] 差错类重述公司在财务报表重述后解聘原事务所，以试图寻求更为顺从的事务所，而舞弊类重述公司在财务报表重述后解聘原事务所旨在恢复其受损的声誉。

结果表明，财务报表重述导致严重的资本市场负面反应，降低了投资者对公司的信心，增加了内外部信息不对称程度，提高了公司资本成本，面临的股东诉讼增加，导致分析师行为改变及产生显著的行业传染效应。

二 财务报表重述：信息披露监管视角分析

（一） 基于信息不对称下合约理论的解释

信息不对称在经济学上是指相互影响的交易双方的信息分布不均衡，即合约的一方拥有另一方没有的私人信息。信息不对称在资本市场上是客观存在的，主要有以下 4 个方面原因。①上市公司信息占优的限制。上市公司相对于外部投资者而言具有掌握公司信息的优势，因为上市公司本身就是信息产生及加工的源头。人们有理由相信上市公司的管理者会选择披露对自己有利的信息。②信息披露质量的限制。上市公司人为操纵利润的情况，加剧了信息不对称。③资本市场上的信息传递机制不是非常完善，信息无法很畅通地传递给投资者。④投资者识别能力的限制。资本市场上信息披露质量参差不齐，真实的信息和错误的信息混杂，投资者很难进行分辨。

信息不对称下的合约理论解释了资本市场上信息不对称的三个问题：道德风险、逆向选择和信号传递。

---

① Karen M. Hennes, Andrew J. Leone, and Brian P. Miller, "Determinants and Market Consequences of Auditor Dismissals after Accounting Restatements," *Accounting Review* 89 (2014): 1051-1082.

② 马晨、张俊瑞、杨蓓：《财务重述对会计师事务所解聘的影响研究》，《会计研究》2016 年第 5 期，第 86 页。

1. 道德风险

信息不对称条件下的合约理论探讨了合约参与者的行为和信息问题。当一方要求另一方签订合约，以完成某种类型的行动或做出某种类型的决策时，主动缔约方称为委托人，受邀缔约方称为代理人。委托人和代理人可以是个人，也可以是机构；可以是组织，也可以是决策中心。如公司的股东和经理人之间就是委托人和代理人的关系。① 如果在合约关系的全部期间，委托人和代理人都拥有相同的信息，也就是说委托人和代理人所拥有的信息有相同的特征，而且代理人的努力是可以被证实的，那么委托人就能够检查代理人完成任务的情况。这是在具有对称信息，且信息完备的情况下才能做到的。在信息不对称的情况下，代理人相对于委托人具有信息上的优势。当代理人的行动不可证实时，或者当合约关系启动后代理人得到了私人信息时，就会出现道德风险的问题，即委托人无法知道代理人的行动或对其进行有效的控制。委托人无法有效监督代理人的偷懒、作弊、浪费等行为。比弗（W. H. Beaver）认为，管理者有隐瞒不利信息的动机，虽然投资者也意识到了这一点，但却无法了解这些被隐瞒信息的实质内容。② 就财务报表信息的披露而言，管理者从理性经济人的假设出发，选择对自己最有利的披露行为，在说谎代价不大的情况下，管理者就有可能披露不实的财务报表。

2. 逆向选择

信息经济学认为，在合约关系开始之前代理人就拥有私人信息，在这种情况下就会出现逆向选择问题。这一问题也被经济学家称为"柠檬问题"③，即旧车市场问题。由于信息不对称的存在，好车的市场价格会低于其未来收益所代表的真实价值，旧车市场就不能有效运行。证券市场也存在同样的问题。信息不对称让投资者无法做出好的投资决策，甚至好的投资机会被不好的投资机会挤走。具体到资本市场，当上市公司的管理层因

---

① 〔西〕因内思·马可—斯达德勒、J. 大卫·佩雷斯—卡斯特里罗：《信息经济学引论：激励与合约》，管毅平译，上海财经大学出版社，2004，第 3 页。

② William H. Beaver, "The Nature of Mandated Disclosure," *Report of the Advisory Committee on Corporate Disclosure to the SEC*, 1977.

③ George A. Akerlof, "The Market for 'Lemons': Quality Uncertainty and the Market Mechanism," *The Quarterly Journal of Economic* 84 (1970): 488-500.

其信息占优而拥有较多外部投资者所不知的信息时，投资者因不完全了解公司的状况而无法做出正确的判断，直接影响了投资者对公司价值的判断，这时就会产生逆向选择的问题。逆向选择的核心问题是在代理人早就拥有私人信息的情况下，委托人虽然可以核实代理人的行动，但是最优的决策以及这项行动的成本，委托人是不容易观察到的。如果代理人试图从拥有的私人信息中获利的话，委托人就要想办法去克服这种信息上的劣势。

3. 信号传递

解决道德风险和逆向选择的一个办法就是信号传递。信号传递可以用来解释具有私人信息的人披露其私人信息的动机。如委托人和代理人在签订合约之前，代理人有可能向委托人传递某种影响委托人决策的信息，以便委托人更好地进行选择。而在资本市场上由于投资者很难了解上市公司的经营状况，公司内部的管理者掌握着比外部投资者更多的信息。为解决逆向选择问题，价值被低估的公司有动机耗费较多的资源来向外部投资者提供某种信息以揭示其价值，也就是说，好的公司的管理层有动机向外部投资者传递信息，使投资者能够区分高质量的公司和低质量的公司。但是信号传递的效用取决于投资者是否相信其真实性。因此，为保证上市公司披露信息的真实性、可靠性，更充分的披露和更合理的监管机制是非常有必要的。

从充分披露的角度来说，投资者既要掌握上市公司真实的经营业绩，也需要了解上市公司的违规行为，以便做出更好的决策。比弗认为，财务呈报数据发挥着两个既相互区别又相互联系的信息作用：一个作用是使决策制定者如投资者，在各种备选方案或可选投资组合中选出最佳行动方案更为容易；另一个作用是使缔约方如管理当局和投资者之间的缔约更为容易。这是因为该合约中支付条款可部分地以财务呈报数据来定义。① 因此，信息披露对投资者和信息提供者双方来说都是有用的。但是披露什么样的信息？主动权掌握在信息提供者手里，信息提供者有动机隐瞒不利信息，也就是本书通常所说的选择性披露，这就引发了对信息披露的监管。最早

---

① 〔美〕威廉·H.比弗：《财务呈报：会计革命》（中译本），薛云奎主译，东北财经大学出版社，1999，第4页。

的充分披露规定是在美国 1933 年《证券法》中确立的，充分披露信息的目的就是要让投资者能得到充足的信息和投资机会，以便他们做出合理的投资决策。另外，对信息披露还有公平披露的要求，公平披露的宗旨是要提高机构投资者和个人投资者之间的信息公平程度。2000 年 8 月，美国证券交易委员会通过了《选择性披露和内线交易法规》（Selective Disclosure and Insider Trading），旨在规范上市公司非公开实质性信息的原则和程序，同时也重新确立了有关内线交易规定的一些原则。由于它是第一部试图确保所有投资者公平地获得上市公司信息的法规，通常被简称为"公平披露法规"（Regulation Fair Disclosure）。[1] 这一系列法规主要目的就是保障投资者在资本市场上获得充分而公平的信息，因此，完善的信息披露制度是上市公司持续发展、投资者利益得以保证的基石。

从监管制度设计的角度来说，要促使代理人说真话，就必须有一个说真话的机制，或者说通过对合约的设计来克服信息不对称的情况。从前文的理论分析已经得知，代理人和委托人之间存在信息不对称，代理人有动机和条件向委托人提供不真实的会计信息，因此需要有相应的制度设计来约束和激励代理人说真话。关于这一点，机制设计理论有较好解释。机制设计理论是由"机制设计理论之父"赫维奇（Leonid Hurwicz）首先提出的，马斯金（Eric Maskin）和迈尔森（Roger Myerson）进一步完善发展了机制设计理论。它主要强调了两个核心原理：一个是激励相容原理，另一个是显示性原理。所谓激励相容，就是通过最优的机制设计把个人追求与整个社会追求结合起来，做出一种制度安排，使得个体在追求个人利益的同时，其目标与实现集体价值最大化的目标相吻合。而显示性原理则是指委托人在寻找最优合约的过程中，可以设计一种机制促使代理人如实披露自身特征。[2] 也就是说，委托人可以通过机制设计诱使代理人披露真实私人信息，从而消除信息不对称的问题。赫维奇证明，任何一个说假话的机制都可以用一个说真话的机制来取代并获得同样的结果。行为人说假话只是因为有利可图。一旦设计出合理机制，使得行为人若是选择说谎就会对

---

① 吴谦立：《公平披露：公平与否》，中国政法大学出版社，2005，第 1 页。
② 〔西〕因内思·马可一斯达维勒、J. 大卫·佩雷斯—卡斯特里罗：《信息经济学引论：激励与合约》，管毅平译，上海财经大学出版社，2004，第 81 页。

自己不利，那么行为人就会用对自己更有利的真话来取代假话。委托人在不掌握代理人私人信息的情况下，一样可以利用机制设计，使得代理人理性地根据真实情况来选择说真话。

（二）市场失灵

市场失灵的原意是指，当自由市场生产的产品数量或质量不同于假定的社会最佳量时，就会发生市场失灵。而这时依靠政府管制就能使私人产出接近社会最佳量，从而可以改善社会福利。[①] 会计意义上的市场失灵主要是指，财务报告在缺少管制的情况下，信息产出在帕累托法则意义上无法达到最优，进而会导致资本市场资源配置的不公平。市场失灵主要缘于以下问题。

1. 会计信息的公共产品属性

公共产品是指，当人们消费它时不会减少其他人消费的数量。但私有产品就会因为某人的消费而减少他人的消费。早期的会计理论围绕会计信息的公共产品属性进行了争论。有观点认为，会计信息具有公共产品和私有产品的双重属性。但瓦茨和齐默尔曼认为，信息的公共产品属性本身并不会导致市场失灵，只有在信息的私人提供者不能避免信息的非购买者使用信息，并且不能对不同的购买者制定不同的价格时，市场失灵就会发生。[②] 具体到财务报表信息的披露来说，因为报表信息的公开性，即使不是公司的投资者也能通过各种渠道获得财务报表的信息，这一部分投资者就属于信息的非购买者，作为公司来说是无法避免这一部分人使用信息的，再加上现实中公司也无法对不同的信息购买者制定不同的价格，在这种情况下，会计信息的市场失灵就出现了。其后果是如果没有相应的信息披露机制，公司就会失去披露更多信息的动力，即信息生产不足。

2. 信号甄别

信号甄别问题也是缘于委托人和代理人，或者说是交易双方的信息不对称，一方比另一方掌握着更多的信息。信号甄别应用到会计信息披露上

---

① 〔美〕罗斯·L. 瓦茨、杰罗尔德·L. 齐默尔曼：《实证会计理论》（第四版），陈少华等译，东北财经大学出版社，2016。

② 〔美〕罗斯·L. 瓦茨、杰罗尔德·L. 齐默尔曼：《实证会计理论》（第四版），陈少华等译，东北财经大学出版社，2016。

是指，由于公司管理层比外部投资者掌握着更多关于公司的信息，当公司股票价格被低估时，公司有动机耗费资源去披露信息，以显示公司的价值，从而提升股票的价格。从这个意义上说，公司管理层有主动披露信息的动机，但这也造成了另外一种形式的市场失灵。对于耗费资源去披露信息的公司来说，这种行为在某种程度上可能会帮助公司改善资源配置，但对于整个社会来说，并不一定会带来社会效益。从这个意义上说，信号甄别会导致信息生产过剩。

基于信息经济学的理论阐释，让本书看到了财务报表舞弊以及市场缺乏诚信的渊源。绝对的信息对称是不可能存在的，证券市场上存在错弊信息的现象也不可能完全避免，但是可以寻求一种有效的机制来控制和减少这种现象。对上市公司信息披露的监管就是基于这一理念而产生的。为让上市公司的外部投资者了解公司内部的信息，信息披露要遵循充分披露和公平披露的原则，即要让投资者了解公司完整的信息，包括好的信息和不好的信息。雷光勇认为，证券监管的核心是信息披露，而信息披露监管的重要目标之一是要保证投资者享有充分的知情权，这既包括对真实、公允的财务报表信息的知情权，也包括对不良信息如财务报表舞弊信息与其他违规行为如注册会计师的审计失败等方面的知情权。[1] 财务报表重述就是对不良信息的揭示，它向投资者传递上市公司财务报表错弊的更正情况。当然，重述公司可能会因重述而受到经济损失或声誉损害，但这应该是其为差错而付出的一种代价。要促使信息披露质量提高，仅靠财务报表重述制度是远远不够的，关键的问题是对公司信息披露的监管，这需要从公司内部治理及外部监管两方面着手，设计一整套的财务报表质量保证机制，有效遏制造假的现象。

三　财务报表重述：投资者行为视角分析

上市公司大量的财务报表重述现象让本书看到了财务报表承载的财务信息失真的严重性，但这也从另一个侧面反映了监管部门监管力度的加

---

[1]　雷光勇：《证券市场审计合谋：识别与规制》，中国经济出版社，2005，第169~170页。

大。用传统主流经济学的观点来解释，证券市场上存在信息不对称的现象，上市公司总是比外部投资者更了解公司的经营情况和财务状况，即比投资者掌握着更多的信息。由于信息不对称的存在，上市公司有披露不实财务信息的动机和条件。信息不对称下的合约理论从信息披露的角度分析了财务报表重述的渊源，而从投资者使用信息的视角来对上市公司财务报表重述的现象进行剖析，也为更有效地进行信息披露监管提供了相应的理论支持。

（一）信息的供给和使用：公司管理层和投资者的理性和非理性

信息经济学的研究范式涉及两个重要的假说：市场有效性假说和理性人假说。在市场有效性假说下，投资者是完全理性的，他们厌恶风险，自然地追逐利益最大化。之所以会产生市场失灵的问题，主要是因为信息不对称，如果加强了对信息披露的监管，减少了信息不对称的现象，投资者就能做出合理的选择。但行为金融学的研究发现，现实世界的人是有限理性的。在投资决策方面，"投资者往往使用'直觉'，而不是像主流金融理论中最优决策模型要求的那样按照贝叶斯学习过程修正自己的判断并对未来进行预测"①。也就是说，在现实世界中，无论是公司管理层还是投资者，要达到"真正的理性"都是不太可能的。行为金融理论从有限理性或非理性个体、群体行为、非有效市场层面得出了和传统主流经济学不同的结论。在分析公司管理层和投资者理性和非理性问题时可能会出现四种状态（见表2-1）。

表 2-1　市场有效性假说和理性人假说

	投资者理性		投资者非理性
公司管理层理性	区域 a（理想状态）	代理问题、信息不对称问题	区域 c（投资者非理性、公司管理层理性）
公司管理层非理性	区域 b（投资者理性、公司管理层非理性）		区域 d（投资者非理性、公司管理层非理性）

资料来源：李心丹《行为金融学：理论及中国的证据》，上海三联书店，2004，第201页。

① 李心丹：《行为金融学：理论及中国的证据》，上海三联书店，2004，第51页。

从表 2-1 可以看出，传统主流经济学研究的理论基础是区域 a 的理想状态，它倾向于把复杂的经济现象抽象为简单的数学模型，而行为金融学则更侧重于从投资者的投资行为和心理因素角度来对经济现象做出解释。就信息披露的监管而言，公司管理层关注的焦点不仅放在信息本身，同时也强调就投资者对信息的反应和态度进行适当的调整和引导。

（二）投资者认知行为偏误：首次发布年报信息优于重述年报信息

经济学家在分析人们的行为时发现，人们在信息认知方面存在一些偏误，具体到资本市场上，投资者对新信息的态度和反应存在以下偏误。

1. 信息反应过度

反应过度指的是投资者对信息的理解和反应出现非理性偏差，从而会产生对某类信息权衡过重的现象。Kahneman 和 Tversky 的研究表明："投资者个体预测的直觉性使他们倾向于对一些醒目的信息（如近期信息）过分重视，而轻视不醒目的信息（如以往信息）。"[1] 本书可以用这一理论来解释为什么部分上市公司热衷于在公布年报后发布更正公告、补充公告，而忽视年报质量的现象。这一点就是利用了醒目信息和非醒目信息对投资者的刺激效果差异。对于上市公司和投资者而言，年报应该是最醒目的信息，而报表重述是通过临时公告来提示的，显然是不醒目的信息，投资者对这两种信息的反应是不一致的，投资者往往会忽视临时公告中披露的信息，或给投资者造成临时公告的信息重要程度不如年报的错觉。

2. 信息反应不足

反应不足又称为保守主义，指人们思想有固有的惰性，往往不愿意改变个人原有信念，因此新的信念对原有信念的修正往往不足。特别是当新的信息出现并显而易见时，人们常常不会给它足够的重视，也不会按照贝叶斯法则修正自己的信念。基于这一点，本书还可以结合人们在获取信息

---

① 李心丹：《行为金融学：理论及中国的证据》，上海三联书店，2004，第 12~13 页。

时的锚定与调整法则来进行分析。锚定与调整法则（Anchoring and Adjustment）是指人们在判断和评估中，往往先设定一个最容易获得的信息作为估计的初始值或基准值（称之为锚点），然后以锚点为基础结合其他信息进行上下调整而得出新的目标值。克里顿斯坦（S. Lichtenstein）和斯洛维克（P. Slovic）指出，无论初始值是问题中暗示的还是粗略计算出来的，随后的调整通常都不够。[①] 特沃斯基（A. Tversky）和卡尼曼（D. Kahneman）描述的"幸运轮"实验也清晰地表明：人们过多地受到无意义的初始值的约束与左右。[②] 这种现象也称为"抛锚"现象。日常生活中人们所熟悉的"第一印象"，或者"先入为主"都是人们由于锚定与调整法则而产生的认知偏误。

具体到会计信息的披露，年报信息相对于临时公告而言是较早和较容易获得的信息，一方面是因为它有相对固定的披露时间，另一方面是它是有关上市公司年度整体情况的重要初始信息，最受投资者关注。投资者在获取这一信息之后，不排除把年报作为一个初始值，即一个年报锚点的可能性，在此之后，即使年报因出现重大差错或遗漏而需要重述，更正公告或重述年报对投资者而言都只是一个调整值而已，很有可能会因首次公布年报的先入为主而修正不足。

因此，更正公告以及重述过后的报表对投资者而言，其修正的作用并不大。从这个意义上来说，首次发布年报的重要性和作用远远大于重述后的报表。卡伦（J. L. Callen）等人调查了1986~2001年发生财务报表重述公司的大样本，以判断财务报表的使用者是否总把重述看作坏消息。研究表明，不是所有的重述结果都对收益产生负面影响，也就是说，投资者并没有关注所有的财务报表重述行为。[③]

投资者对首次公布年报、重新公布年报以及更正和补充公告信息产生的锚定现象如图2-1所示。

---

① Sarah Lichtenstein, Paul Slovic, "Reversals of Preference between Bids and Choices in Gambling Decisions," *Journal of Experimental Psychology* 89 (1971): 46-55.

② Amos Tversky, Daniel Kahneman, "Judgment under Uncertainty: Heuristics and Biases," *Science* 185 (1974): 1124-1131.

③ Jeffrey L. Callen, Joshua Livnat, and Dan Segal, "Accounting Restatements: Are They Always Bad News for Investors?" *Working Paper*, 2002.

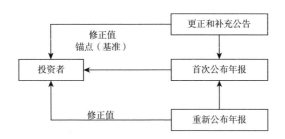

图 2-1　投资者对各年报信息产生的锚定现象

资料来源：佘晓燕《投资者行为视角的财务报表重述监管研究》，《财会通讯》（学术版）2008 年第 11 期，第 90 页。

由图 2-1 结合本书可以看出，投资者有可能以首次公布的年报信息作为一个基准值，对于后来出现的新信息——更正和补充公告以及重新公布年报，把它们作为调整值，在原有年报信息的基础上进行调整，而这种调整就很有可能存在不足。

3. 框架依赖

框架依赖（Framing Dependence）指同一事物的不同描述使人产生概率判断上的系统偏差，也就是个人会因为问题描述方式的差异而对同一组选项表现出不同的偏好，从而做出不同的选择。由框架依赖导致的认知和判断上的偏差被称为框架偏差（Framing Bias），也称为框架效应（Framing Effect）。它是指人们在对某一事物做出判断和决策时往往依赖这一事物的表面形式。

就财务报表信息披露而言，上市公司公布的年报是作为一种定期报告来披露的，而更正、补充公告则属于临时报告，至于财务报表重述则是作为一种对报表错漏的补救措施。以投资者的视角来看，这三种信息虽然都是针对年报的，但信息描述的方式不同，尤其是更正和补充公告。在年报中披露信息和在公告中披露信息对投资者来说是有差别的。信息描述方式的改变，可能会让投资者产生不同的反应。这一点同样可以解释为什么某些上市公司在年报公布之后，出现频繁给年报"打补丁"的现象。把一些重大的信息在年报中隐去，以补丁的方式来反映，产生的效果肯定不一样，否则，上市公司也不用如此麻烦了。

4. 信息次序效应

"人们在获取信息时，常常会将信息按一定的序列（Order）排列，有时人们会给予排列中最先到来者以优势地位（称为首位效应），有时则会赋予最后到来者以更大的权重（称为新近效应）。这两者统称为次序效应。"①

根据这一认知模式，一方面，首次发布年报可能会对投资者产生首位效应，即投资者有可能更关注最先获得的信息，即使上市公司在随后发布新信息更换了原报告中的内容，投资者也会给予初始信息更大的权重；另一方面，投资者也有可能因新近效应而更重视后发布的更正和补充公告、重述年报，即投资者会根据新获得的信息而修正自己的投资行为。至于在证券市场上投资者对信息的态度是首位效应还是新近效应，需要通过一定的实验进行检验。

以上论述的行为偏误只是投资者认知行为偏误中的一部分，主要是对信息的反应和态度，各种信息有可能单独起作用，但往往是综合在一起对投资者产生影响的。根据投资者认知行为的偏误，本书可以探索对财务报表信息披露的监管模式。针对这一问题，本书不仅从上市公司信息提供者的角度，也从信息使用者的角度来改进和增强监管的有效性，特别是从投资者的行为模式分析来解决现存的问题。那种对投资者"有知""成熟"（针对投资者"无知""幼稚"的指责）的要求并不是完全合理和现实的。

---

① 李心丹：《行为金融学：理论及中国的证据》，上海三联书店，2004，第11页。

第三章

财务报表重述制度背景

一 财务报表重述制度及其演变

财务报表重述制度的规定主要见于企业会计准则、证监会相关规定和证券交易所的规定中，本章主要从财务报表重述的范围和方法、财务报表重述信息披露的要求等方面来梳理关于财务报表重述的制度演变。

（一）财务报表重述的范围和方法

最早的财务报表重述制度是 1998 年 6 月颁布，1999 年 1 月 1 日实施，2001 年修订的《企业会计准则——会计政策、会计估计变更和会计差错更正》。为保证会计信息的可比性和有用性，便于财务报告使用者更好地理解企业财务状况、经营成果和现金流量等会计信息，财政部于 1998 年 6 月 25 日发布了《企业会计准则——会计政策、会计估计变更和会计差错更正》，并定于 1999 年 1 月 1 日起暂在上市公司施行。该准则规定：①本期发现的与本期相关的会计差错，应调整本期相关项目；②本期发现的与前期相关的非重大会计差错，如影响损益，应直接计入本期净损益，其他相关项目也作为本期数一并调整；如不影响损益，应调整本期相关项目；③本期发现的与前期相关的重大会计差错，如影响损益，应将其对损益的影响数调整发现当期的期初留存收益，会计报表其他相关项目的期初数也应一并调整；如不影响损益，应调整会计报表相关项目的期初数。但由于按照一般会计核算惯例，当会计估计变更和会计估计发生差错时，企业无须追溯调整，只需对会计估计变更及会计估计差错产生的影响直接调整当期的利润。会计估计成为上市公司在年度间调节利润的主要手法。因此，财政部对原准则进行了修订，并于 2001 年 1 月 18 日以文件形式发布了修订后的《企业会计准则——会计政策、会计估计变更和会计差错更正》，并要求于 2001 年 1 月 1 日起在所有的企业中施行修订后的准则。修订后的准则中加入了一个新的条款，即企业滥用会计政策、会计估计及其变更，应当作为重大会计差错予以更正。这实际上是对转移年度间利润等行为的一种约束。

2006 年 2 月 15 日，财政部发布新的企业会计准则，定于 2007 年 1 月 1 日实施。有关差错更正的准则也做出了相应的修订，准则名称变更为《企业会计准则第 28 号——会计政策、会计估计变更和差错更正》。新修订的准则中不再提及重大会计差错，取而代之的是前期差错的概念。新准则第四章"前期差错更正"第十一条指出："前期差错，是指由于没有运用或错误运用下列两种信息，而对前期财务报表造成省略漏或错报。（一）编报前期财务报表时预期能够取得并加以考虑的可靠信息。（二）前期财务报告批准报出时能够取得的可靠信息。前期差错通常包括计算错误、应用会计政策错误、疏忽或曲解事实以及舞弊产生的影响以及存货、固定资产盘盈等。"前期差错的更正方法：企业应当采用追溯重述法更正重要的前期差错，但确定前期差错累积影响数不切实可行的除外。追溯重述法，是指在发现前期差错时，视同该项前期差错从未发生过，从而对财务报表相关项目进行更正的方法。确定前期差错影响数不切实可行的，可以从可追溯重述的最早期间开始调整留存收益的期初余额，财务报表其他相关项目的期初余额也应当一并调整，也可以采用未来适用法。企业应当在重要的前期差错发现当期的财务报表中，调整前期比较数据。

2014 年新修订的企业会计准则，于当年 7 月 1 日起正式施行，虽然《企业会计准则第 28 号——会计政策、会计估计变更和差错更正》细则没有更改，但在 2014 年修订的《企业会计准则第 30 号——财务报表列报》第六章"附注"第三十九条第（五）项"会计政策和会计估计变更以及差错更正的说明"中指出："企业应当按照《企业会计准则第 28 号——会计政策、会计估计变更和差错更正》的规定，披露会计政策和会计估计变更以及差错更正的情况。"它更加细化了披露要求及披露顺序。

（二）财务报表重述信息披露的要求

1. 企业会计准则中对财务报表重述信息的披露要求

1998年6月颁布，1999年1月1日实施的《企业会计准则——会计政策、会计估计变更和会计差错更正》以及2001年1月18日修订发布的《企业会计准则——会计政策、会计估计变更和会计差错更正》（财会字〔2001〕7号）均要求企业在会计报表附注中应披露以下事项：①重大会计差错的内容；②重大会计差错的更正金额。

2006年2月15日发布的《企业会计准则第28号——会计政策、会计估计变更和差错更正》第十七条规定："企业应当在附注中披露与前期差错更正有关的下列信息：（一）前期差错的性质；（二）各个列报前期财务报表中受影响的项目名称和更正金额；（三）无法进行追溯重述的，说明该事实和原因以及对前期差错开始进行更正的时点、具体更正情况。"第十八条规定："在以后期间的财务报表中，不需要重复披露在以前期间的附注中已披露的会计政策变更和前期差错更正的信息。"

2. 关于重述临时公告的要求

2003年12月1日，证监会发布《公开发行证券的公司信息披露编报规则第19号——财务信息的更正及相关披露》。其中，第二条指出："本规定适用于下列情形：（一）公司因前期已公开披露的定期报告存在差错被责令改正；（二）公司已公开披露的定期报告存在差错，经董事会决定更正的；（三）中国证监会认定的其他情形。"第三条指出："符合第二条的公司应当以重大事项临时报告的方式及时披露更正后的财务信息。"第四条指出："更正后财务信息的格式应当符合中国证监会有关信息披露规范和证券交易所股票上市规则的要求。"第五条指出："公司对以前年度已经公布的年度财务报告进行更正，需要聘请具有执行证券、期货相关业务资格的会计师事务所对更正后的年度报告进行审计。"第六条指出："公司在临时报告中应当披露的内容包括：（一）公司董事会和管理层对更正事项的性质及原因的说明；（二）更正事项对公司财务状况和经营成果的影响及更正后的财务指标；（三）更正后经审计的年度财务报表及涉及更正事项的相关财务报表附注以及出具审计报告的会计师事务所名称；如果更正后年度财务报告被出具了无保留意见加强调事项段、保留意见、否定意见、无法表示意见的审计报告，则应当同时披露审计意见全文。如果公司对最近一期年度财务报告进行更正，但不能及时披露更正后经审计的年度财务报表及相关附注，公司应就此更正事项及时刊登'提示性公告'，并应当在该临时公告公布之日起45天内披露经具有执行证券、期货相关业务资格的会计师事务所审计的更正后的年度报告。（四）更正后未经审计的中期财务报表及涉及更正事项的相关财务报表附注。"第七条指出："第六条所指更正后的财务报表包括三种情况：（一）若公司对已披露的以前期间财务信息（包括年度、半年度、季度财务信息）作出更正，应披露受更正事项影响的最近一个完整会计年度更正后的年度财务报表以及受更正事项影响的最近一期更正后的中期财务报表；（二）若公司仅对本年度已披露的中期财务信息作出更正，应披露更正后的本年度受到更正事项影响的中期财务报表（包括季度财务报表、半年度财务报表）；（三）若公司对上一会计年度已披露的中期财务信息作出更正，且上一会计年度财务报表尚未公开披露，应披露更正后的受到更正事项影响的中期财务报表（包括季度财务报表、半年度财务报表）。"第八条指出："更正后的财务报表中受更正事项影响的数据应以黑体字显示。"第九条指出："如果公司对三年以前年度财务信息作出更正，且更正事项对最近三年财务报告没有影响，可以不披露相关年度更正后的财务信息。"

　　证监会于2018年4月24日对《公开发行证券的公司信息披露编报规则第19号——财务信息的更正及相关披露》（以下视情简称"19号编报规则"）做出修订。本次修订贯彻以信息披露为核心的监管理念，针对现行规则执行中出现的问题并结合新审计准则的变化，进一步完善财务信息更正的信息披露监管要求，旨在提升市场主体财务信息披露质量，更好地满足投资者的信息需求。其中，第二条指出："本规定适用于下列情形：（一）公司已公开披露的定期报告中财务信息存在差错被责令改正；（二）公司已公开披露的定期报告中财务信息存在差错，经董事会决定更正的；（三）中国证监会认定的对定期报告中的财务信息进行更正的其他情形。"第三条指出："公司出现第二条规定情形，应当单独以临时报告的方式及时披露更正后的财务信息及本规定所要求披露的其他信息。"第四条指出："更正后财务信息及其他信息的格式应当符合中国证监会和证券交易所有关信息披露规范的要求。"第五条指出："公司对已经公布的年度财务报表进行更正，需要聘请具有证券、期货相关业务资格的会计师事务所对更正后的财务报表进行全面审计或对相关更正事项进行专项鉴证。（一）如果会计差错更正事项对财务报表具有广泛性影响，或者该事项导致公司相关年度盈亏性质发生改变，会计师事务所应当对更正后财务报表进行全面审计并出具新的审计报告；（二）除上述情况外，会计师事务所可以仅对更正事项执行专项鉴证并出具专项鉴证报告。上述广泛性是指以下情形：1. 不限于对财务报表的特定要素、账户或项目产生影响；2. 虽然仅对财务报表的特定要素、账户或项目产生影响，但这些要素、账户或项目是或可能是财务报表的主要组成部分；3. 当与披露相关时，产生的影响对财务报表使用者理解财务报表至关重要。盈亏性质改变是指更正事项导致公司相关年度合并报表中归属于母公司股东净利润，或者扣除非经常性损益后归属于母公司股东净利润由盈利转为亏损或者由亏损转为盈利。"第六条指出："公司在临时报告中应当披露的内容包括：（一）公司董事会对更正事项的性质及原因的说明；（二）更正事项对公司财务状况、经营成果和现金流量的影响及更正后的财务指标；如果更正事项涉及公司资产重组相关业绩承诺的，还应当说明更正事项对业绩承诺完成情况的影响；（三）更正后经审计年度财务报表和涉及更正事项的相关财务报表附注，以及会计师事务所出具的审计报告或专项鉴证报告；如果公司对年度财务报表进行更正，但不能及时披露更正后经审计的财务报表及审计报告或专项鉴证报告，公司应就此更正事项及时刊登'提示性公告'，并应当在该临时公告公布之日起两个月内完成披露；（四）更正后的中期财务报表及涉及更正事项的相关财务报表附注；（五）公司独立董事和监事会对更正事项的相关意见。"第七条指出："第六条所指更正后的财务报表包括三种情况：（一）若公司对已披露的以前期间财务信息（包括年度、半年度、季度财务信息）作出更正，应披露受更正事项影响的最近一个完整会计年度更正后的年度财务报表以及受更正事项影响的最近一期更正后的中期财务报表；（二）若公司仅对本年度已披露的中期财务信息作出更正，应披露更正后的本年度受到更正事项影响的中期财务报表（包括季度财务报表、半年度财务报表，下同）；（三）若公司对上一会计年度已披露的中期财务信息作出更正，且上一会计年度财务报表尚未公开披露，应披露更正后的受到更正事项影响的中期财务报表。"第八条指出："更正后的财务报表中受更正事项影响的数据应以黑色加粗字显示。"第九条指出："如果公司对三年以前财务信息作出更正，且更正事项对最近三年年度财务报表没有影响，可以免于按本规定进行披露。"第十条指出："本规定所述财务信息，是指按照中国证监会和证券交易所有关信息披露规范要求编制的定期报告（包括年度、中期报告和季度报告）所含的财务信息，包括财务报表及定期报告中的其他财务信息。"

将修订后的内容与修订前的内容进行对比，发现本次修订的内容主要包括以下几个方面：一是不再要求对更正后的年度财务报表一律进行全面审计，允许基于更正事项的影响程度选择执行全面审计或专项鉴证，避免在更正事项对财务报表影响程度较低的情况下执行全面审计，造成公司成本和审计资源的不必要耗费；二是适度延长更正后经审计年度财务报表的披露期限，给公司和会计师事务所留出足够时间，以合理保证更正后财务报告及其审计的质量；三是改进和明确了部分披露方式和内容，消除实务执行中对规定的不同理解，为投资者提供更为丰富、有用的信息。修订后的《公开发行证券的公司信息披露编报规则第 19 号——财务信息的更正及相关披露》共十一条，包括总则性条款、适用范围、具体编报和披露要求以及生效时间等。

2006 年 12 月 13 日，中国证券监督管理委员会第 196 次主席办公会议审议通过了《上市公司信息披露管理办法》，并于 2007 年 1 月 30 日实施。其中，第四章"临时报告"第三十条指出，发生可能对上市公司证券及其衍生品种交易价格产生较大影响的重大事件，投资者尚未得知时，上市公司应当立即披露，说明事件的起因、目前的状态和可能产生的影响；并列举了二十一项重大事件，其中第二十项规定："因前期已披露的信息存在差错、未按规定披露或者虚假记载，被有关机关责令改正或者经董事会决定进行更正。"

2006 年 12 月 28 日，深交所发布《关于做好上市公司 2006 年年度报告工作的通知》，指出："上市公司做出会计政策、会计估计变更或重大会计差错更正的，应当根据《公开发行证券的公司信息披露与格式准则第 2 号〈年度报告的内容与格式〉》（2005 年修订）（以下简称《年报准则》）的要求在本次年报中进行说明，并在报送年报时向深交所提交包括董事会、监事会和独立董事意见的书面报告，同时提交会计师事务所对上述变更、更正的有关说明，包括：上述变更、更正的原因；具体的会计处理；如涉及追溯调整的，应说明对以往各年度财务状况和经营成果的影响金额；是否与前任会计师事务所和前任管理层进行了必要的沟通等。上市公司在本次年报中因重大会计差错更正对以前年度财务数据进行追溯调整的，应当根据中国证监会《公开发行证券的公司信息披露编报规则第 19 号——财务信息的更正及相关披露》等规定，在年度报告披露之前或与年度报告同时以临时公告的形式予以披露。因会计差错追溯调整而出现连续两年亏损的，公司还应当在同时披露的董事会公告中提醒投资者注意退市风险，深交所将自公司公布年度报告之日起对其股票实行退市风险警示。"

3. 董事会对重述的讨论

2004 年 1 月 6 日，证监会发布的《关于进一步提高上市公司财务信息披露质量的通知》（证监会计字〔2004〕1 号）第三条"关于会计差错更正"规定："为了保证经营活动的正常进行，上市公司应建立健全内部稽核制度，保证会计资料的真实、完整。对于日常会计核算中由于抄写错误、会计政策使用上的差错以及会计估计错误等原因造成会计差错，应当根据《企业会计准则——会计政策、会计估计变更和会计差错更正》的规定处理。公司经理层应向董事会提交有关书面材料，详细说明差错的原因、内容和对公司财务状况和经营成果的影响，董事会应对上述事项做出专门决议，并根据有关会计准则和制度的规定，恰当地进行会计处理。公司监事会应切实履行监督职能，对董事会的决议提出专门意见，并形成决议。公司存在会计差错情形的应当按中国证监会的有关规定，以重大事项临时报告的方式及时披露更正后的财务信息。上市公司不得利用会计差错更正调节利润，如果公司滥用会计差错更正调节利润，有关责任人应承担相应的责任。"

中国证监会于 2012 年 12 月 17 日发布 2012 年第 42 号公告《关于进一步提高资本市场财务信息披露质量和透明度有关事项的公告》，针对会计监管中发现的上市公司执行会计准则、披露财务信息、执行内部控制规范等方面存在的问题，证监会专门下发文件，督促上市公司切实做好财务报表的编制和披露工作，进一步提高上市公司财务信息披露质量：要求董事会在编制年度财务报表时，重点关注资产减值准备计提、股权激励费用确认、会计估计变更、会计政策制定以及相关专业判断等领域的会计处理和信息披露，切实把握会计准则和相关监管要求，保证财务信息披露质量。

4. 对注册会计师的要求

注册会计师在审计时应对公司做出的会计差错更正处理与披露，尤其是对会计差错更正的原因予以适当关注，并恰当地表示审计意见。如果发现公司存在滥用会计差错更正的情况，应当责令其改正，公司董事会不接受纠正建议的，注册会计师应当考虑其对审计意见的影响。自《关于进一步提高上市公司财务信息披露质量的通知》发布之后，中国证监会 1999 年 10 月 10 日发布的《关于提高上市公司财务信息披露质量的通知》（证监会计字〔1999〕17 号）同时废止。

2004 年度上市公司年报披露中关于会计政策、会计估计变更和会计差错更正的处理问题与 2003 年有所不同，主要异同在于以下两点。①与 2003 年度相同的要求是：上市公司做出会计政策、会计估计变更或重大会计差错更正的，应根据《年报准则》的要求在年度报告中进行说明，并在报送年度报告的同时提交董事会、监事会和独立董事意见的书面报告，以及会计师事务所对上述变更、更正的有关说明。会计师事务所的说明应当包括：上述变更、更正的原因；具体的会计处理；如涉及追溯调整的，应说明对以往各年度财务状况和经营成果的影响金额；如涉及更换会计师事务所的，是否就相关事项与前任会计师事务所进行了必要的沟通等。②与 2003 年度不同的要求是，2004 年度特别强调了对重大会计差错更正必须按照证监会 19 号编报规则的规定披露重大事项临时报告。根据该项要求，上市公司在本次年度报告中因重大会计差错更正对以前年度财务数据进行追溯调整的，应当按照中国证监会有关规定（即 19 号编报规则），在年度报告披露之前或于年度报告披露同时以临时公告的形式对重大会计差错更正的情况进行提示性披露。这一要求是以往所没有的。

二　财务报表重述的审计制度背景

（一）财务报表审计的目标

《中国注册会计师审计准则第 1101 号——财务报表审计的目标和一般原则》确定了财务报表审计的目标是注册会计师通过执行审计工作对财务报表的下列方面发表审计意见：①财务报表是否按照适用的会计准则和相关会计制度的规定编制；②财务报表是否在所有重大方面公允反映被审计单位的财务状况、经营成果和现金流量。财务报表审计属于鉴证业务，注册会计师的审计意见旨在提高财务报表的可信赖程度。

（二）审计准则中对错弊的审计

1. 对财务报表错弊的界定

1997 年 1 月 1 日起实施的《独立审计具体准则第 8 号——错误与舞弊》的总则中指出，"为了规范注册会计师在会计报表审计中发现、报告可能导致会计报表严重失实的错误与舞弊，明确相关责任，根据《独立审计基本准则》，制定本准则"，并对错误和舞弊的概念进行了定义。错误是指会计报表中存在的非故意的错报或漏报。而舞弊则是导致会计报表产生不实反应的故意行为。

2006 年 2 月 15 日发布的《中国注册会计师审计准则第 1141 号——财务报表审计中对舞弊的考虑》第四条指出："财务报表的错报可能由于舞弊或错误所致。舞弊和错误的区别在于，导致财务报表发生错报的行为是故意行为还是非故意行为。"第五条指出："错误是指导致财务报表错报的非故意行为，主要包括：（一）为编制财务报表而收集和处理数据时发生失误；（二）由于疏忽和误解有关事实而作出不恰当的会计估计；（三）在运用与确认、计量、分类或列报（包括披露）相关的会计政策时发生失误。"第六条指出："舞弊是指被审计单位的管理层、治理层、员工或第三方使用欺骗手段获取不当或非法利益的故意行为。"第七条指出："下列两类故意错报与财务报表审计相关：（一）对财务信息作出虚假报告导致的错报；（二）侵占资产导致的错报。"

2. 财务报表错弊审计的责任

1997 年 1 月 1 日起实施的《独立审计具体准则第 8 号——错误与舞弊》第六条规定："按照独立审计准则的要求出具审计报告，保证审计报告的真实性、合法性是注册会计师的审计责任。注册会计师应当根据独立审计准则的要求，充分考虑审计风险，实施适当的审计程序，以合理确信能够发现可能导致会计报表严重失实的错误与舞弊。"2006 年 2 月 15 日发布的《中国注册会计师审计准则第 1141 号——财务报表审计中对舞弊的考虑》第十六条指出："注册会计师有责任按照中国注册会计师审计准则的规定实施审计工作，获取财务报表在整体上不存在重大错报的合理保证，无论该错报是由于舞弊还是错误导致。"第十七条指出："注册会计师应当在整个审计过程中保持职业怀疑态度，考虑管理层凌驾于控制之上的可能性，并应当意识到，可以有效发现错误的审计程序未必适用于发现舞弊导致的重大错报。"2010 年，财政部印发《中国注册会计师审计准则第 1101 号——注册会计师的总体目标和审计工作的基本要求》等 38 项准则，自 2012 年 1 月 1 日起施行，《中国注册会计师执业准则》（财会〔2006〕4 号）中《中国注册会计师审计准则第 1101 号——财务报表审计的目标和一般原则》等 35 项准则即时废止。2010 年，新修订的《中国注册会计师审计准则第 1141 号——财务报表审计中与舞弊相关的责任》指出，"尽管注册会计师可能怀疑被审计单位存在舞弊，甚至在极少数情况下识别出发生的舞弊，但注册会计师并不对舞弊是否已实际发生作出法律意义上的判定"，"被审计单位治理层和管理层对防止或发现舞弊负有主要责任"，同时仍然强调"在按照审计准则的规定执行审计工作时，注册会计师有责任对财务报表整体是否不存在由于舞弊或错误导致的重大错报获取合理保证"。

（三）财务报表审计对审计报告的要求

2006 年发布的《中国注册会计师审计准则第 1501 号——审计报告》

对注册会计师进行财务报表审计后出具的审计报告做出了相应的规定。

审计报告，指注册会计师根据中国注册会计师审计准则的规定，在实施审计工作的基础上对被审计单位财务报表发表审计意见的书面文件。

注册会计师应当评价根据审计证据得出的结论，以作为对财务报表形成审计意见的基础。在对财务报表形成审计意见时，注册会计师应当根据已获取的审计证据，评价是否已对财务报表整体不存在重大错报获取合理保证。

审计意见的类型可分为两种。一种是标准审计意见。如果认为财务报表符合下列所有条件，注册会计师应当出具无保留意见的审计报告：①财务报表已经按照适用的会计准则和相关会计制度的规定编制，在所有重大方面公允反映了被审计单位的财务状况、经营成果和现金流量；②注册会计师已经按照中国注册会计师审计准则的规定计划实施审计工作，在审计过程中未受到限制。当注册会计师出具的无保留意见的审计报告不附加说明段、强调事项段或任何修饰性用语时，该报告称为标准审计报告。另一种是非标准审计意见。它是指标准审计报告以外的其他审计报告，包括带强调事项段的无保留意见的审计报告和非无保留意见的审计报告。非无保留意见的审计报告包括保留意见的审计报告、否定意见的审计报告和无法表示意见的审计报告。

2016 年 12 月，财政部《关于印发〈中国注册会计师审计准则第 1504 号——在审计报告中沟通关键审计事项〉等 12 项准则的通知》（财会〔2016〕24 号）。《中国注册会计师审计准则第 1501 号——对财务报表形成审计意见和出具审计报告》（2016 年 12 月 23 日修订）第十二条指出："为了形成审计意见，针对财务报表整体是否不存在由于舞弊或错误导致的重大错报，注册会计师应当得出结论，确定是否已就此获取合理保证。"审计意见类型分为无保留意见和非无保留意见两大类。《中国注册会计师审计准则第 1502 号——在审计报告中发表非无保留意见》（2016 年 12 月 23 日修订）规定了三种类型的非无保留意见，即保留意见、否定意见和无法表示意见。

（四）财务报表审计对注册会计师的要求

一是职业道德要求。执业准则专门对与财务报表审计相关职业道德要求做出了规定。《中国注册会计师审计准则第 1101 号——财务报表审计的目标和一般原则》第三章"与财务报表审计相关的职业道德要求"规定："①注册会计师应当遵守相关的职业道德规范，恪守独立、客观、公正的原则，保持专业胜任能力和应有的关注，并对执业过程中获知的信息保密；②注册会计师应当遵守会计师事务所质量控制准则；③注册会计师应当按照审计准则的规定执行审计工作。"

二是职业怀疑态度要求。该准则还要求注册会计师在进行财务报表审计时保持职业怀疑态度，即在计划和实施审计工作时，注册会计师应当保持职业怀疑态度，充分考虑可能存在导致财务报表发生重大错报的情形。职业怀疑态度是指注册会计师以质疑的思维方式评价所获取审计证据的有效性，并对相互矛盾的审计证据，以及引起对文件记录或管理层和治理层提供的信息的可靠性产生怀疑的审计证据保持警觉。

三是合理保证要求。注册会计师按照审计准则的规定执行审计工作，能够对财务报表整体不存在重大错报获取合理保证。由于审计中存在的固有限制影响注册会计师发现重大错报的能力，注册会计师不能对财务报表整体不存在重大错报获取绝对保证。审计工作不能对财务报表整体不存在重大错报提供担保。审计意见不是对被审计单位未来生存能力或管理层经营效率、效果提供的保证。

（五）财务报表审计的固有限制

由于财务报表审计的固有限制，即使按照审计准则的规定实施财务报表的审计，注册会计师也不能对财务报表整体不存在重大错报获取绝对保证。2007 年 1 月 1 日开始实施的《中国注册会计师审计准则第 1141 号——财务报表审计中对舞弊的考虑》对财务报表审计固有限制进行了阐释。

固有限制包括：①选择性测试方法的运用；②内部控制的固有局限性；③大多数审计证据是说服性而非结论性的；④为形成审计意见而实施的审计工作涉及大量判断；⑤某些特殊性质的交易和事项可能影响审计证据的说服力。

对于舞弊所导致的重大错报风险，由于舞弊者可能通过精心策划以掩盖其舞弊行为，舞弊导致的重大错报未被发现的风险通常大于错误导致的重大错报未被发现的风险。由于管理层往往能够直接或间接地操纵会计记录并编报虚假财务信息，管理层舞弊导致的重大错报未被发现的风险通常大于员工舞弊导致的重大错报未被发现的风险。另外，如果在完成审计工作后发现了舞弊导致的财务报表重大错报，特别是串通舞弊或伪造文件记录导致的重大错报，并不一定表明注册会计师没有遵守审计准则。注册会计师是否按照审计准则的规定实施审计工作，取决于其是否根据具体情况实施了审计程序，是否获取了充分、适当的审计证据，以及是否根据证据评价结果出具了恰当的审计报告。

三　相关法律规定

本节主要是关于注册会计师、上市公司及其主要责任人涉嫌虚假陈述的相关规定。

（一）关于虚假陈述的认定

《最高人民法院关于审理证券市场因虚假陈述引发的民事赔偿案件的若干规定》（2002 年 12 月 26 日最高人民法院审判委员会第 1261 次会议通过）在"虚假陈述的认定"部分将证券市场虚假陈述定义为："信息披露义务人违反证券法律规定，在证券发行或者交易过程中，对重大事件作出违背事实真相的虚假记载、误导性陈述，或者在披露信息时发生重大遗漏、不正当披露信息的行为。"对于重大事件，结合《中华人民共和国证券法》第五十九条、第六十条、第六十一条、第六十二条、第七十二条及相关规定的内容认定，将虚假陈述行为方式归纳为四大类：①虚假记载，是指信息披露义务人在披露信息时，将不存在的事实在信息披露文件中予以记载的行为；②误导性陈述，是指虚假陈述行为人在信息披露文件中或者通过媒体，作出使投资人对其投资行为发生错误判断并产生重大影响的陈述；③重大遗漏，是指信息披露义务人在信息披露文件中，未将应当记载的事项完全或者部分予以记载；④不正当披露，是指信息披露义务人未在适当期限内或者未以法定方式公开披露应当披露的信息。

（二）注册会计师涉嫌虚假陈述的法律责任相关规定

最高人民法院于 2007 年 6 月 11 日公布了《最高人民法院关于审理涉及会计师事务所在审计业务活动中民事侵权赔偿案件的若干规定》，自 2007 年 6 月 15 日起施行。其中，第二条指出："会计师事务所违反法律法规、中国注册会计师协会依法拟定并经国务院财政部门批准后施行的执业准则和规则以及诚信公允的原则，出具的具有虚假记载、误导性陈述或者重大遗漏的审计业务报告，应认定为不实报告。"第四条指出："会计师事务所因在审计业务活动中对外出具不实报告给利害关系人造成损失的，应当承担侵权赔偿责任，但其能够证明自己没有过错的除外。会计师事务所在证明自己没有过错时，可以向人民法院提交与该案件相关的执业准则、规则以及审计工作底稿等。"第五条指出："注册会计师在审计业务活动中存在下列情形之一，出具不实报告并给利害关系人造成损失的，应当认定会计师事务所与被审计单位承担连带赔偿责任：（一）与被审计单位恶意串通；（二）明知被审计单位对重要事项的财务会计处理与国家有关规定相抵触，而不予指明；（三）明知被审计单位的财务会计处理会直接损害利害关系人的利益，而予以隐瞒或者作不实报告；（四）明知被审计单位的财务会计处理会导致利害关系人产生重大误解，而不予指明；（五）明知被审计单位的会计报表的重要事项有不实的内容，而不予指明；（六）被审计单位示意其作不实报告，而不予拒绝。对被审计单位有前款第（二）至（五）项所列行为，注册会计师按照执业准则、规则应当知道的，人民法院应认定其明知。"第六条指出："会计师事务所在审计业务活动中因过失出具不实报告，并给利害关系人造成损失的，人民法院应当根据其过失大小确定其赔偿责任。注册会计师在审计过程中未保持必要的职业谨慎，存在下列情形之一，并导致报告不实的，人民法院应当认定会计师事务所存在过失：（一）违反注册会计师法第二十条第（二）、（三）项的规定；（二）负责审计的注册会计师以低于行业一般成员应具备的专业水准执业；（三）制订的审计计划存在明显疏漏；（四）未依据执业准则、规则执行必要的审计程序；（五）在发现可能存在错误和舞弊的迹象时，未能追加必要的审计程序予以证实或者排除；（六）未能合理地运用执业准则和规则所要求的重要性原则；（七）未根据审计的要求采用必要的调查方法获取充分的审计证据；（八）明知对总体结论有重大影响的特定审计对象缺少判断能力，未能寻求专家意见而直接形成审计结论；（九）错误判断和评价审计证据；（十）其他违反执业准则、规则确定的工作程序的行为。"

《中华人民共和国刑法》（2017 年 11 月 4 日第十二届全国人民代表大会常务委员会第三十次会议修订）第二百二十九条规定："承担资产评估、验资、验证、会计、审计、法律服务等职责的中介组织的人员故意提供虚假证明文件，情节严重的，处五年以下有期徒刑或者拘役，并处罚金。前款规定的人员，索取他人财物或者非法收受他人财物，犯前款罪的，处五年以上十年以下有期徒刑，并处罚金。第一款规定的人员，严重不负责任，出具的证明文件有重大失实，造成严重后果的，处三年以下有期徒刑或者拘役，并处或者单处罚金。"

《中华人民共和国公司法》（2004 年 8 月 28 日第十届全国人民代表大会常务委员会第十一次会议修订）第二百一十九条规定："承担资产评估、验资或者验证的机构提供虚假证明文件的，没收违法所得，处以违法所得一倍以上五倍以下的罚款，并可由有关主管部门依法责令该机构停业，吊销直接责任人员的资格证书。构成犯罪的，依法追究刑事责任。承担资产评估、验资或者验证的机构因过失提供有重大遗漏的报告的，责令改正，情节较重的，处以所得收入一倍以上三倍以下的罚款，并可由有关主管部门依法责令该机构停业，吊销直接责任人员的资格证书。"

《中华人民共和国证券法》（2014 年 8 月 31 日第十二届全国人民代表大会常务委员会第十次会议修订）第二百二十三条规定："证券服务机构未勤勉尽责，所制作、出具的文件有虚假记载、误导性陈述或者重大遗漏的，责令改正，没收业务收入，暂停或者撤销证券服务业务许可，并处以业务收入一倍以上五倍以下的罚款。对直接负责的主管人员和其他直接责任人员给予警告，撤销证券从业资格，并处以三万元以上十万元以下的罚款。"

《中华人民共和国注册会计师法》（2014 年 8 月 31 日第十二届全国人民代表大会常务委员会第十次会议修正）第二十条规定："注册会计师执行审计业务，遇有下列情形之一的，应当拒绝出具有关报告：（一）委托人示意其作不实或者不当证明的；（二）委托人故意不提供有关会计资料和文件的；（三）因委托人有其他不合理要求，致使注册会计师出具的报告不能对财务会计的重要事项作出正确表述的。"第二十一条规定："注册会计师执行审计业务，必须按照执业准则、规则确定的工作程序出具报告。注册会计师执行审计业务出具报告时，不得有下列行为：（一）明知委托人对重要事项的财务会计处理与国家有关规定相抵触，而不予指明；（二）明知委托人的财务会计处理会直接损害报告使用人或者其他利害关系人的利益，而予以隐瞒或者作不实的报告；（三）明知委托人的财务会计处理会导致报告使用人或者其他利害关系人产生重大误解，而不予指明；（四）明知委托人的会计报表的重要事项有其他不实的内容，而不予指明。对委托人有前款所列行为，注册会计师按照执业准则、规则应当知道的，适用前款规定。"第三十九条规定："会计师事务所违反本法第二十条、第二十一条规定的，由省级以上人民政府财政部门给予警告，没收违法所得，可以并处违法所得一倍以上五倍以下的罚款；情节严重的，并可以由省级以上人民政府财政部门暂停其经营业务或者予以撤销。注册会计师违反本法第二十条、第二十一条规定的，由省级以上人民政府财政部门给予警告；情节严重的，可以由省级以上人民政府财政部门暂停其执行业务或者吊销注册会计师证书。会计师事务所、注册会计师违反本法第二十条、第二十一条的规定，故意出具虚假的审计报告、验资报告，构成犯罪的，依法追究刑事责任。"

《最高人民检察院、公安部关于经济犯罪案件追诉标准的规定》（2001年4月18日，公发〔2001〕11号）第七十二条规定："中介组织人员提供虚假证明文件案（刑法第229条第1款、第2款）：承担资产评估、验资、验证、会计、审计、法律服务等职责的中介组织的人员故意提供虚假证明文件，涉嫌下列情形之一的，应予追诉：①给国家、公众或者其他投资者造成的直接经济损失数额在五十万元以上的；②虽未达到上述数额标准，但因提供虚假证明文件，受过行政处罚二次以上，又提供虚假证明文件的；③造成恶劣影响的。"第七十三条规定："中介组织人员出具证明文件重大失实案（刑法第229条第3款）：承担资产评估、验资、验证、会计、审计、法律服务等职责的中介组织的人员严重不负责任，出具的证明文件有重大失实，涉嫌下列情形之一的，应予追诉：①给国家、公众或者其他投资者造成的直接经济损失数额在一百万元以上的；②造成恶劣影响的。"

《股票发行与交易管理暂行条例》（1993 年 4 月 22 日，国务院令〔1993〕第 112 号）第七十三条规定："会计师事务所、资产评估机构和律师事务所违反本条例规定，出具的文件有虚假、严重误导性内容或者有重大遗漏的，根据不同情况，单处或者并处警告、没收非法所得、罚款；情节严重的，暂停其从事证券业务或者撤销其从事证券业务许可。对前款所列行为负有直接责任的注册会计师、专业评估人员和律师，给予警告或者处以三万元以上三十万元以下的罚款；情节严重的，撤销其从事证券业务的资格。"

（三）上市公司及其主要责任人涉嫌虚假陈述的法律责任相关规定

《中华人民共和国证券法》（2014 年 8 月 31 日第十二届全国人民代表大会常务委员会第十次会议修订）第六十八条明确规定："上市公司董事、高级管理人员应当对公司定期报告签署书面确认意见。上市公司监事会应当对董事会编制的公司定期报告进行审核并提出书面审核意见。上市公司董事、监事、高级管理人员应当保证上市公司所披露的信息真实、准确、完整。"本条是关于上市公司董事、监事、高级管理人员对定期报告和上市公司所披露的信息的责任的规定，他（她）们作为上市公司主要责任人须负有诚信义务，忠实、勤勉地履行职责，并对上市公司披露信息的真实、准确、完整承担相应法律责任。

《中华人民共和国刑法》（2017 年 11 月 4 日第十二届全国人民代表大会常务委员会第三十次会议修订）第一百六十一条规定："依法负有信息披露义务的公司、企业向股东和社会公众提供虚假的或者隐瞒重要事实的财务会计报告，或者对依法应当披露的其他重要信息不按照规定披露，严重损害股东或者其他人利益，或者有其他严重情节的，对其直接负责的主管人员和其他直接责任人员，处三年以下有期徒刑或者拘役，并处或者单处二万元以上二十万元以下罚金。"

《中华人民共和国公司法》（2004 年 8 月 28 日第十届全国人民代表大会常务委员会第十一次会议修订）第二百一十二条规定："公司向股东和社会公众提供虚假的或者隐瞒重要事实的财务会计报告的，对直接负责的主管人员和其他直接责任人员处以一万元以上十万元以下的罚款。构成犯罪的，依法追究刑事责任。"

《中华人民共和国证券法》（2014 年 8 月 31 日第十二届全国人民代表大会常务委员会第十次会议修订）第一百九十三条规定："发行人、上市公司或者其他信息披露义务人未按照规定披露信息，或者所披露的信息有虚假记载、误导性陈述或者重大遗漏的，责令改正，给予警告，并处以三十万元以上六十万元以下的罚款。对直接负责的主管人员和其他直接责任人员给予警告，并处以三万元以上三十万元以下的罚款。"

《中华人民共和国会计法》（2017 年 11 月 4 日第十二届全国人民代表大会常务委员会第三十次会议修正）第四十二条规定："违反本法规定，有下列行为之一的，由县级以上人民政府财政部门责令限期改正，可以对单位并处三千元以上五万元以下的罚款；对其直接负责的主管人员和其他直接责任人员，可以处二千元以上二万元以下的罚款；属于国家工作人员的，还应当由其所在单位或者有关单位依法给予行政处分：（一）不依法设置会计账簿的；（二）私设会计账簿的；（三）未按照规定填制、取得原始凭证或者填制、取得的原始凭证不符合规定的；（四）以未经审核的会计凭证为依据登记会计账簿或者登记会计账簿不符合规定的；（五）随意变更会计处理方法的；（六）向不同的会计资料使用者提供的财务会计报告编制依据不一致的；（七）未按照规定使用会计记录文字或者记账本位币的；（八）未按照规定保管会计资料，致使会计资料毁损、灭失的；（九）未按照规定建立并实施单位内部会计监督制度或者拒绝依法实施的监督或者不如实提供有关会计资料及有关情况的；（十）任用会计人员不符合本法规定的。有前款所列行为之一，构成犯罪的，依法追究刑事责任。会计人员有第一款所列行为之一，情节严重的，五年内不得从事会计工作。有关法律对第一款所列行为的处罚另有规定的，依照有关法律的规定办理。"第四十三条规定："伪造、变造会计凭证、会计账簿，编制虚假财务会计报告，构成犯罪的，依法追究刑事责任。有前款行为，尚不构成犯罪的，由县级以上人民政府财政部门予以通报，可以对单位并处五千元以上十万元以下的罚款；对其直接负责的主管人员和其他直接责任人员，可以处三千元以上五万元以下的罚款；属于国家工作人员的，还应当由其所在单位或者有关单位依法给予撤职直至开除的行政处分；其中的会计人员，五年内不得从事会计工作。"

（四）注册会计师的免责条款

最高人民法院于 2007 年 6 月 11 日公布了《最高人民法院关于审理涉及会计师事务所在审计业务活动中民事侵权赔偿案件的若干规定》，自 2007 年 6 月 15 日起施行。其中，第七条界定了会计师事务所的免责条款："会计师事务所能够证明存在以下情形之一的，不承担民事赔偿责任：（一）已经遵守执业准则、规则确定的工作程序并保持必要的职业谨慎，但仍未能发现被审计的会计资料错误；（二）审计业务所必须依赖的金融机构等单位提供虚假或者不实的证明文件，会计师事务所在保持必要的职业谨慎下仍未能发现其虚假或者不实；（三）已对被审计单位的舞弊迹象提出警告并在审计业务报告中予以指明；（四）已经遵照验资程序进行审核并出具报告，但被验资单位在注册登记后抽逃资金；（五）为登记时未出资或者未足额出资的出资人出具不实报告，但出资人在登记后已补足出资。"第八条规定："利害关系人明知会计师事务所出具的报告为不实报告而仍然使用的，人民法院应当酌情减轻会计师事务所的赔偿责任。"

四　财务报表重述法规制度研究结论

通过对以上法规制度的分析，可以从四个方面得出结论。

首先，从准则的变化来看，1999 年和 2001 年的企业会计准则区分了重大会计差错和非重大会计差错，后者不要求进行追溯调整，只需计入发现差错当期的损益。这也带来了一个潜在的问题，对重大会计差错的数量和性质的判断存在较大的弹性空间。而以"某项交易或事项的金额占该交易或事项的金额在 10% 及以上"作为判断重大会计差错的条件，也会使企业利用交易量大的经济业务故意出错，而在发现当期作为非重大会计差错处理，以达到操纵利润的目的。另外，2001 年修订的企业会计准则首次提出了重大会计差错更正的处理方法，但并未要求重编报表。

虽然 2006 年 2 月 15 日新颁布的《企业会计准则第 28 号——会计政

策、会计估计变更和差错更正》中不再提及重大会计差错，取而代之的是前期差错的概念，要求所有重要前期差错都应采用追溯重述法进行更正。但在财政部会计司编写的《企业会计准则讲解 2006》中仍然强调了前期差错的重要性。该讲解将前期差错分为"不重要的前期差错"和"重要的前期差错"。重要的前期差错才采用追溯重述法。重要的前期差错，是指足以影响财务报表使用者对企业财务状况、经营成果和现金流量做出正确判断的前期差错；不重要的前期差错，是指不足以影响财务报表使用者对企业财务状况、经营成果和现金流量做出正确判断的前期差错。①

如果财务报表项目的遗漏或错误表述可能影响财务报表使用者根据财务报表所做出的经济决策，则该项目的遗漏或错误是重要的。前期差错的重要性取决于在相关环境下对遗漏或错误表述的规模和性质的判断。前期差错所影响的财务报表项目的金额或性质，是判断该前期差错是否具有重要性的决定性因素。一般来说，前期差错所影响的财务报表项目的金额越大、性质越严重，其重要性水平越高。

《企业会计准则第 28 号——会计政策、会计估计变更和差错更正》要求严格区分会计估计变更和前期差错更正，对于前期根据当时的信息、假设等作了合理估计，在当期按照新的信息、假设等需要对前期估计金额作出变更的，应当作为会计估计变更处理，不应作为前期差错更正处理。

其次，从证监会和交易所的规定来看，中国证监会 1999 年发布的《关于提高上市公司财务信息披露质量的通知》中只对会计政策和会计估计变更做出了规定，并没有对会计差错更正的规定。

沪深交易所发布的《上市公司临时报告格式指引》也未对重大会计差错及更正提供专项指引。实际上，我国真正意义上的财务报表重述是从 2003 年 12 月 1 日发布《公开发行证券的公司信息披露编报规则第 19 号——财务信息的更正及相关披露》开始的。它首次提出了公司应当以重大事项临时公告的方式及时披露更正后的财务信息。临时报告中应当披露的内容包括：更正后经审计的年度财务报表及涉及更正事项的相关财务报表附注以及出具审计报告的会计师事务所名称；如果更正后年度财务报告

---

① 财政部会计司编写组：《企业会计准则讲解 2006》，人民出版社，2007，第 448 页。

被出具了无保留意见加强调事项段、保留意见、否定意见、无法表示意见的审计报告，则应当同时披露审计意见全文。

公司对以前年度已经公布的年度财务报告进行更正，需要聘请具有执行证券、期货相关业务资格的会计师事务所对更正后的年度报告进行审计。

如果公司对最近一期年度财务报告进行更正，但不能及时披露更正后经审计的年度财务报表及相关附注，公司应就此更正事项及时刊登"提示性公告"，并应当在该临时公告公布之日起45天内披露经具有执行证券、期货相关业务资格的会计师事务所审计的更正后的年度报告。

再次，从更正方法来看，对比财政部1998年6月颁布的企业会计准则和2006年2月颁布的企业会计准则，有如下差异：①在会计差错更正的会计处理方法上，新准则做出了与会计政策变更的会计处理方法相似的规定，即一般情况下应采用追溯重述法，但是当确定前期差错影响数不切实可行的，也可以采用未来适用法，但是旧准则却没有"未来适用法"的相关规定；②在会计差错更正的披露上，旧准则只要求披露重大会计差错的内容和更正金额，而新准则不仅要求披露差错的内容和更正金额，还要求披露差错的性质，无法进行追溯重述的，还应说明该事实和原因以及对前期差错开始进行更正的时点、具体更正情况。

最后，从披露要求来看，我国加大了对临时报告的披露力度。1993年6月10日发布的《公开发行股票公司信息披露实施细则》所列的重大事件只有11项，而2007年1月30日发布的《上市公司信息披露管理办法》列示了21项。重大事件的范围进一步明确和扩大。另外，附注披露的内容和顺序进一步细化，2006年修订的《企业会计准则第30号——财务报表列报》的"附注"部分，第三十五条规定："下列各项未在与财务报表一起公布的其他信息中披露的，企业应当在附注中披露：（一）企业注册地、组织形式和总部地址。（二）企业的业务性质和主要经营活动。（三）母公司以及集团最终母公司的名称。"但在2014年修订的《企业会计准则第30号——财务报表列报》的"附注"部分，第三十九条就有八项要求，第（五）项为：企业应当按照《企业会计准则第28号——会计政策、会计估计变更和差错更正》的规定，披露会计政策和会计估计变更以及差错更正的情况。可见，财务报表披露内容更加细化。

五 财务报表重述制度国际比较

（一） 美国证券市场财务报表重述制度及其演变

美国关于报表重述较早的法规是美国财务会计准则委员会（Financial Accounting Standards Board，FASB）的前身美国会计原则委员会（Accounting Principles Board，APB）发布的第 20 号意见书《会计变更》（APB 20：Accounting Changes），意见书要求企业在发现并纠正前期财务报告的差错时，重新表述以前公布的财务报告。APB 将需要进行财务报表重述处理的"差错"归纳为以下几种情况：计算错误、会计原则应用错误、财务报告公布日已经存在的事实的忽视或误用。公众公司如果发现历史报表中存在足以引起投资者误解的差错，需要对期初留存收益及报表相关项目进行追溯调整，并重编历史报表。另外，美国《证券法》也规定如果公司合理预见重大差错的发现及更正事件将会对投资者决策或证券价格产生重大影响，就应该及时进行披露，不能以定期报告代替临时报告。

但是，为简化美国公认会计准则（GAAP），FASB 决定完全废止第 20 号意见书和第 3 号公告，而不对其进行修订，FASB 颁布了第 154 号公告《会计政策变更和会计差错更正》，并以此代替 APB 第 20 号意见书和 FASB 第 3 号公告，因此 154 号公告中的许多条款与第 20 号意见书完全相同，其中包括会计估计变更的列报条款、报告实体的变更条款以及会计差错的更正条款。最新发布的规定是 2005 年 5 月 5 日发布的财务会计准则第 154 号《会计变更和差错更正——对 APB No. 20 意见书和 FASB No. 3 的取代》，该准则适用于企业自行变更会计政策的各类情形。同时，该准则还修改了会计政策变更的会计处理方法及其报告要求。如果企业自行变更会计政策，则根据第 154 号准则的要求，企业应在适用的情况下对其前期的财务报表做追溯调整。而根据原第 20 号意见书中的要求，如果企业自行变更会计政策，则在大多数情形下，应将新会计政策变更所产生的累积影响数计入变更当期的净收益，并以此进行确认。第 154 号准则增强了各会计期间财务信息的一致性，使得财务报告的质量获得提高。第 154 号准则对在

2005 年 12 月 15 日以后财政年度所做的会计政策变更和会计差错更正有效。当然，第 154 号准则亦可提前采用，并适用于在 2005 年 6 月 1 日以后的财政年度所做的会计政策变更和会计差错更正。

（二）中美财务报表重述信息披露制度比较

目前，国内法规中还没有较权威的财务报表重述的概念和规定，与之近似的是重大会计差错更正即前期差错更正，因重大会计差错的追溯调整与美国的财务报表重述最为接近，视为同质。

从形式上看，我国的财务报表重述没有重编报表的形式要求，尽管 2003 年之后有部分规定涉及重编报表，但并没有严格执行，实施的情况并不理想，发布修正报表的上市公司并不多。2003 年之后，我国也有临时公告的要求，这一点和美国是相同的。

无论财务报表的虚假陈述是由差错引起的还是由舞弊引起的，都需要重述前期已发布的财务报表。在这一点上中美都有相同的规定。

美国财务报表重述信息披露的法规制定得较早，相对完善一些。美国财务报表重述制度规定了重述报表的格式和临时公告的格式，比较规范。

具体中美财务报表重述制度比较如表 3-1 所示。

表 3-1　中美财务报表重述制度比较

项目	中国	美国
概念	没有重述的概念，类似的概念是重大会计差错更正	修正前期发布的财务报告以反映报告中错误更正情况的过程
差错范围	①采用法律或会计准则等行政法规、规章所不允许的会计政策；②账户分类以及计算错误；③会计估计错误；④在期末应计项目与递延项目未予调整；⑤漏记已完成的交易；⑥对事实的忽视和误用；⑦提前确认尚未实现的收入或不确认已实现的收入；⑧资本性支出与收益性支出划分差错	①因计算错误而导致的确认、计量、表述或披露方面的错误；②应用 GAAP 的错误；③财务报告公布日对已存在事实的疏忽或误用的错误
更正方法	如影响损益，应将其对损益的影响数调整发现当期的期初留存收益，会计报表其他相关项目的期初数也应一并调整；如不影响损益，应调整会计报表相关项目的期初数，并重新表述财务报表（2003 年之后）	用追溯调整法将会计政策变更的累积影响数调整期初留存收益和其他相关项目，并重新表述以前发布的财务报表

续表

项目	中国	美国
披露方式	会计报表附注中应披露以下事项：（1）重大会计差错的内容；（2）重大会计差错的更正金额。公司已公开披露的定期报告存在差错，经董事会决定更正的，应当以重大事项临时报告的方式及时披露更正后的财务信息	通过发布新闻公告和向证券交易委员会提交临时报告来披露

（三）我国财务报表重述制度与国际会计准则比较

1. 发布时间比较

《国际会计准则第 8 号——会计政策、会计估计变更和差错》（IAS8），1978 年 2 月发布，1993 年 11 月修订，1994 年格式重排，1998 年、2000 年对部分段落进行修改，2003 年 12 月再次修订，对 2005 年 1 月 1 日及以后日期开始的报告期的财务报表生效。

《企业会计准则第 28 号——会计政策、会计估计变更和差错更正》（CAS28），1998 年 6 月发布，2001 年 1 月修订，2006 年 2 月 15 日再次修订后发布。新发布的准则自 2007 年 1 月 1 日起在上市公司范围内施行，鼓励其他企业执行。

2. 概念比较

IAS8 前期差错（Prior Period Errors），是指由于失败地运用或误用下述信息，而导致主体前一期或前几期财务报表的省略或误报：①财务报表批准发布时可获得的可靠信息；②在编报这些财务报表时能够合理预期可以取得并加以考虑的可靠信息。这些差错包括计算错误、应用会计政策错误、疏忽或曲解事实以及欺诈产生的影响。

CAS28 前期差错，是指由于没有运用或错误运用下列两种信息，而对前期财务报表造成省略或错报：①编报前期财务报表时预期能够取得并加以考虑的可靠信息；②前期财务报告批准报出时能够取得的可靠信息。前期差错通常包括计算错误、应用会计政策错误、疏忽或曲解事实、舞弊产生的影响以及存货、固定资产盘盈等。

3. 处理方法比较

IAS8 指出，企业应在发现差错的财务报表中，采用下列方法追溯更正重要的前期差错：①重述差错发生期间列报的前期比较金额；②如果前期差错发生在列报的最早日期之前，则应重述列报的最早日期的资产、负债和所有者权益相关项目的期初余额。当以追溯重述法更正前期差错不切实可行时，IAS8 区分了两种处理方法：①如果确定差错对列报的某一期或某几期的特定期间比较信息的影响不切实可行时，主体应当重述追溯重述法切实可行的最早日期的资产、负债和所有者权益相关项目的期初余额；②如果在当期期初确定差错对所有前期的累积影响数不切实可行时，主体应当自最早的切实可行日重述比较信息，采用未来适用法更正差错。具体方法有如下 3 种。

未来适用法（Prospective Application），是指在会计政策变更后对交易、其他事项和状况采用新的会计政策；在受估计变更影响的当期和未来期间确认会计估计变更的影响。

追溯调整法（Retrospective Application），是指对交易、其他事项和状况采用一项新的会计政策，使之如同该项政策一直在采用一样。

追溯重述法（Retrospective Restatement），是指更正财务报表要素的确认、计量和披露金额，使之如同该项前期差错从未发生。

CAS28 指出，企业应当采用追溯重述法更正重要的前期差错，但确定前期差错累积影响数不切实可行的除外。确定前期差错累积影响数不切实可行的，可以从可追溯重述的最早日期开始调整留存收益的期初余额，财务报表其他相关项目的期初余额也应当一并调整，也可以采用未来适用法。当企业确定前期差错对列报的一个或者多个前期比较信息的特定期间的累积影响数不切实可行时，应当追溯重述切实可行的最早日期的资产、负债和所有者权益相关项目的期初余额（可能是当期）；当企业在当期期初确定前期差错对所有前期的累积影响数不切实可行时，应当从确定前期差错影响数切实可行的最早日期开始采用未来适用法追溯重述比较信息；当企业确定所有前期差错（例如采用错误的会计政策）累积影响数不切实可行时，应当从确定前期差错影响数切实可行的最早日期开始采用未来适用法追溯重述比较信息，为此在该日期之前的资产、负债和所有者权益相关项目的累积重述部分可以忽略不计。具体方法有如下 3 种。

未来适用法是指将变更后的会计政策应用于变更日以后发生的交易或

者事项，或者在会计估计变更当期和未来期间确认会计估计变更影响数的方法。

追溯调整法是指对某项交易或事项变更会计政策，视同该项交易或事项初次发生时即采用变更后的会计政策，并以此对财务报表相关项目进行调整的方法。

追溯重述法是指在发现前期差错时，视同该项前期差错从未发生过，从而对财务报表相关项目进行更正的方法。

就处理方法而言，国际会计准则与我国企业会计准则没有本质的差异，我国2006年2月新发布的企业会计准则取消了2001年准则中重大会计差错的概念，取而代之的是前期差错的概念；在处理方法上采用追溯重述法，和国际会计准则已经保持了高度的一致性。

4. 披露要求比较

IAS8指出，前期差错应披露：①前期差错的性质；②在切实可行的情况下，应披露列报期间每一个受影响的财务报表单列项目的更正金额，如果《国际会计准则第33号——每股收益》（IAS33）每股收益适用于主体，主体还应进一步披露前期差错更正对基本每股收益和稀释每股收益的影响；③最早列报期初的调整金额；④如果对某个特定期间的追溯重述不切实可行，应披露导致这一状况的条件和详情，以及何时、怎样更正差错的详情。

CAS28指出，企业应当在附注中披露与前期差错更正有关的下列信息：①前期差错的性质；②各个列报前期财务报表中受影响的项目名称和更正金额；③无法进行追溯重述的，说明该事实和原因以及对前期差错开始进行更正的时点、具体更正情况。

另外，在以后期间的财务报表中，不需要重复披露在以前期间的附注中已披露的会计政策变更和前期差错更正的信息。

从披露要求来看，IAS8与CAS28有细微的差异，IAS8还要求在IAS33每股收益适用于主体的情况下，主体应进一步披露前期差错更正对基本每股收益和稀释每股收益的影响。从披露时间来看，IAS8要求对前期差错的列报要适用最早列报期间期初的调整金额，即前期差错发生后，公司要在差错后最早的报表中重述发生期间的比较金额，并披露受其影响的会计报表单列项目的调整金额或更正金额。这样一来，重述就不仅仅发生在年报中，一部分重述有可能发生在季报和中报中。

国际会计准则与中国企业会计准则的比较如表 3-2 所示。

表 3-2　国际会计准则（IAS8）与中国企业会计准则（CAS28）的比较

项目	国际会计准则	中国企业会计准则
准则名称	《国际会计准则第 8 号——会计政策、会计估计变更和差错》	《企业会计准则第 28 号——会计政策、会计估计变更和差错更正》
概念	前期差错的产生可能缘于计算错误、应用会计政策错误、曲解事实、弄虚作假或粗心大意	前期差错，是指由于没有运用或错误运用下列两种信息，而对前期财务报表造成省略或错报。①编报前期财务报表时预期能够取得并加以考虑的可靠信息；②前期财务报表批准报出时能够取得的可靠信息。前期差错通常包括计算错误、应用会计政策错误、疏忽或曲解事实、舞弊产生的影响以及存货、固定资产盘盈等
前期差错的会计处理	①基准方法：与前期相关的错误更正金额应通过调整留存收益的期初余额来反映，除非这样做不可行；比较信息应重新表述，除非无法做到这一点。②备选方法：会计差错更正金额应计入发现当期净损益。在财务报表中，比较信息应如前期的报告方式一样报告。附加模拟信息也应予以报告，除非无法做到这一点	企业应当采用追溯重述法更正重要的前期差错，但确定前期差错累积影响数不切实可行的除外。追溯重述法，是指在发现前期差错时，视同该项前期差错从未发生过，从而对财务报表相关项目进行更正的方法。确定前期差错影响数不切实可行的，可以从可追溯重述的最早日期开始调整留存收益的期初余额，财务报表其他相关项目的期初余额也应当一并调整，也可以采用未来适用法。企业应当在重要的前期差错发现当期的财务报表中，调整前期比较数据
披露要求	①前期差错的性质；②在切实可行的情况下，应披露所列报期间对每一个影响的财务报表单列项目的更正金额，如果 IAS33 每股收益适用于主体，主体还应进一步披露前期差错更正对基本每股收益和稀释每股收益的影响；③最早列报期间期初的调整金额；④如果对某个特定期间追溯重述不切实可行，应披露导致这一状况的条件和详情，以及何时、怎样更正差错的详情	①前期差错的性质；②各个列报前期财务报表中受影响的项目名称和更正金额；③无法进行追溯重述的，说明该事实和原因以及对前期差错开始进行更正的时点、具体更正情况

第四章

财务报表重述的现实考察之一：
财务报表重述公司基本特征

本章选取 2002~2017 年我国上证 A 股的财务报表重述报告为样本，对我国上市公司财务报表重述行为进行了特征描述和趋势分析。其中，2002~2006 年的数据来自巨潮资讯网的手工收集，以会计差错、重大会计差错事项为依据，在年报中以"更正""补充""补充更正""会计差错"为关键词进行搜索统计；2007~2017 年的财务报表重述数据主要来源于 DIB 内部控制与风险管理数据库，财务报表重述对盈余影响的数据通过对该期间 A 股上市公司财务报表年报附注中的前期差错调整金额进行手工收集获得。考虑到数据来源的不同对合并分析的影响，下文将分段进行分析和筛选，并按财务报表重述公司的主要特征，如上市公司财务报表重述的数量、原因、提起者、审计意见、行业类别及其地域特征等进行分析。

我国财务报表重述主要经历了三个阶段，1999 年，《企业会计准则——会计政策、会计估计变更和会计差错更正》首次提出会计差错概念，要求在附注中披露，这是我国财务报表重述的雏形阶段；2003 年，证监会发布《公开发行证券的公司信息披露编报规则第 19 号——财务信息的更正及相关披露》专门规定公司应以重大事项临时公告的方式及时披露更正后的财务信息，极大地促进了财务报表重述的发展；2006 年，新准则《企业会计准则第 28 号——会计政策、会计估计变更与差错更正》正式提出了"追溯重述"的概念，标志着我国财务报表重述制度的正式建立。我国财务报表重述制度正式建立之前，财务报表重述的形式主要是会计差错的更正；制度正式建立之后，重述的形式不再局限于会计差错的更正，而具有了更广的范围。因此，在下文的分析中，2002～2017 年上市公司对差错进行的更正统称为财务报表重述。

在进行本章的分析前，关于选取的 A 股数据需要说明两点。①2002～2006 年选取的数据是 A 股主板、中小板和创业板上市公司。其原因在于中小板于 2004 年开始发行，创业板于 2009 年开始发行，2002～2006 年不存在创业板数据，且考虑到中小板的发行总数较少，不予剔除。②2007～2017 年选取的数据是 A 股主板上市公司。2007 年之后中小板和创业板的公司数量开始不断增多，且中小板、创业板的数据波动较主板更大、存在的风险更大，因此将中小板和创业板的数据予以剔除。

一　数量的确认

（一）上市公司财务报表重述的数量按年份分布

由图 4-1 可知，2002～2006 年，我国 A 股财务报表重述次数共计 991 次（沪市 517 次，深市 474 次），发生财务报表重述的公司共计 637 家，各年重述数量变化较大，整体呈现逐年递减的趋势。而图 4-2 表明，2007～2017 年，我国 A 股财务报表重述次数共计 2062 次（沪市 1222 次，深市 840 次），发生财务报表重述的公司共计 919 家，各年财务报表重述合计次数大体上呈现先减后增的变化趋势。

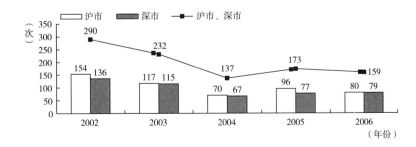

图 4-1　2002～2006 年沪市、深市财务报表重述次数按年份分布

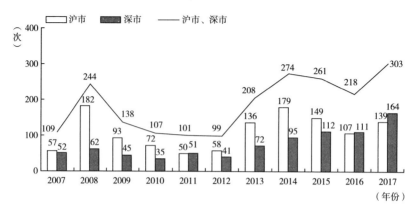

图4-2 2007~2017年沪市、深市财务报表重述次数按年份分布

具体分析可知，沪深两市的重述次数由 2002 年的 290 次下降至 2004 年的 137 次，下降幅度达 52.76%。其中，与 2003 年的 232 次相比，2004 年减少了 95 次，2005 年与 2004 年相比反弹了 36 次，2006 年又比 2005 年下降了 14 次。从财务报表重述公司上市的交易所来看，2002~2006 年沪市的重述总次数比深市的多 43 次，主要表现在每年沪市的重述次数普遍大于深市，但是，每年二者的差异不大，2003 年、2004 年、2006 年均不足 5 次，差异最大的是 2005 年，沪市的重述次数比深市多 19 次。相比 2002~2006 年，2007~2017 年合计的财务报表重述次数整体波动较大，由 2008 年的 244 次下降到 2012 年的 99 次，降幅达 59.43%，之后开始上升，在 2014 年达到峰值 274 次，上升幅度高达 176.77%，随后又开始缓慢下降，但其下降幅度较小。对比沪市与深市会发现，整体来说沪市的重述次数大于深市，其主要表现为 2015 年及之前沪市财务报表重述的次数普遍大于深市的重述次数，特别是 2008 年（相差 120 次）、2014 年（相差 84 次）和 2013 年（相差 64 次）差异显著，但自 2015 年之后，沪市的重述次数与深市的基本持平，2016 年和 2017 年深市重述次数出现轻微反超沪市的情况。

（二）财务报表重述公司数占 A 股上市公司总数的比重按年份分布

A 股财务报表重述公司数量的变化可能与 A 股上市公司数量的变化有

一定关系，2002~2017 年，我国 A 股上市公司总数一直呈现不断增加的趋势。2002~2006 年，以其上一年为基准，2004 年 A 股上市公司增加幅度（见图 4-3）与 A 股财务报表重述公司下降幅度（见图 4-1）均比其他年份的大，因此该年 A 股的财务报表重述公司数占其上市公司总数的比重下降幅度也达到最大（见图 4-5）。2007~2017 年，A 股上市公司总数呈现缓慢增加趋势，各年相比上年增加幅度不大，财务报表重述公司数占 A 股上市公司总数的比重波动较大（见图 4-6），与财务报表重述次数按年份分布呈相似的变化趋势。

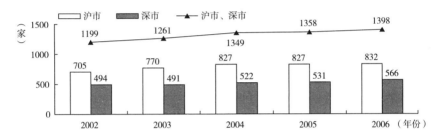

图 4-3　2002~2006 年我国 A 股上市公司数量变化

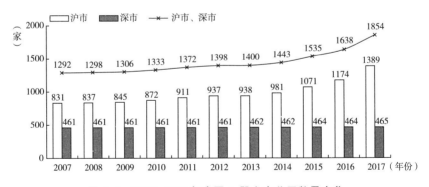

图 4-4　2007~2017 年我国 A 股上市公司数量变化

如图 4-3 所示，2002~2006 年，A 股上市公司总数逐年增加，2004 年增加数量最大，高达 88 家（2003 年增加 62 家、2006 年增加 40 家、2005 年增加 9 家）。其中，与沪市相比，深市的 A 股上市公司总数增加趋势更显著，这一趋势在 2006 年表现得尤为突出，深市比沪市多增加 30 家（沪市增加了 5 家，深市增加了 35 家）。深市的 A 股上市公司数仍旧与沪市有

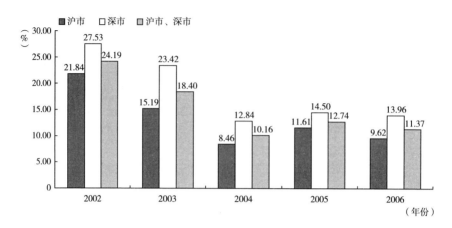

图4-5　2002~2006年财务报表重述公司数占A股
上市公司总数的比重按年份分布

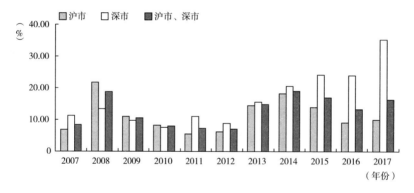

图4-6　2007~2017年财务报表重述公司数占A股
上市公司总数的比重按年份分布

较大差距，2002年少211家，2003年少279家，2004年少305家，2005年少296家，2006年少266家。在2002~2006年，深市的财务报表重述公司总数比沪市的少43家，最大差异出现在2005年深市比沪市少19家。因此，深市A股财务报表重述公司数占深市A股上市公司总数的比重普遍比沪市的高（见图4-5）。

如图4-4所示，2007~2017年，我国A股上市公司的数量逐年增加，2014 年之前增加幅度较小（每年增加量不超过 45 家），之后有较大幅度的增长，相比上一年，2015 年增加了 92 家，2016 年增加了 103 家，2017 年增加了 216 家。分析后发现，2007~2017 年，深市 A 股上市公司的数量基本保持一致，只在 2013 年、2015 年和 2017 年分别增加 1 家、2 家和 1 家，而沪市呈现与 A 股上市公司总数相似的增长趋势，说明我国 A 股上市公司数量的增长主要是由沪市上市公司数量的增长引起的。而由图 4-2 可知，2007~2010 年，深市财务报表重述次数呈现先上升后下降的趋势，2013 年后基本保持上升趋势，沪市 2014~2016 年财务报表重述次数呈现逐年下降的趋势，这在一定程度上说明 2007~2017 年我国 A 股上市公司出现财务报表重述的次数分布与 A 股上市公司数量的变化并不存在明显关系。

如图 4-5 所示，2002~2006 年，早期财务报表重述公司数占 A 股上市公司总数的比重相对较高（2002 年为 24.19%，2003 年为 18.40%），而后 3 年这一比重基本上维持在 11% 左右（2004 年为 10.16%，2005 年为 12.74%，2006 年为 11.37%）。尽管整体上财务报表重述公司数量呈现递减的趋势，但与 2003 年相比，2004 年的下降幅度尤为明显，下降了近 8.24%。从上市的交易所来看，2002~2006 年沪市的财务报表重述公司数占其 A 股上市公司总数的比重均比深市的低，在 2002 年、2003 年、2004 年这一差距分别为 5.69 个百分点、8.23 个百分点、4.38 个百分点，2005 年缩小至 2.89 个百分点，2006 年又反弹至 4.34 个百分点，与 2004 年的水平相近。

如图 4-6 所示，2007~2017 年，我国 A 股上市公司出现财务报表重述的公司数占总公司数的比重呈现先下降后上升再下降的趋势。从 2008 年的 18.80% 下降到 2012 年的 7.08%，然后开始上升，在 2014 年达到最大值 18.99%，之后又开始下降。沪深两市财务报表重述公司数的占比按年份分布呈现不同的变化趋势，沪市的占比变化趋势与 A 股上市公司总数的变化趋势基本一致，从 2008 年的 21.74% 下降到 2012 年的 6.19%，然后开始上升，在 2014 年达到 18.25%，之后又开始持续下降，到 2016 年降为 9.11%；深市前期财务报表重述公司数占深市 A 股上市公司总数的比重相对较小，且各年占比变化不大，2010 年之后开始增长，至 2014 年其占比为 20.56%，呈现稳定的高占比形势（2015 年为 24.14%，2016 年为 23.92%，2017 年为 35.27%）。

（三）上市公司财务报表重述公司数按发生次数分布

在对财务报表重述次数进行分析前，需要说明其财务报表重述次数统计中包含的两种情况：①一家公司对同一份年报重述多次；②一家公司多次对不同年报进行重述。以下按公司数进行统计，一家公司发布多份财务报表重述报告仅按一次来统计。上述变化还可能与相当一部分上市公司近年来屡次发生财务报表重述事件及每年不断涌现出的新差错难以估测相关。

如图 4-7、图 4-8 所示，2002~2006 年，共有 637 家公司发布重述公告，仅发生 1 次财务报表重述的公司有 389 家，累计重述 1 次以上的公司有 248 家。仅发生 1 次财务报表重述的公司占总量的 61.07%，其余的 38.93% 均由累计发生 1 次以上的 248 家公司组成。其中，167 家公司累计发生 2 次财务报表重述，约占 26.22%；57 家公司累计发生 3 次财务报表重述，约占 8.95%；23 家公司累计发生 4 次财务报表重述，约占 3.61%；1 家公司累计发生 5 次财务报表重述，约占 0.16%。伴随发生次数的增加，公司数呈现明显的递减趋势。但是，财务报表重述累计发生 4~5 次的公司数量仍达到 24 家，例如*ST 酒花（600090）在连续 5 年内年报中都存在会计差错事项。

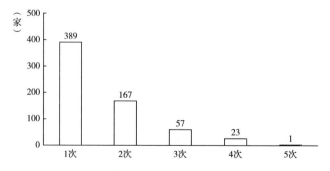

图 4-7　2002~2006 年财务报表重述公司数按发生次数分布

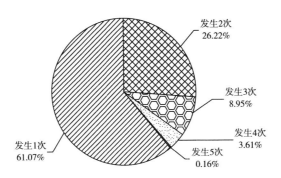

图 4-8 2002～2006 年财务报表重述发生次数的类别结构

如图 4-9、图 4-10 所示，2007～2017 年，发生财务报表重述的公司共计 919 家，重述 1 次的公司有 393 家，累计重述 1 次以上的公司有 526 家。发生 1 次财务报表重述的公司占发生财务报表重述公司总数的 42.76%，累计发生 2 次、3 次、4 次、5 次及以上财务报表重述的公司数量分别是 232 家、147 家、71 家、76 家，占总数的比重分别为 25.24%、16.00%、7.73%、8.27%。对比沪深两市发现，深市发生财务报表重述的公司数量远大于沪市的公司数量，在发生 1 次重述的公司中，深市比沪市多 163 家，累次发生 2 次的多 58 家，累计发生 3 次的多 29 家，累计发生 4 次和累计发生 5 次及以上的沪深两市基本相同。

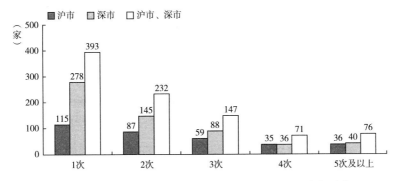

图 4-9 2007～2017 年财务报表重述公司数按发生次数分布

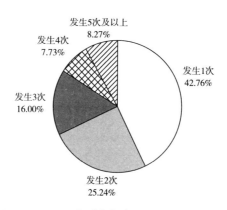

图 4-10　2007~2017 年财务报表重述发生次数的类别结构

（四）上市公司财务报表重述的类型分布

1999 年，我国会计准则中首次提出的会计差错更正，除了对会计差错的处理有详细的要求外，只要求披露重大会计差错的内容和更正金额。2007 年 1 月 1 日起施行的新颁布的《企业会计准则第 28 号——会计政策、会计估计变更和差错更正》改变了前期差错的会计处理：取消了"重大会计差错"的定义，提出"前期差错"的概念，要求所有重要的前期差错都应采用追溯重述法进行调整。但随着会计差错更正从偶然发生的单纯的会计事件逐渐演变成管理层粉饰报表的手段，财务报表重述制度的目标也开始改变，不再只是单纯对会计差错更正的规范，而是逐渐转向包括信息披露、内部控制、公司治理结构以及法律惩戒等在内的制度规范。因此，区分 2002~2006 年和 2007~2017 年两个时间段来统计财务报表重述的类型更具可比性。

《企业会计准则——会计政策、会计估计变更和会计差错更正》（财会字〔1998〕28 号）对会计差错[①]与重大会计差错[②]进行了明确定义，可知重大会计差错是使财务报表不再具有可靠性的差错。该准则第十九条对上市公司重大会计差错披露问题进行了规范，明确规定会计报表附注中应披

[①]　会计差错是指在会计核算时，在计量、确认、记录等方面出现的错误。
[②]　重大会计差错是指企业发现的使公布的会计报表不再具有可靠性的会计差错。

露以下事项：①重大会计差错的内容；②重大会计差错的更正金额。

因此，本章对这些财务报表重述公司以"重大会计差错"为关键词进行了分类。如图 4-11 所示，2002~2006 年，早期重大会计差错公司占财务报表重述公司的比重维持在 70%以下（2002 年为 57.59%、2003 年为 66.38%），后 3 年均在 80%以上（2004 年为 82.48%、2005 年为 87.28%、2006 年为 88.05%）。其中，2004~2006 年沪市中重大会计差错公司占财务报表重述公司的比重均超过 90%（2004 年为 92.85%、2005 年为 96.87%、2006 年为 97.50%），而深市中重大会计差错公司占财务报表重述公司的比重均在 80%以下（2004 年为 71.64%、2005 年为 75.32%、2006 年为 78.48%）。从整体上看，沪市中重大会计差错公司占财务报表重述公司的比重都比深市的高；并且，在 2004~2006 年它们之间相差近 20 个百分点，这可能是由于对准则的理解存在偏差、重大会计差错事项难以判断或对重大会计差错事项有意回避，并不排除有些上市公司在会计报表附注中将会计差错事项以重大会计差错事项披露，甚至可能存在相当一部分上市公司

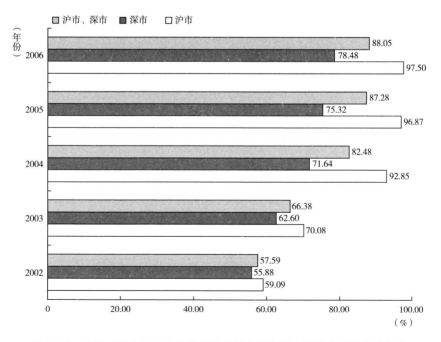

图 4-11　2002~2006 年重大会计差错公司占财务报表重述公司的比重变化

将重大会计差错事项以会计差错事项披露。例如，沈阳机床（000410）2002年年报附注第20项会计差错更正中披露的7项会计差错事项累计影响2001年留存收益8918万元，调减该年净利润5842万元（其中，部分跨期科目影响2001年留存收益2394万元，调减该年净利润1168万元）。而2001年该公司年报中披露的净利润为1697万元，可见该公司会计差错事项属虚增利润、掩盖亏损，应以重大会计差错事项披露。

2006年制定并于2007年1月1日实施的《企业会计准则第28号——会计政策、会计估计变更与差错更正》中首次提出了"追溯重述法"的概念，即在发现前期差错时，视同该项前期差错从未发生过，从而对财务报表相关项目进行更正的方法。新准则的关注点也从以前不分主次的"会计差错"转变为关注"前期差错"。前期差错通常包括计算错误、应用会计政策错误、疏忽或曲解事实以及舞弊所产生的影响等。这一准则的出台标志着我国正式建立财务报表重述制度，使财务报表重述有据可依。根据对我国财务报表重述制度的建设与发展状况的了解，2006年前后关于财务报表重述公告的披露有很大区别，前期主要披露会计差错的更正，之后披露的财务报表重述类型不再仅限于会计差错的更正，而是包括多种类型的重述。

2007~2017年，我国A股上市公司共计发生2062次财务报表重述，其重述类型主要有五大类，分别为因会计问题重述、因技术问题重述、因敏感问题重述、应法律法规或交易所要求重述和因重大会计差错、会计舞弊或会计丑闻重述。可以发现，在这11年间，财务报表重述发生的类型主要集中在前四类中，重述次数累计分别为469次、470次、362次和663次。各年因会计问题重述和应法律法规或交易所要求重述的次数都呈现先下降后上升再下降的趋势，因技术问题重述的次数呈现先下降后上升的趋势，而因敏感问题重述的次数则呈现先上升后下降的趋势。另外，因重大会计差错、会计舞弊或会计丑闻而进行重述的次数较少，11年来累计为64次，各年分别为23次、5次、4次、4次、0次、0次、4次、5次、4次、6次和9次，可见，各年因重大会计差错、会计舞弊或会计丑闻而重述的次数变化波动较大，但自2013年之后开始呈现下降趋势。

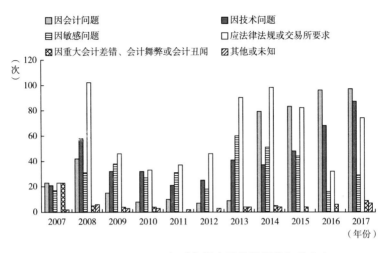

图 4-12　2007~2017 年财务报表重述类型按年份分布

二　原因的确认

研究发现，年报中披露的财务报表重述事项的原因类别主要集中于税收计提（漏计、误计）、会计核算错误（税收计提除外）、相关政策误用、担保与诉讼及其他等，而且相当一部分涉及数项原因。例如，深物业 A（000011）在 2006 年年报附注中披露的重大会计差错事项主要包括：①2006 年根据税务局的要求，公司 2004 年度需补缴企业所得税 5041683.27 元，子公司上海深圳物业发展有限公司 2003 年度需补缴企业所得税 59512.35 元、2004 年度需补缴企业所得税 556794.37 元、2005 年度需补缴企业所得税 4344332.44 元；②2006 年 7 月 21 日，深圳市国土资源和房产管理局发布《关于缴交房屋公用设施专用基金的通告》，要求开发建设单位申报缴交房屋公用设施专用基金（以下简称"专用基金"），并规定了缴交专用基金的标准，经过公司检查，发现公司及其子公司 2002 年度以前已开发竣工的福昌大厦、福民大厦、时代新居、丰润花园、皇城广场项目应补提专用基金 26535725.58 元，其中已销售房产应承担的专用基金 20007137.36 元；③公司本年对短期投资进行清理后，补计年初短期投资成本 10540051.92 元（折合人民币，下同）、以前年度投资收益

11459232.28 元、补计以前年度管理费用 375000.00 元；冲回以前年度短期投资跌价准备 253364.10 元；由于未能获取全部资料，存入证券资金账户的证券保证金 5366702.69 元暂计入其他应付款；从证券资金账户中转出的证券保证金 5910883.05 元暂计入其他应收款。可知，上述差错事项原因涉及了税收、费用等。另外，相当一部分财务报表重述事项是因非母公司发生或母公司与非母公司共同发生的。例如，在 2006 年财务报表重述公司中，*ST 上风（000967）重述的发生主体为母公司；长源电力（000966）重述的发生主体为子公司；泸科（600608）重述的发生主体为母公司和子公司。针对这一现象，本章认为财务报表重述的发生主体不同，财务报表重述的原因、性质及影响程度都可能不同。于是，本章按照财务报表重述发生主体对重述原因进行了描述性统计分析。

然而，2006 年之后财务报表重述的原因不再仅集中于会计差错，技术问题、法律法规等因素也会导致公司进行财务报表重述。例如，中原传媒（000719）在 2012 年 7 月 4 日公布的《关于公司 2011 年度报告问询函所涉及问题的补充公告》，其涉及的问题包括两部分。①公司现就中国证券监督管理委员会河南监管局问询函涉及的相关问题进行补充披露，主要是公司未能按照证监会公告〔2011〕41 号的有关要求披露以下事项：在年报中未披露本报告期间内幕知情人及其是否发生变更情况；在年报"内部控制"部分，未披露建立年报信息重大差错责任追究制度的情况，董事会未对内部控制责任发表声明。②公司现就深圳证券交易所公司管理部问询函所涉及的相关问题进行补充披露，主要是公司年报"股份变动及股东情况"部分、"董事会报告"部分、"重要事项"部分和公司现金分红政策的制定及执行情况未按照相关要求进行披露。可知，中原传媒此次财务报表重述并不涉及会计差错的更正，其主要是因技术问题进行重述，不会对当期收益产生影响。

（一）财务报表重述发生主体的比重按年份分布

由图 4-13 可知，2004 年是财务报表重述发生主体的比重变化趋势的"转折点"。2004 年以前，仅母公司发生财务报表重述所占的比重呈现递增趋势（以 2002 年的 63.10% 为基点，2003 年增加了 1.56 个百分点，而

2004 年增加幅度达 20.11 个百分点），而其他发生主体所占的比重都呈现递减趋势。其中，仅非母公司发生财务报表重述所占的比重与 2002 年的 19.66% 相比，2003 年减少了 0.26 个百分点，2004 年减至 10.95%；母公司与非母公司均发生财务报表重述所占的比重与 2002 年的 17.24% 相比，2003 年减少了 1.29 个百分点，2004 年减至 5.84%。恰好相反的是，2004~2006 年，仅母公司发生财务报表重述所占的比重呈现递减趋势（与 2004 年相比，2005 年减少了 7.49 个百分点，2006 年减至 69.18%），而其他发生主体所占的比重都呈现递增趋势（以 2004 年为基点，2005 年仅非母公司、母公司与非母公司均发生财务报表重述所占的比重都分别增加了 5.24 个百分点、2.25 个百分点，2006 年分别增加了 2.26 个百分点、11.77 个百分点）。

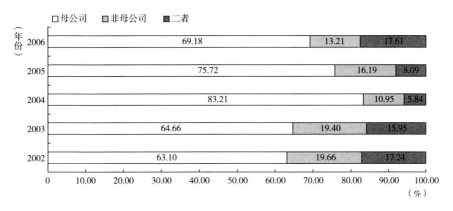

图 4-13　2002~2006 年财务报表重述发生主体的比重按年份分布

对比 2002~2006 年，如图 4-14 所示，2007~2017 年财务报表重述发生主体是非母公司，其占比非常高，各年非母公司所占比重分别为 96.33%、97.54%、96.38%、98.13%、92.08%、98.99%、90.87%、91.61%、90.04%、83.03% 和 93.07%，其比重均高于 83%，可知其财务报表重述发生主体主要分布在其分公司、子公司及合营、联营公司中。财务报表重述发生主体为母公司的比重各年均不超过 17%，其比重在 2016 年达到峰值 16.97%，2016 年之前整体呈现波动增长趋势，2011~2013 年出现了一次较大的波动，该比重在 2012 年达到谷值 1.01%。母公司与非母公司均发生财务报表重述的比重较小，2012 年为比重变化趋势的"转折点"，2012 年之前，该比重变化波动较大，但变化幅度较小，在 2012 年达到最大值 16.16%，之后整体呈现下降趋势。

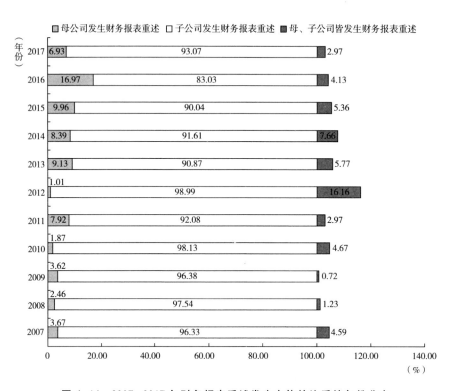

图 4-14　2007~2017 年财务报表重述发生主体的比重按年份分布

（二）财务报表重述原因按主要类别分布

中国注册会计师协会研究资料显示，上市公司对财务报表进行重述的原因（手段）很多，主要表现在以下方面：①虚假确认收入、提前确认收入和确认不可靠收入；②成本和费用计量问题，即漏计或少计成本和费用、不恰当地进行递延或资本化支出；③重大资产重组问题，即不恰当地采用会计政策或做出会计估计，导致出现巨额损失或收益；④资产减值准备问题，即随意操纵计提减值准备，通过多提或少提资产减值准备实现"扭亏"和"保壳"目的；⑤关联方交易，即通过对关联方的销售、采购、投资、资产置换、租赁经营、债权债务转移等方式实现调节利润；⑥报表项目分类；⑦现金流问题；⑧合并和分立问题。

在上述重述原因类别的基础上，本章按以下类别进行描述性统计分析。由图 4-15 可知，重述原因中成本、费用、税收及资产减值准备的占比都在 10% 以上。重述原因比重最高的是税收，占 28.13%。例如，恒顺醋业（600305）在 2002 年年报附注中披露：报告期末镇江市地方税务部门对公司 2001 年度、2000 年度的纳税情况进行了检查，查出公司 2001 年度漏计税金 2324642.61 元，2000 年度漏计税金 1196676.93 元，并作为重大会计差错予以更正，调整了 2002 年度比较会计报表的年初数和上年同期数。其次是费用，占 10.64%（不考虑其他类别）。例如，长征电器（600112）在 2002 年年报附注中披露：本期发现 2001 年多计利息费用 1128684.87 元，少计经营费用 979264.04 元，少计管理费用 366875.26 元。再次是资产减值准备，占 10.36%。例如，S*ST 集琦（000750）在 2006 年年报附注中披露追溯计提 2005 年固定资产减值准备：鉴于位于桂林市育才路 55 号土地上的制剂车间、原料药车间以及生产场所配套的公用工程，没有申请 GMP 认证，且按相关规定，2005 年已全面停产，为生产配套的基础设施也已停用，尽管已于 2005 年年度报告中计提了一定比例的减值准备，但由于当时判断上的误差，未足额计提。为了能够准确、真实地反映公司的资产状况，根据现行企业会计准则及其相关规定，应在 2006 年年度报告中，采用重大会计差错更正的方式，追溯计提如下固定资产减值准备：①2005 年已闲置未用的房屋建筑物按其原值的 4% 预留残值，账面净值与预留残值之间的差额，追溯计提固定资产减值准备 4876398.00 元；②2005 年已闲置未用基础设施按其原值的 4% 预留残值，账面净值与预留残值之间的差额，追溯计提固定资产减值准备 2473457.18 元；③2005 年已闲置未用基础设施——废水处理站，根据土地规划利用目的，按 40% 预留残值，账面净值与预留残值之间的差额，追溯计提固定资产减值准备 42973.96 元；④2005 年已闲置未用的设备，按可处置变现情况，对生产原料药机器设备按 20% 预留残值，对其他无法再利用的设备按 4% 预留残值，账面净值与预留残值之间的差额，追溯计提固定资产减值准备 1773351.15 元。以上情况共计追溯计提固定资产减值准备，相应调减期初未分配利润9166180.29元。成本、收入分别排在第4位、第5位，其比重分别为10.09%、7.60%。而重大资产重组、关联交易分别占0.74%、2.76%。

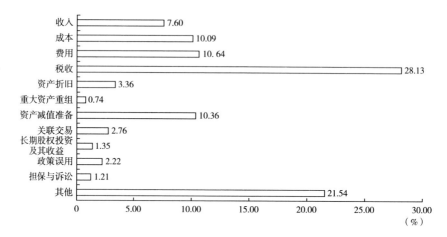

图4-15　2002~2006年重述公司错报原因类别分布

帕尔姆罗斯（Z. Palmrose）等人、王霞和张为国将营业费用界定为核心重述之一。[①] 于是，本章将费用按营业费用、财务和管理费用及其他费用进行了进一步分析。费用在所有重述原因中占到10.64%（见图4-15），其中，财务和管理费用占36%、营业费用占23%、其他费用占41%（见图4-16）。重述原因涉及营业费用的财务报表重述公司如小天鹅A（000418），在2002年年报附注中披露：本年度公司发现漏计2001年及以前的营业费用12539.36万元，在编制本年度的会计报表时，已对该项差错进行了更正。由于此项错误的影响，调减了2001年净利润8524.30万元，调减了2001年的期初留存收益4015.06万元。

此外，还依照上述财务报表重述原因从税收计提（漏计、误计）、会计核算错误（税收计提除外）、政策误用、担保与诉讼以及其他等类别分析了母公司与非母公司的财务报表重述。

① Zoe-Vonna Palmrose, Vernon J. Richardson, and Susan Scholz, "Determinants of Market Reactions to Restatement Announcements," *Journal of Accounting and Economics* 37 (2004): 59-89; 王霞、张为国：《财务重述与独立审计质量》，《审计研究》2005年第3期，第56~61页。

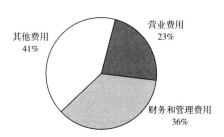

图 4-16　2002~2006 年费用主要类别分布

重述原因分布结构如图 4-17、图 4-18 所示，除 2004 年外，2002~2006 年每年涉及会计核算错误（税收计提除外）的事项均比其他类别多几十项，甚至上百项。在近 1400 多项财务报表重述事项中占了 40% 以上，位于母公司、非母公司财务报表重述原因类别中的前列（母公司有 432 项，非母公司有 174 项）。会计核算错误（税收计提除外）集中表现在主要会计科目的确认、计量及记录等方面违反相关准则及规定，比如资产、成本、收入、费用等方面的虚计、误计。

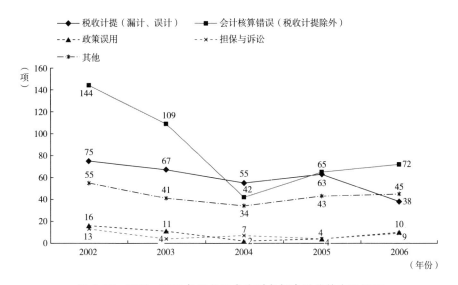

图 4-17　2002~2006 年母公司发生财务报表重述的主要原因

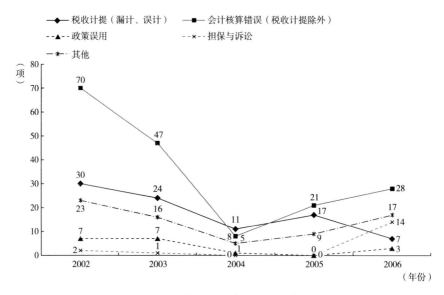

图 4-18　2002~2006 年非母公司发生财务报表重述的主要原因

　　其次是税收计提（漏计、误计），占财务报表重述事项总数的 28% 左右（母公司有 298 项，非母公司有 89 项）。其实，税收计提错误也属会计核算错误，将其单独归为一类是因为该类财务报表重述原因与其他类别相比较为突出，这从图 4-17、图 4-18 中不难看出，2004 年税收计提（漏计、误计）事项数量甚至比其他原因多 10 项。

　　剩余的约 30% 的原因中，政策误用（母公司有 43 项，非母公司有 18 项）和担保与诉讼（母公司有 37 项，非母公司有 17 项）引发的重述事项仅占 8.24% 左右，约 22% 是由其他原因引发的，其中包含一些原因不明确事项。另外，从整体上看，非母公司的财务报表重述原因形成母公司年报中披露的财务报表重述事项，与母公司自身原因形成年报中披露的财务报表重述事项相同，主要是因会计核算错误，尤其是税收漏计、误计较为突出。

　　对比 2002~2006 年的财务报表重述原因分类，发现 2007~2017 年从 DIB 内部控制与风险管理数据库获取的财务报表重述数据中，重述原因不仅是单项而且存在多项。2007~2017 年，在 2062 次财务报表重述中，有 1401 次重述在数据库中没有该项发生原因的统计，只有 661 次财务报表重述统计了其重述的原因，而本次分析也主要是针对这 661 次重述的原因进行分类统计。

如图 4-19 所示，2007~2017 年，公布的 661 次重述的原因分类中，有两个及以上原因导致重述的次数最多，有 292 次，占 44.18%，说明我国 A 股上市公司进行财务报表重述是由多个原因造成的。剩余的 369 次重述是单独由一个原因导致的财务报表重述，具体为减值准备和坏账冲销 13 次，证券或权益会计 34 次，报表项目分类 45 次，关联交易 8 次，现金流 21 次，合并/分立 79 次，重组/资产/存货计价 43 次，成本/费用 82 次和收入确认 44 次。可以发现，在只有一个原因造成财务报表重述的次数中，因成本/费用和合并/分立原因而进行重述的较多，都超过了 75 次，其他的次数都在 5 次和 50 次之间，分布较分散。

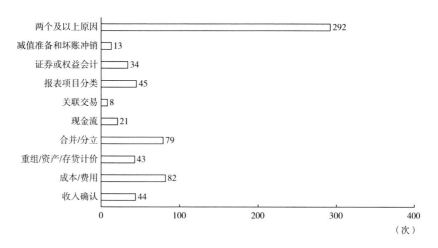

图 4-19　2007~2017 年重述公司错报原因类别分布

三　重述提起者

本章在分析上市公司年报中的财务报表重述更正事项时，发现有些财务报表重述公司在年报中披露了财务报表重述事项是由谁提起的，提起者主要由公司内部和公司外部的组织及其人员构成。公司内部提起者主要指董事会或其他管理高层，而公司外部提起者主要包括财政部门、税务部门、证监会、注册会计师等。

如图 4-20 所示，2002～2006 年的 991 次财务报表重述中，我国超过50%的报表重述在年报的会计报表附注中未披露财务报表重述事项是由谁提起的；由公司内部提起的仅占 13%，由公司外部提起的占 35%。而 2006年 7 月，美国 GAO 发布的《财务重述：最新趋势、市场反应及强制监管行动》披露，2002 年 7 月～2005 年 9 月美国的财务报表重述由公司内部提起的占 58%，由公司外部提起的占 24%，而未知部分仅占 18%（见图 4-21）。这恰好与我国财务报表重述公司在年报的会计报表附注中披露的财务报表重述事项提起者所占的比重相反。这可能与相当一部分财务报表重述公司未按照有关规定详细披露财务报表重述事项和由谁提起有关。

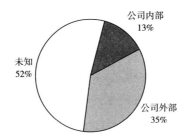

图 4-20　2002～2006 年我国财务报表重述提起者类别

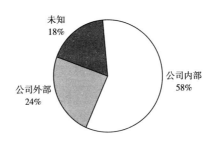

图 4-21　2002 年 7 月～2005 年 9 月美国财务报表重述提起者类别

在对外部提起者的具体结构分析中发现，如图 4-22 所示，在公司外部提起者中，58%是税务部门，表明财务报表重述公司有相当一部分是因少计或漏计税金而被税务部门查处的。例如，海螺型材（000619）在 2006年年报附注中披露：报告期内，根据芜湖市国家税务局稽查局"芜国税稽

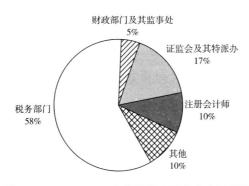

图 4-22　2002~2006 年公司外部提起者主要类别

查税稽处字〔2006〕第 0019 号《税务处理决定书》"和"芜国税稽查税稽账调字〔2006〕第 0018 号《账务调整通知书》"的规定，公司累计补缴 2003~2004 年度的增值税 4423268.53 元。其中，2003 年应补缴增值税 2080049.29 元，2004 年应补缴增值税 2343219.24 元，并进行了重大会计差错追溯调整。由证监会及其特派办提起的占 17%。例如，银河科技（000806）在 2006 年年报附注中披露："2006 年 8 月起，中国证监会广西证监局对我公司进行了立案调查，公司在配合证监局调查的同时，也对公司存在的违规问题进行了认真自查，发现 2004 年，公司虚增销售收入 17943 万元，虚增利润 6913 万元。2005 年，控股子公司北海银河科技电气有限责任公司虚增销售收入 3476 万元、虚增利润 795 万元。"其他提起者的比例均在 10% 及以下（财政部门及其监事处占 5%、注册会计师占 10%、其他占 10%）。其中，由注册会计师提起的主要是会计核算错误。例如，同人华塑（000509）在公司五届十六次董事会决议公告中披露："本公司控股子公司荆州市天歌现代农业有限公司其他应收款中成都汇赢经贸有限公司 6588661.22 元无法函证（中勤万信会计师事务所有限公司勤信审字〔2003〕073 号《审计报告》对该事项予以保留），经本公司清理确认该往来款在 2002 年度已无法收回，该项会计差错的累积影响数为 6172850.81 元，对 2002 年度利润总额的影响为减少利润总额 6259228.16 元。"

2007~2017 年，我国 A 股上市公司发生财务报表重述时，没有与重述提起者相关的信息披露。

四　审计意见

（一）财务报表重述公司审计意见类型结构

如图 4-23 所示，2002~2006 年，除否定意见外，财务报表重述公司的审计意见囊括了会计准则规定的五大审计意见类型。其中，标准无保留意见占 77%，非标准审计意见仅占 23%（带解释性说明无保留意见占 10%，保留意见占 6%，保留意见带说明段和无法表示意见分别占 3% 和 4%）。也就是说，760 多次财务报表重述的公司在更正年度的年报审计意见为"标准无保留意见"，剩余的 230 次左右的公司审计意见为"非标准"。

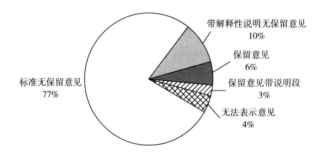

图 4-23　2002~2006 年财务报表重述公司审计意见类型结构

根据 DIB 内部控制与风险管理数据库中的财务报表重述库，2007~2017 年，财务报表重述总次数为 2062 次，但由于存在上市公司对同一年年报进行多次重述，故实际只有 1846 份年报发生财务报表重述。将 DIB 内部控制与风险管理数据库中的财务报表重述库与审计意见库进行匹配，得到 1641 份年报的审计意见，缺少的 205 份主要是由财务报表重述报告和审计意见的统计存在差异造成的。具体来说，财务报表重述报告是按照公告年份统计的，并且其中包含了 2007 年之前的年报，但审计意见是按照差错年来进行统计的，同时只选取了 2007~2017 年发生差错公司的年报，因此剔除了 2007 年之前发生差错的年报以及数据缺失的年报。

如图 4-24 所示，2007~2017 年，除否定意见外，财务报表重述公司的审计意见包括了标准无保留意见、带强调事项段无保留意见、保留意见、无法表示意见 4 种审计意见类型。其中，标准无保留意见占 90.13%，非标准审计意见仅占 9.87%（带强调事项段无保留意见占 6.89%，保留意见占 1.89%，无法表示意见占 1.10%）。也就是说，1479 份年报的公司审计意见为"标准"，剩余的 162 份公司审计意见为"非标准"。这与 2002~2006 年相比，标准无保留意见占比增加了 13.13% 左右，保留意见占比由原来的 6% 下降到不足 2%，无法表示意见由原来的 4% 下降到 1% 左右，变化较大。

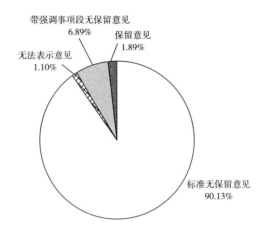

图 4-24 2007~2017 年财务报表重述公司审计意见类型的结构

（二）标准与非标准审计意见的比重按年份分布

2002~2006 年，从按财务报表重述公司在发生差错当年的审计意见类型是否"标准"的划分情况来看，2005 年和 2006 年非标准审计意见的财务报表重述公司所占比重较大，基本维持在 25% 以上（2005 年为 26.01%，2006 年为 30.19%）（见图 4-25）。与前后年对比，2003 年的非标准审计意见比例变化显得尤为突出，与 2002 年相比，2003 年下降了近 50%，而到 2004 年又反弹了 85% 左右，2002 年与 2004 年的非标准审计意见比例相当（2002 年为 24.48%，2004 为 24.09%）。但是，从整体上看，自 2003 年起，非标准审计意见的比重呈现上升趋势。这可能与监管部门加大查处力度和外部审计质量不断提高有关。

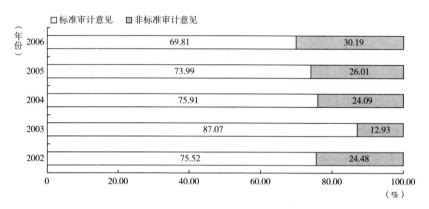

图 4-25　2002~2006 年标准与非标准审计意见的比重按年份分布

2007~2017 年，从按财务报表重述公司在发生差错当年的审计意见类型是否"标准"的划分情况来看，在这 11 年中非标准审计意见的财务报表重述公司所占比重维持在 [4%，17%] 这个区间内（见图 4-26）。在 2011 年，非标准审计意见的财务报表重述公司占其总数的比例最高，为 14.00%；而在 2012 年，非标准审计意见的财务报表重述公司占其总数的比例最低，为 6.73%。在 2010 年随后的 5 年里该比例呈有升有降的趋势，到 2015 年上升到 12.79%，到 2016 年又下降到 9.77%。因统计截止日期为 2017 年 12 月 31 日，2017 年发生差错的年报还未进行重述，只对已有的一个数据进行了统计。

（三）非标准审计意见类型结构

2002~2006 年，从非标准审计意见类型结构来看，如图 4-27 所示，A 股财务报表重述公司的非标准审计意见类型主要由带解释性说明无保留意见、保留意见、带强调事项段无保留意见及无法表示意见构成。从它们的具体结构来看，各年间它们各自的发生数起伏变化相当大。比如，与 2004 年相比，2005 年各类非标准审计意见的发生数均发生较大变化，但是除带解释性说明无保留意见的发生数下降了 50% 外，其余 3 类非标准审计意见数量都发生了 1 倍左右的增加。而 2006 年恰好与 2005 年相反，保留意见、带强调事项段无保留意见及无法表示意见的发生数都有所下降，只有带解

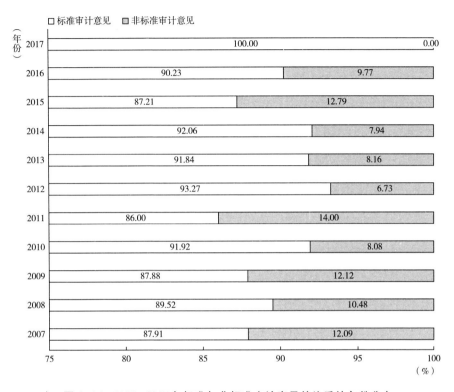

图 4-26　2007~2017 年标准与非标准审计意见的比重按年份分布

释性说明无保留意见的数量上升。2006 年，保留意见、带强调事项段无保留意见及无法表示意见的发生数变化幅度比 2005 年的略小，而带解释性说明无保留意见的发生数增加近 2 倍。总体而言，2005 年、2006 年非标准审计意见的发生数较为接近。

2007~2017 年，从非标准审计意见类型结构来看，如图 4-28 所示，A股财务报表重述公司的非标准审计意见类型主要由带强调事项段无保留意见、保留意见及无法表示意见构成。从它们的具体结构来看，带强调事项段无保留意见和保留意见的发生数在某几年起伏变化相对较大。比如，与2007 年相比，2008 年带强调事项段无保留意见的发生数下降了 55% 左右；相比 2014 年，2015 年带强调事项段无保留意见的发生数上升了 2 倍多。对于保留意见的发生数，起伏较大的是 2013 年，与 2012 年的 1 次相比，2013 年上升到了 7 次。相比 2007 年，2008 年非标准审计意见的发生数下

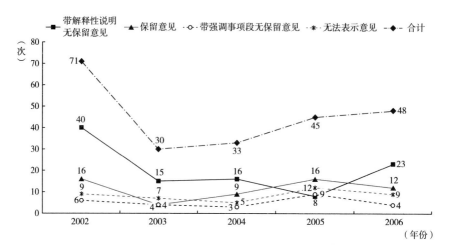

图 4-27　2002~2006 年非标准审计意见的发生数按年份分布

降到 13 次，这主要是因为带强调事项段无保留意见的发生数减少；而非标准审计意见的发生数由 2012 年的 15 次上升到 2013 年的 20 次，则主要是因为保留意见的发生数增多。

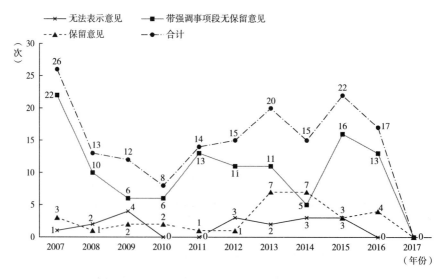

图 4-28　2007~2017 年非标准审计意见的发生数按年份分布

众所周知，非标准审计意见中各种意见类型的严重程度不同，审计报告的性质也不一样。非标准审计意见按严重程度由轻到重依次为带解释性说明无保留意见、保留意见、带强调事项段无保留意见、无法表示意见、否定意见。由表 4-1 可知，在 2002 年、2004 年、2006 年，财务报表重述公司在发生差错当年年报的审计意见为带解释性说明无保留意见的数量所占比重均维持在 10% 以上，而 2003 年为 6.47%，2005 年甚至仅占 4.62%。另外，2005年性质更为严重的审计意见占了较大的比重。但与 2002~2006 年对比，如表4-2 所示，2007~2017 年进行财务报表重述的公司年报审计意见为非标准审计意见的比重有所降低，在这 11 年中，2007 年、2009 年、2011 年和 2015 年财务报表重述年度的年报审计意见为非标准审计意见的比重较高，维持在12%~14%，但这依然要小于 2002~2006 年财务报表重述公司在发生差错当年年报审计意见为非标准审计意见的大多数年份。

表 4-1 2002~2006 年财务报表重述上市公司年报审计意见分类汇总

单位：次，%

年份	标准无保留意见		非标准无保留意见											
			带解释性说明无保留意见		保留意见		带强调事项段无保留意见		无法表示意见		否定意见		小计	
	数量	比例	数量	比例	数量	比例	数量	比例	数量	比例	数量	比例	数量	比例
2002	219	75.52	40	13.79	16	5.52	6	2.07	9	3.10	0	0	71	24.48
2003	202	87.07	15	6.47	4	1.72	4	1.72	7	3.02	0	0	30	12.93
2004	104	75.91	16	11.68	9	6.57	3	2.19	5	3.65	0	0	33	24.09
2005	128	73.99	8	4.62	16	9.25	9	5.20	12	6.94	0	0	45	26.01
2006	111	69.81	23	14.47	12	7.55	4	2.51	9	5.66	0	0	48	30.19

表 4-2 2007~2017 年财务报表重述上市公司年报审计意见分类汇总

单位：次，%

年份	标准无保留意见		非标准无保留意见									
			带强调事项段无保留意见		保留意见		无法表示意见		否定意见		小计	
	数量	比例	数量	比例	数量	比例	数量	比例	数量	比例	数量	比例
2007	189	87.91	22	10.23	3	1.40	1	0.47	0	0	26	12.09
2008	111	89.52	10	8.06	1	0.81	2	1.61	0	0	12	10.48

续表

年份	标准无保留意见		非标准无保留意见									
			带强调事项段无保留意见		保留意见		无法表示意见		否定意见		小计	
	数量	比例	数量	比例	数量	比例	数量	比例	数量	比例	数量	比例
2009	87	87.88	6	6.06	2	2.02	4	4.04	0	0	13	12.12
2010	91	91.92	6	6.06	2	2.02	0	0	0	0	8	8.08
2011	86	86.00	13	13.00	1	1.00	0	0	0	0	14	14.00
2012	208	93.27	22	4.93	1	0.45	3	1.35	0	0	15	6.73
2013	225	91.84	11	4.49	7	2.86	2	0.82	0	0	20	8.16
2014	174	92.06	5	2.65	7	3.70	3	1.59	0	0	15	7.94
2015	150	87.21	16	9.30	3	1.74	3	1.74	0	0	22	12.79
2016	157	90.23	13	7.47	4	2.30	0	0	0	0	17	9.77
2017	1	100.00	0	0	0	0	0	0	0	0	0	0

五 行业类别

表4-3和图4-29主要统计了2002～2006年财务报表重述次数的行业分布及其每个行业财务报表重述次数在总财务报表重述次数中所占的比重。其中，制造业——机械、设备、仪表和石油、化学、塑胶、塑料以及综合类占总财务报表重述次数的比例居于前三，分别为17.46%、11.20%、11.20%。所占比重最小的行业是制造业——木材、家具（0.30%），其次是金融、保险业（0.40%）和传播与文化产业（0.81%）。其他行业财务报表重述次数占财务报表重述总次数的比重主要为1%～8%，如农、林、牧、渔业（3.53%），采掘业（1.01%），制造业——食品、饮料（4.64%），制造业——纺织、服装、皮毛（2.62%），制造业——造纸、印刷（1.51%），制造业——电子（2.83%），建筑业（2.32%），交通运输、仓储业（2.62%），房地产业（3.43%），社会服务业（1.92%）。此外，本节还分析了2002～2006年每个行业财务报表重述次数占财务报表重述总次数的比重分布（见图4-28）。其中，C类（制造业）重述次数高达550次，占财务报表重述总次数的比重为55.50%；其次是M类（综合类）占11.20%；再次是H类（批发和零售贸易）占6.46%，G类（信息技术

业）占5.75%，D类（电力、煤气及水的生产和供应业）占5.05%；其余的主要集中在5%以下，I类（金融、保险业）、L类（传播与文化产业）均低于1.00%。

表4-3　2002~2006年不同行业财务报表重述公司的重述次数及占比

单位：次，%

行业类别		2002年	2003年	2004年	2005年	2006年	合计	占总重述次数的比重
A. 农、林、牧、渔业		12	7	4	7	5	35	3.53
B. 采掘业		7	2	1	0	0	10	1.01
C. 制造业	C1. 食品、饮料	11	11	7	8	9	46	4.64
	C2. 纺织、服装、皮毛	7	8	3	4	4	26	2.62
	C3. 木材、家具	0	1	0	1	1	3	0.30
	C4. 造纸、印刷	6	3	1	2	3	15	1.51
	C5. 石油、化学、塑胶、塑料	42	23	12	17	17	111	11.20
	C6. 电子	12	7	5	1	3	28	2.83
	C7. 金属、非金属	22	20	8	12	12	74	7.47
	C8. 机械、设备、仪表	38	37	24	36	38	173	17.46
	C9. 医药、生物制品	18	12	12	11	11	64	6.46
	C10. 其他制造业	2	2	1	3	2	10	1.01
D. 电力、煤气及水的生产和供应业		11	9	7	16	7	50	5.05
E. 建筑业		7	4	4	4	4	23	2.32
F. 交通运输、仓储业		11	7	3	2	3	26	2.62
G. 信息技术业		12	14	9	12	10	57	5.75
H. 批发和零售贸易		15	19	10	12	8	64	6.46
I. 金融、保险业		1	0	1	1	1	4	0.40
J. 房地产业		10	9	7	6	2	34	3.43
K. 社会服务业		7	8	2	1	1	19	1.92
L. 传播与文化产业		3	1	2	2	0	8	0.81
M. 综合类		36	28	14	15	18	111	11.20

资料来源：中国证券监督管理委员会网站（http://www.csrc.gov.cn/pub/newsite/）公布的《上市公司按地区、行业分类统计表（200704）》。

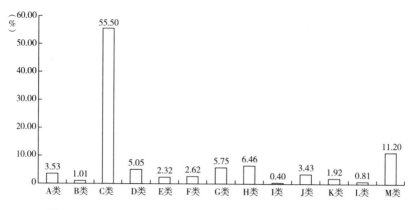

图 4-29　2002~2006 年各类行业中财务报表重述次数所占比重

表 4-4 和图 4-30 主要统计了 2007~2017 年财务报表重述次数的行业分布及其每个行业财务报表重述次数在总财务报表重述次数中所占的比重。其中，制造业——石油、化学、塑胶、塑料和机械、设备、仪表以及房地产业报表重述次数占财务报表重述总次数的比例居于前三，分别为 9.31%、9.17%、8.05%；所占比重最小的行业是教育（0.10%），其次是卫生（0.29%）和制造业——其他（0.48%）。其他行业财务报表重述次数占财务报表重述总次数的比重主要为 1%~8%，如农、林、牧、渔业（1.79%），制造业——食品、饮料（4.80%），制造业——纺织、服装、皮毛（3.15%），制造业——电子（5.97%），制造业——运输设备（4.61%）等。此外，本节还分析了每个行业财务报表重述次数占财务报表重述总次数的比重分布（见图 4-30）。其中，C 类（制造业）重述次数高达 1049 次，占财务报表重述总次数的比重为 50.87%；J 类（房地产业）其次，占 8.05%；再次是 H 类（批发和零售业）占 6.74%、D 类（电力、热力、燃气及水的生产和供应业）占 5.33%；其余的主要集中在 5% 及以下，M 类（教育）、N 类（卫生）、R 类（社会服务业）均低于 1.00%。

表4-4 2007~2017年不同行业财务报表重述公司的重述次数及占比

单位：次，%

行业类别		2007年	2008年	2009年	2010年	2011年	2012年	2013年	2014年	2015年	2016年	2017年	合计	占总重述次数的比重
A. 农、林、牧、渔业		2	3	0	2	1	1	0	3	4	12	9	37	1.79
B. 采矿业		3	9	4	8	5	5	9	21	12	11	16	103	5.00
C. 制造业	C1. 食品、饮料	6	12	8	4	4	6	14	13	8	14	10	99	4.80
	C2. 纺织、服装、皮毛	1	5	4	0	1	2	7	4	14	10	17	65	3.15
	C3. 木材、家具	2	1	0	1	2	2	0	1	1	1	0	11	0.53
	C4. 造纸、印刷	0	3	0	0	1	0	6	3	2	1	2	18	0.87
	C5. 石油、化学、塑胶、塑料	8	19	11	7	10	14	24	25	14	25	35	192	9.31
	C6. 电子	12	20	12	2	4	10	8	12	21	11	11	123	5.97
	C7. 金属、非金属	4	17	10	9	5	3	11	27	24	26	23	159	7.71
	C8. 机械、设备、仪表	12	18	12	12	14	12	24	24	28	10	23	189	9.17
	C9. 运输设备	2	13	7	3	9	6	3	8	8	13	23	95	4.61
	C10. 医药	4	11	6	5	3	3	12	11	13	8	12	88	4.27
	C11. 其他	0	1	0	0	1	0	1	2	2	0	3	10	0.48
D. 电力、热力、燃气及水的生产和供应业		9	8	12	8	7	3	6	17	22	8	10	110	5.33
E. 建筑业		3	9	8	5	0	1	4	5	3	6	21	65	3.15
F. 交通运输、仓储业		5	11	11	5	1	0	7	6	6	8	3	63	3.06
G. 信息传输、软件和信息技术服务业		3	2	3	1	4	4	9	11	12	7	17	73	3.54
H. 批发和零售业		10	19	8	10	5	3	16	21	20	10	17	139	6.74
I. 金融业		3	11	1	6	7	6	11	17	9	6	12	89	4.32
J. 房地产业		10	26	10	7	9	3	9	21	19	19	33	166	8.05
K. 租赁和商务服务业		2	5	1	4	1	1	2	5	4	2	4	31	1.50
L. 水利、环境和公共设施管理业		3	6	3	3	1	2	4	4	4	1	4	35	1.70
M. 教育		0	0	0	1	0	0	1	0	0	0	0	2	0.10
N. 卫生		0	1	0	0	0	1	1	2	0	0	1	6	0.29
O. 文化、体育和娱乐业		4	8	0	0	4	8	5	5	6	1	4	45	2.18
R. 社会服务业		0	0	0	1	0	1	2	2	2	3	2	14	0.68
S. 综合类		1	6	6	4	0	2	1	4	3	5	3	35	1.70

资料来源：参考中国证券监督管理委员会网站（http://www.csrc.gov.cn/pub/newsite/）2012年10月公布的《上市公司行业分类指引》。

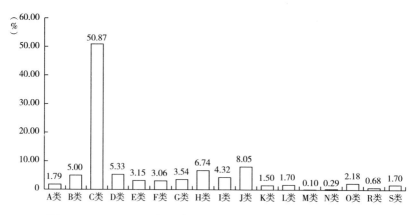

图 4-30　2007~2017 年各类行业中财务报表重述次数所占比重

综合上述数据可知，2002~2006 年，C 类（制造业）是发生财务报表重述次数最多的行业，且其在财务报表重述总次数中的占比也是最大的。2007~2017 年，C 类（制造业）仍是发生财务报表重述次数最多的行业，且其在财务报表重述总次数中的占比也是最大的，达到 50.87%。而相比2002~2006 年，B 类（采矿业）、I 类（金融业）、J 类（房地产业）在2007~2017 年占财务报表重述总次数的比重有了较大幅度的增加，其他行业则是出现较小幅度的增加或减少。

六　地域特征

本部分主要分析了财务报表重述次数的地域特征，对每个地区的财务报表重述次数占总重述次数的比重进行了统计，并按照各省（区、市）经济发达程度差异划分为五大类。① 如表 4-5 所示，2002~2006 年财务报表重述次数占总重述次数比重最大的省（区、市）是广东省，为 11.30%；其次是上海市，为 6.66%；湖北省和辽宁省分别位于第三和第四，比重分别为 5.85% 和 5.55%；比重相对较小的省（区、市）依次为青海省、贵州省、西藏自治区，分别为 0.81%、0.71%、0.61%；其余多分布于（1%，5%）区间内。

---

① 李爽、吴溪：《审计定价研究：中国证券市场的初步证据》，中国财政经济出版社，2004。

表 4-5　2002~2006 年不同地区财务报表重述公司的重述次数及占比

单位：次，%

类别	地区	2002 年	2003 年	2004 年	2005 年	2006 年	合计	占总重述次数的比重
I 类	上海	24	8	10	14	10	66	6.66
	北京	13	12	6	7	5	43	4.34
	天津	7	3	1	2	2	15	1.51
	广东	32	29	18	17	16	112	11.30
	浙江	11	11	10	11	9	52	5.25
II 类	福建	14	18	4	7	8	51	5.15
	江苏	7	11	8	8	8	42	4.24
	山东	14	13	4	5	6	42	4.24
	辽宁	17	16	9	7	6	55	5.55
III 类	黑龙江	8	4	1	6	4	23	2.32
	吉林	11	10	2	0	6	29	2.93
	新疆	8	7	6	7	3	31	3.13
	海南	12	5	4	2	4	27	2.72
	湖北	19	13	11	10	5	58	5.85
	河北	6	6	2	4	7	25	2.52
IV 类	安徽	5	3	0	5	6	19	1.92
	四川	11	14	4	8	6	43	4.34
	广西	4	4	3	6	6	23	2.32
	重庆	9	9	3	2	5	28	2.83
	湖南	4	6	8	10	11	39	3.94
	江西	8	3	2	5	4	22	2.22
	内蒙古	5	2	2	2	2	13	1.31
	河南	6	5	4	3	2	20	2.02
	山西	9	2	1	2	2	16	1.61
	云南	4	3	2	5	3	17	1.72
	西藏	2	1	0	2	1	6	0.61
V 类	贵州	5	0	1	0	1	7	0.71
	青海	2	3	1	1	1	8	0.81
	甘肃	8	4	3	7	4	26	2.62
	宁夏	2	3	1	2	2	10	1.01
	陕西	3	4	6	6	4	23	2.32

注：分类标准是按照各省（区、市）经济发达程度差异划分：I 类为上海、北京、天津、广东、浙江；II 类为福建、江苏、山东、辽宁；III 类为黑龙江、吉林、新疆、海南、湖北、河北；IV 类为安徽、四川、广西、重庆、湖南、江西、内蒙古、河南、山西、云南、西藏；V 类为贵州、青海、甘肃、宁夏、陕西。

资料来源：中国证券监督管理委员会网站（http：//www.csrc.gov.cn/pub/newsite/）公布的《上市公司按地区、行业分类统计表（200704）》。

表4-6 则是对 2007~2017 年财务报表重述次数的地域特征以及每个地区的财务报表重述次数占总重述次数的比重进行的统计。其中，财务报表重述次数占总重述次数比例最大的省（区、市）是广东省，为 8.92%；其次是北京市，为 8.29%；上海市位于第三，占比 6.84%；湖北省和山东省则分别位于第四和第五，占比为 5.77% 和 5.63%；比例相对较小的省（区、市）依次为西藏自治区、江西省和贵州省，占比分别为 0.58%、0.68% 和 0.92%。

表 4-6　2007~2017 年不同地区财务报表重述公司的重述次数及占比

单位：次，%

类别	地区	2007年	2008年	2009年	2010年	2011年	2012年	2013年	2014年	2015年	2016年	2017年	合计	占总重述次数的比重
I类	北京	6	22	11	14	10	10	8	19	28	14	29	171	8.29
	广东	10	26	18	7	11	9	17	20	17	20	29	184	8.92
	上海	7	24	8	7	3	9	12	19	15	6	31	141	6.84
	天津	6	9	4	0	0	1	4	4	11	2	4	45	2.18
	浙江	7	14	5	9	8	5	15	8	13	12	19	115	5.58
II类	江苏	10	15	6	3	3	6	11	18	16	5	5	98	4.75
	辽宁	3	7	0	3	1	0	2	7	18	9	6	56	2.72
	福建	11	9	2	3	4	1	1	5	7	7	8	58	2.81
	山东	6	12	13	5	7	3	17	18	12	6	17	116	5.63
III类	海南	0	3	3	1	1	1	8	5	9	7	3	41	1.99
	河北	7	6	3	1	3	0	3	4	3	1	3	34	1.65
	黑龙江	3	6	4	4	3	2	2	7	10	3	14	58	2.81
	湖北	8	10	6	10	12	7	20	16	10	7	13	119	5.77
	吉林	2	6	4	1	2	7	10	8	4	9	11	64	3.10
	新疆	0	2	4	2	0	6	7	7	10	7	6	53	2.57
IV类	安徽	2	12	4	1	4	2	12	12	4	9	8	70	3.39
	广西	7	6	4	1	1	2	3	7	11	9	8	59	2.86
	河南	0	5	4	3	3	3	6	7	11	7	0	49	2.38
	湖南	2	3	8	3	1	2	5	15	11	3	1	54	2.62
	内蒙古	0	5	1	1	1	5	3	1	4	3	6	30	1.45
	山西	0	1	2	7	3	4	5	7	2	4	11	46	2.23
	四川	4	9	9	6	2	6	7	20	8	26	14	111	5.38
	重庆	2	5	5	4	5	4	8	13	7	10	11	74	3.59
	江西	0	1	0	2	3	2	0	2	1	0	5	14	0.68
	西藏	0	2	1	0	1	0	0	0	2	1	5	12	0.58
	云南	0	2	1	0	3	0	3	4	7	4	5	29	1.41

续表

类别	地区	2007年	2008年	2009年	2010年	2011年	2012年	2013年	2014年	2015年	2016年	2017年	合计	占总重述次数的比例
V类	甘肃	2	7	1	4	2	0	4	3	0	6	14	43	2.09
	贵州	2	2	4	0	2	1	1	0	2	1	4	19	0.92
	宁夏	0	3	1	0	1	1	5	1	2	5	14	33	1.60
	青海	0	3	0	2	0	1	1	8	2	5	1	23	1.12
	陕西	2	7	2	3	2	1	6	8	5	5	2	43	2.09

资料来源：上海证券交易所网站（http://www.sse.com.cn/home/）公布的《上海证券交易所统计年鉴（2017卷）》。

　　综合来看，2002～2006年，广东省和湖北省发生财务报表重述次数占总重述次数的比重都较高，而贵州省和西藏自治区发生财务报表重述次数占总重述次数的比重都较低，且大多数省（区、市）发生财务报表重述次数占总重述次数的比重多分布于（1%，5%）区间内。2007～2017年，湖北省发生财务报表重述次数占总重述次数的比重依然较高，而贵州省和西藏自治区发生财务报表重述次数占总重述次数的比重依然较低，并且大多数省（区、市）发生财务报表重述次数占总重述次数的比重也多分布于（1%，5%）区间内。

　　再从各类地域中财务报表重述次数占重述总次数的比重来看，2002～2006年，Ⅰ类位于首位，所占比重为29.06%；其次是Ⅳ类，占比24.82%；Ⅲ类则位列第3，占比19.48%；最少的是V类，占比7.47%（见图4-31）。2007～2017年（见图4-32），仍是Ⅰ类、Ⅳ类、Ⅲ类位于

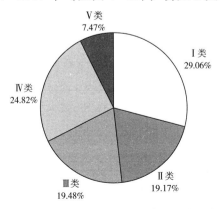

图4-31　2002～2006年各类地域中财务报表重述次数占总次数的比重

前三，分别占比 31.81%、26.58%、17.89%，Ⅴ类最少，占比 7.81%，主要原因是Ⅰ类、Ⅳ类地区上市公司总数明显高于Ⅱ类、Ⅲ类和Ⅴ类地区。

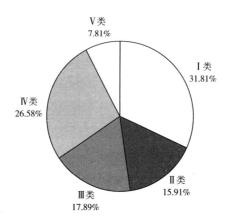

图 4-32　2007~2017 年各类地域中财务报表重述次数占总次数的比重

七　重述信息披露质量

众所周知，大多数财务报表重述报告重述年份和年报披露年份并不一致，而是按照有关规定对前期差错事项进行更正。也就是说，财务报表重述报告披露当年一般是该事项的更正年或重述年，而事项的发生当年称为差错年。于是，有必要针对这两个特殊时期对上述有关描述性统计进行进一步具体分析。2002~2006 年，研究发现相当一部分上市公司的财务报表重述信息披露质量不高，主要表现在差错的发生年、原因以及财务影响等表述模糊，难以确定。但由于 2007 年以后，发生财务报表重述的公司均阐述了差错发生年和重述日期，不再存在财务表述模糊情况，故在 2007~2017 年只对财务报表重述时间维度进行统计，即在发生差错的当期就进行财务报表重述的称为当期重述，在发生差错的以后年度进行财务报表重述的称为滞后重述。分析发现，发生差错后在当期就进行财务报表重述的比例呈现先下降后上升的趋势，而在以后年度才进行财务报表重述的比例则呈现先上升后下降的趋势。

如图 4-33 所示，2002~2006 年，将近 1/3 的上市公司财务报表重述事项的差错年无法确定。其中，每年都有上市公司披露其财务报表重述事项的差错年为以前年度，但并未说明究竟是哪一年。披露差错年为以前年度的比例分别为：2002 年为 25.17%、2003 年为 24.57%、2004 年为 14.60%、2005 年为 12.72%、2006 年为 24.53%。例如，*ST 科健（000035）在 2006 年年报附注披露：根据本年度关联方还款的情况，公司发现以前年度多计提对深圳市科健医电投资发展有限公司、江苏中桥百合通讯产品销售有限责任公司、深圳市科健营销有限公司、科健信息科技有限公司、江苏中科健通讯产品销售有限公司、深圳市凯士高科技有限公司、深圳市万达电子技术服务有限公司应收款项的坏账准备 30981331.43 元。上述会计差错更正的累积影响数为 30981331.43 元；调增了 2005 年度净利润 14720759.80 元，调增了 2004 年度净利润 16260571.63 元；调增了 2006 年年初留存收益 30981331.43 元，均为调增未分配利润；利润及利润分配表上年数栏的年初未分配利润调增了 16260571.63 元；调减了 2005 年末坏账准备 30981331.43 元，调减了 2004 年末坏账准备 16260571.63 元。另外，部分上市公司甚至未提及会计差错事项的发生年，其各年的比例分别为：2002 年为 5.17%、2003 年为 15.52%、2004 年为 8.76%、2005 年为 6.36%、2006 年为 13.21%。例如，秦川发展（000837）在 2004 年年报附注中披露："根据本公司与大股东中国蓝星（集团）总公司签订的协议，本公司 2004 年收到其偿还的资金 66174783.42 元，应冲减其他应收款，但误冲减应收账款。本年本公司对此进行了追溯调整。"

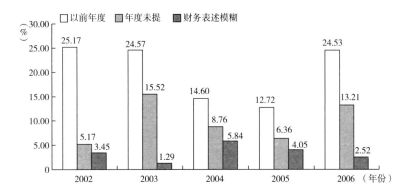

图 4-33　2002~2006 年会计差错的发生年及其财务数据
更正表述模糊的公司所占比重

除了上述事项的差错（含重大会计差错）存在不确定性外，还有数十家上市公司会计差错（含重大会计差错）更正的财务信息也存在不确定性，其每年占发生会计差错（含重大会计差错）公司数的比重分别为：2002 年为 3.45%、2003 年为 1.29%、2004 年为 5.84%、2005 年为 4.05%、2006 年为 2.52%。例如，莲花味精（600186）在 2005 年年报附注中披露："根据周口市国家税务局处理决定，本公司下属子公司河南莲花面粉有限公司（以下简称"面粉公司"）补缴了 2003 年增值税款 1829600.00 元。根据周口市地方税务局处理决定，面粉公司补缴了 2003 地税 565497.21 元。上述纳税事项会计差错，已采用追溯调整法，调整了 2005 年年初留存收益及相关项目的年初数；利润表及利润分配表的上年数已按调整后的数字填列。由于追溯调整，调减了 2004 年度的年初留存收益及相关项目的年初数；利润表及利润分配表的上年数已按调整后的数字填列。"

由图 4-34 可知，2007~2017 年，发生会计差错后在当期就进行财务报表重述的比例整体上呈现下降的趋势，但总体来说占比较大，占比均在 70% 以上。除 2007 年当期重述占比为 79.82% 外，2008~2017 年占比从 95.08% 下降至 71.29%，其间在 2012~2013 年下降比例最大，达 23.94 个百分点。相反，发生会计差错后在以后年度才进行财务报表重述的比例呈现整体上升的趋势，从 2008 年的 4.92% 逐渐上升到 2017 年的 28.71%，2007 年为 20.18%，整体上占比较低，最低为 2012 年的 2.02%。

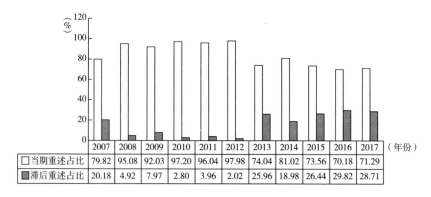

（%）	2007	2008	2009	2010	2011	2012	2013	2014	2015	2016	2017 （年份）
□ 当期重述占比	79.82	95.08	92.03	97.20	96.04	97.98	74.04	81.02	73.56	70.18	71.29
■ 滞后重述占比	20.18	4.92	7.97	2.80	3.96	2.02	25.96	18.98	26.44	29.82	28.71

图 4-34　2007~2017 年财务报表重述时间维度数据统计

八　重述方向

2002~2006 年，根据年报附注中披露的会计差错对盈余①的影响进行分析，更正年会计差错公司调减相关盈余，表明差错年有高报盈余的嫌疑，可能存在强烈的盈余管理动机。太原刚玉（000795）在 2002 年年报附注中披露：由于会计差错的调整，调减了 2001 年度的净利润 3800000 元，调减了 2002 年年初留存收益 5160000 元，其中，未分配利润调减了 4386000 元，盈余公积调减了 774000 元。

相反，更正年会计差错公司调增相关盈余，表明差错年有低报盈余的嫌疑。例如，川化股份（000155）在 2002 年年报附注中披露：公司 2002 年以前由于对固定资产未设明细账核算，造成部分逾龄固定资产继续计提折旧现象，同时按大类计提累计折旧造成固定资产原值分类不准确，受以上原因影响，计提的累计折旧存在一定差异。2002 年度公司对其固定资产及累计折旧进行了彻底清理，固定资产实现了微机管理，对固定资产分类情况进行了调整，按单台单件固定资产计提折旧。按清理结果，对以前年度折旧计提差异进行了追溯调整。上述会计差错更正后调减本公司 2001 年 12 月 31 日累计折旧 31031943.21 元，调增 2001 年 12 月 31 日留存收益 20791401.95 元，调增 2001 年 12 月 31 日应交税金——企业所得税 10240541.26 元；其中调增 2001 年度净利润 2186002.73 元，补提所得税 1345859.89 元，补提 2001 年两金 546500.68 元，调减 2001 年 1 月 1 日累计折旧 26953579.91 元，调增 2001 年 1 月 1 日期初留存收益 18058898.54 元，调增 2001 年 1 月 1 日应交税金——企业所得税 8894681.37 元。

此外，也有一部分会计差错公司的会计差错事项未对盈余产生影响。例如，东方明珠（600832）在 2006 年年报附注中披露：经公司对下属全资子公司——上海东方明珠进出口有限公司 2005 年度的销售情况进行核查后发现，该子公司 2005 年度部分主营业务收入不属于销售商品的收入，故公司对上述会计差错进行了追溯调整。该追溯调整事项导致公司合并利润

---

① 这里所指的盈余是指留存收益，主要包括未分配利润和盈余公积。参见王霞、张为国《财务重述与独立审计质量》，《审计研究》2005 年第 3 期，第 56~61 页。

表 2005 年度的主营业务收入合计减少 42625367.69 元、主营业务成本合计减少 42428632.85 元、其他业务利润合计增加 196734.84 元，利润总额保持不变。

剔除会计差错对盈余影响表述模糊的部分，本章将会计差错公司按其更正年会计差错更正信息披露的有关盈余调整方向进行统计分布。如图 4-35 所示，73% 的会计差错公司在其会计差错事项中高报盈余，低报盈余的仅占 15%，另外有 12% 的会计差错公司在其会计差错事项中未对盈余产生影响。

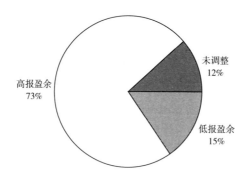

图 4-35　2002~2006 年财务报表重述公司盈余调整方向分布

通过手工收集获得 2007~2017 年 A 股上市公司年度财务报表附注中的前期差错调整金额，其中对留存收益的前期差错额进行调整的报告有 655 份，留存收益的"前期差错更正额"变化表明差错年有高（低）报盈余的嫌疑，可能存在强烈的盈余动机。对留存收益的前期差错额调减高报盈余的报告有 436 份，占比 66.56%；调增低报盈余的报告有 219 份，占比 33.43%（见图 4-36）。例如，中银绒业（000982）2016 年本期盈余公积期初数与上年期末数的差异为因前期会计差错更正冲减以前年度计提的法定盈余公积 44909387.34 元；对未分配利润的前期差错调整额为 -404184486.10 元，2016 年对其 2015 年的留存收益调整额为 -449093873.44 元，即 2016 年该公司高报盈余。蓝丰生化（002513）2017 年对 2016 年的盈余公积前期差错额调增 847219.04 元；对未分配利润的前期差错额调增 4827144.61 元，该报告对其留存收益的调整额为 -1078004000 元，即 2016 年该公司低报盈余。

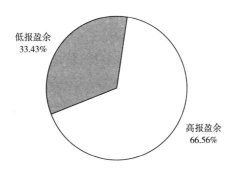

低报盈余
33.43%

高报盈余
66.56%

图 4-36　2007~2017 年财务报表重述公司盈余调整方向分布

九　注册会计师更换

针对差错年与更正年这两个特殊时期，在考虑注册会计师更换问题时，本章侧重考察了会计差错公司在差错年与更正年的注册会计师是否发生变更。① 如图 4-37 所示，2002~2006 年，注册会计师发生变更的会计差错公司约占 34%，将近 66% 的会计差错公司的注册会计师未发生变更。例如，禾嘉股份（600093）的差错年和更正年分别为 2002 年和 2003 年，这两年禾嘉股份的注册会计师未发生变更。华源股份（600094）的差错年和更正年分别为 2001 年和 2005 年，这两年华源股份的注册会计师发生了变更。

2007~2017 年，A 股主板上市公司发生会计差错的公司有 919 家，会计差错公司在差错年与更正年注册会计师发生变更的上市公司有 209 家，占发生会计差错总公司数量的 22.74%；未发生注册会计师变更的公司有 710 家，占比 77.26%（见图 4-38）。2007 年之前注册会计师变更的会计差错公司与之后相比数量呈下降趋势。例如，零七股份（000007.SZ）的差错年和更正年分别是 2015 年和 2017 年，它在 2016 年因前任服务年限较长，将原来的中审国际会计师事务所有限公司更换为中瑞岳华会计师事务

① 对于会计师事务所名称变更、合并及更换会计师事务所而主审注册会计师未变等情况视为注册会计师未发生变更。

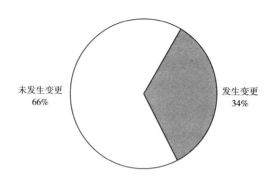

图 4-37　2002~2006 年差错年与更正年注册会计师变更情况

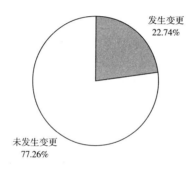

图 4-38　2007~2017 年差错年与更正年注册会计师变更情况

所（特殊普通合伙），且注册会计师发生改变，因此该公司的注册会计师发生了变更；渝三峡 A（000565.SZ）的差错年和更正年分别是 2011 年和 2016 年，它在 2012 年因公司合并或分立，将原来的天健正信会计师事务所有限公司更换为天健会计师事务所（特殊普通合伙），且注册会计师发生改变，因此该公司的注册会计师发生了变更；*ST 京蓝（000711.SZ）的差错年和更正年分别是 2014 年和 2016 年，它在 2015 年因公司总部地址及业务变更和实际控制人变更，将原来的广东正中珠江会计师事务所（特殊普通合伙），更换为中兴财光华会计师事务所（特殊普通合伙）且注册会计师发生改变，因此该公司的注册会计师发生了变更。万科 A（000002.SZ）的差错年和更正年分别是 2015 年和 2017 年，其间注册会计师未发生改变；秦川机床（000837.SZ）的差错年和更正年分别是 2013 年和 2015 年，其间注册会计师未发生改变；浙江东方（600120. SH）的差错年和更正年分别是 2013 年和 2016 年，其间注册会计师未发生改变。

十 本章小结

本章的考察主要有以下发现。

2002~2006 年，我国 A 股会计差错次数共计 991 次（沪市 517 次，深市 474 次），发生会计差错的公司共计 637 家（重述 1 次的公司为 389 家，累计重述 1 次以上的公司为 248 家），各年差错数量变化较大，整体上呈现逐年递减的趋势。2007~2017 年，我国 A 股会计差错次数共计 2062 次（沪市 1222 次，深市 840 次），发生会计差错的公司共计 919 家（重述 1 次的公司为 393 家，累计重述 1 次以上的公司为 526 家），各年会计差错合计次数大体上呈现先减后增的变化趋势。

从重述原因来看，研究发现年报中披露的会计差错事项的原因类别主要集中于税收计提（漏计、误计）、会计核算错误（税收计提除外）、相关政策误用、担保与诉讼及其他等，而且相当一部分涉及数项原因。2002~2006 年，错报原因中成本、费用、税收及资产减值准备的占比都在 10% 以上，位于首位的是税收，占 28.13%；费用在所有差错原因中占到 10.64%，其中财务和管理费用占 36%、营业费用占 23%、其他费用占 41%。2004 年以后，仅母公司发生会计差错所占的比重呈现递减趋势，而其他主体所占的比重却呈现递增趋势。2007~2017 年，根据从 DIB 内部控制与风险管理数据库获取的财务报表重述数据，与 2007 年之前相比，其重述原因不仅是单项而且存在多项。2007~2017 年，会计差错发生主体是非母公司的比重非常高，各年非母公司比重均高于 83%，可知其会计差错发生主体主要分布在其分公司、子公司及合营、联营公司中。

从重述的提起者来看，2002~2006 年 991 次会计差错中，超过 50% 的差错在年报的会计报表附注中未披露会计差错事项由谁提起；由公司内部提起的仅占 13%，由公司外部提起的占 35%。2007 年之后，财务报表重述未涉及提起者，但均有上市公司主动进行财务报表重述。

从重述公司的审计意见来看，2002~2006 年，标准无保留意见占

77%，非标准审计意见仅占 23%（带解释性说明无保留意见占 10%，保留意见占 6%，保留意见带说明段和无法表示意见分别占 3% 和 4%）。760 多次会计差错的公司在更正年度的年报审计意见为"标准无保留意见"，剩余的 230 次左右的公司审计意见为"非标准"。从整体上看，自 2003 年起，非标准审计意见的比重呈现上升趋势。根据 DIB 内部控制与风险管理数据库中的财务报表重述库，2007~2017 年，财务报表重述总次数为 2062次。其中，标准无保留意见占 90.13%，非标准审计意见仅占 9.87%（带强调事项段无保留意见占 6.89%，保留意见占 1.89%，无法表示意见占 1.10%）。这与 2007 年之前相比，标准无保留意见占比增加了 17% 左右，保留意见占比由原来的 6% 下降到不足 2%，无法表示意见由原来的 4% 下降到 1% 左右，变化较大。

从重述公司的行业分布来看，本章主要统计了会计差错公司的行业分布及每个行业会计差错公司的重述次数占总重述次数的比重。2002~2006年，制造业——机械、设备、仪表和石油、化学、塑胶、塑料以及综合类财务报表重述次数占总重述次数的比重均超过 10%，制造业——机械、设备、仪表占比最大，为 17.46%；所占比重最小的行业是制造业——木材家具（0.30%），其次是金融、保险业（0.40%）和传播与文化产业（0.81%）。2007~2017 年，制造业——石油、化学、塑胶、塑料和机械、设备、仪表以及房地产业重述次数占财务报表重述总次数的比例居于前三，分别为 9.31%、9.17%、8.05%；所占比重最小的行业是教育（0.10%），其次是卫生（0.29%）和制造业——其他（0.48%），其他行业财务报表重述次数占重述总次数的比重主要为 1%~8%。

从重述次数的地区分布来看，2007~2017 年，经济发达程度较高的地区由于上市公司的重述次数相对其他经济不太发达地区多得多，该地域会计差错发生数相对更多。但从会计差错公司的重述次数占该区域上市公司重述总数的比重来看，经济发达的 I 类、II 类地区的比重相对不发达地区更低。

从重述信息披露质量来看，相当一部分上市公司的会计差错信息披露质量不高，主要表现为差错的发生年、原因以及财务影响等表述模糊，难以确定。2007 年之后，发生会计差错后在当期就进行财务报表重述的比例整体呈现下降的趋势，而在以后年度才进行财务报表重述的比例则整体呈现上升的趋势。

从重述方向来看，2002～2006 年，73% 的会计差错公司在其会计差错事项中高报盈余，低报盈余的仅占 15%。2007～2017 年，高报盈余的报告占比为 66.56%，低报盈余的报告占比为 33.43%。

在考虑注册会计师更换问题时，本章侧重考察了会计差错公司在差错年与更正年的注册会计师是否发生变更。2002～2006 年，在差错年与更正年的注册会计师发生变更的会计差错公司约占 34%，将近 66% 的会计差错公司的注册会计师未发生变更。2007～2017 年，注册会计师发生变更的会计差错公司数量占比为 22.74%；未发生注册会计师变更的会计差错公司占比为 77.26%。2002～2017 年注册会计师发生变更的会计差错公司数量呈现下降趋势。

第五章

财务报表重述的现实考察之二：
存在问题的分析

一 我国上市公司财务报表重述存在的问题

（一） 重述制度不完善、报表重述信息披露滞后

我国对财务报表重述的具体要求缺乏完整的规范，特别是在 2003 年之前。具体来说，就是关于重述的时间、重述的形式等都没有具体的规定。根据证监会 2003 年 12 月 1 日发布的《公开发行证券的公司信息披露编报规则第 19 号——财务信息的更正及相关披露》规定：在年度报告披露之前或于年度报告披露同时以临时公告的形式对重大会计差错更正的情况进行提示性披露。但是在年报附注中披露重大会计差错更正情况的公司却很少同时发布临时公告，以定期报告代替临时报告的现象比较严重。即使在这一规定出台后，发布重大会计差错公告的公司也存在较大的差异，有的公司在发布重大会计差错公告时，也公告重编了差错年度的报表，如湘火炬 A （000549） 2004 年 10 月 27 日发布公告称："根据证监会湖南监管局于 2004 年 5 月 21 日对湘火炬 A 出具的《关于对湘火炬汽车集团股份有限公司限期整改的通知》和中国证监会有关文件要求，湘火炬 A 聘请会计师事务所对有关会计差错事项进行了专项审计。10 月 11 日，湖南开元会计师事务所出具了《关于会计差错更正的专项审计报告》：对国外 MAT 公司

内部购进期末结存存货未实现的内含利润进行了抵销，调减了 2003 年净利润 1994538.55 元，调减了 2003 年年初未分配利润 3200901.42 元。并重新编制了 2003 年年度会计报表及会计报表附注。"① 这应该就是真正意义上的重述，而有的公司却仅以一个公告了之。当然也有相当一部分公司连公告都不发布，只在报表附注中简单地提一句；也有的公司把更正之后的利润表、资产负债表放在公告里。以上原因造成了报表差错的重述形式五花八门，各上市公司自行其是。无论是从了解信息的角度还是从研究的角度而言，这些信息都缺乏可比性，存在阅读困难的问题。从更正差错的时间来看，报表重述信息披露滞后现象严重。有的公司在三年之后才重述三年前的会计差错。

（二）重述金额巨大、利用重大会计差错调节利润较明显

少数公司调整项目繁多，达到七八项，涉及金额上亿元。如草原兴发（000780）2006 年 10 月 31 日公布了会计差错更正公告，对以前年度资产和利润进行调整。公告显示，在 2006 年以前由于重大会计差错累计给公司虚增 13.21 亿元利润和 14.16 亿元净资产。少数上市公司的会计处理明显违背会计准则、制度，涉嫌操纵利润。个别公司在前一年度筹资后，即在第二年度进行重大会计差错调整。在进行重大会计差错追溯调整的公司中，部分公司在管理层变更时，新任管理层否定以前年度由前任管理层做出的某些主观判断性较强的会计处理方法，如资产减值准备的计提比例、方法等，并将其作为重大会计差错追溯调整，以达到调节当年和以前年度利润的目的。大冶特钢（000708）2018 年 4 月新聘任的普华永道中天会计师事务所，在对大冶特钢 2004 年度会计报表审计过程中发现了重大会计差错，并导致其 2002 年、2003 年亏损，2004 年年初累计净亏损约 7 亿元。上述重大会计差错，主要包括 2002 年、2003 年及以前年度应收账款和其他应收款的坏账准备少计提、存货成本高估等。大冶特钢资料显示，其 2002 年度应收账款 8.66 亿元，坏账准备 5743.71 万元，其他应收款 1.48 亿元，净利润 4556.64 万元；2003 年度应收账款 6.55 亿元，坏账准备 8610.37 万元，其

---

① 天晴：《湘火炬更正会计差错》，《深圳商报》2004 年 10 月 27 日，第 B01 版。

他应收款 7847.47 万元，净利润 2483.02 万元。还有的公司一经追溯调整，利润即大幅度缩水。部分上市公司利用会计差错调整以前年度少计的费用、多计的收入或利润，将经营过程中出现的异常情况，或过去发生的一些无法继续掩饰的造假行为以会计差错的形式公开，以此达到掩盖以前年度虚假陈述的目的。重大会计差错追溯调整甚至成了一个调节各年利润的隐蔽手段，上市公司借此可以达到再融资或避免股票被特别处理的目的。

（三）重述错误表述含混不清

重述错误的表述不规范，甚至是含混不清，以至于在收集研究数据时不得不剔除相当一部分表述存在严重问题的数据。具体体现在：①主营业务收入表述不清；②重大会计差错发生的年份表述不清；③差错原因表述不清，如将近 1/3 的上市公司会计差错事项的差错年无法确定，每年都有相当一部分上市公司披露其会计差错事项的差错年为以前年度，但并未说明究竟是哪一年；④重述提起者不明，对于重述提起者的情况，上市公司应该是知情的，但 52% 的上市公司未披露重述提起者，这不利于投资者了解重述的具体情况。

（四）审计意见模糊、不准确

初次审计意见表述不清晰、不明确，甚至以对具体事项的描述来代替实质性判断。如个别注册会计师倾向于大量罗列财务指标，既不利于阅读又难以突出其发表意见的真实意图。审计意见含混不清在一定程度上也纵容了上市公司滥用会计差错更正来追溯调整以前年度的财务数据。另外，还表现为审计意见的类型不当，个别审计意见存在以解释性说明代替保留意见、以保留意见或无法表示意见代替否定意见的情况。

在 2002 年年报中，共有 71 家上市公司被出具了保留意见、无法表示意见、带解释性说明无保留意见审计报告，占公布年报上市公司总数的 24.48%。其中，被出具带解释性说明无保留意见审计报告的有 40 家，被出具保留意见审计报告的有 16 家，被出具无法表示意见审计报告的有 9 家，被出具带强调事项段无保留意见审计报告的有 6 家。同时，对以前年度重大会计差错追溯调整的上市公司数量呈逐年上升的趋势，2002 年已增加到 225

家。而在 2016 年年报中，共有 17 家上市公司被出具了保留意见、无法表示意见、带解释性说明无保留意见审计报告，占公布年报上市公司总数的 9.77%。其中，被出具带解释性说明无保留意见审计报告的有 13 家，被出具保留意见审计报告的有 4 家，没有被出具无法表示意见审计报告的公司。

在出现重大会计差错更正的公司中，多数公司的审计意见并没有就重大会计差错事项进行说明。只有少数公司的审计意见提及重大会计差错更正。企业会计准则应用指南[①]特别强调，如果财务报表中包含重要差错，或者差错不重要但是故意造成的（以便形成对企业财务状况、经营成果和现金流量等会计信息某种特定形式的列报），即应认为该财务报表未遵循企业会计准则的规定进行编报。未遵循企业会计准则的规定进行编报的会计报表在审计意见中就应该体现出来。

审计意见的模糊还表现在对重述报表的重新审计报告中，中国注册会计师协会编制的《2003 年上市公司审计报告非标准意见分析报告》中指出：上市公司会计报表重述现象增多，一些注册会计师在重新出具审计报告时没有披露原因，或披露的原因令人费解。[②]

（五）重大会计差错与非重大会计差错混淆

根据 2001 年企业会计准则的要求，上市公司应在会计报表附注中披露重大会计差错。重大会计差错是指使公布的会计报表不再具有可靠性的会计差错。这里的"重大"一般是指会计差错涉及的金额比较大，且足以影响会计报表使用者对公司的财务状况、经营成果和现金流量做出正确判断，并不是所有发现的以前年度的会计差错都需要进行追溯调整，只有重大会计差错才需要追溯调整以前年度损益，非重大会计差错应直接调整当期项目或计入当期损益。但值得关注的是，在会计报表附注中，对于重大会计差错更正项目，很多公司以"会计差错"来进行披露，存在以会计差错来混淆重大会计差错的嫌疑。实际上，无论就披露要求而言，还是就披

---

① 中华人民共和国财政部：《企业会计准则——应用指南 2006》，中国财政经济出版社，2006。

② 中国注册会计师协会编《中国注册会计师行业发展研究资料 2004》，经济科学出版社，2005，第 171 页。

露错误的金额和性质而言，这些所谓的会计差错就是重大会计差错。

（六）前后任会计师缺乏沟通

《中国注册会计师审计准则第 1152 号——前后任注册会计师的沟通》第四章"发现前任注册会计师审计的财务报表可能存在重大错报时的处理"规定："如果发现前任注册会计师审计的财务报表可能存在重大错报，后任注册会计师应提请被审计单位告知前任注册会计师。必要时，后任注册会计师可要求被审计单位安排三方会谈，以便采取措施进行妥善处理。"在年报审核中暴露出来的问题却在公司更换会计师事务所的情况下被发现，公司聘请的后任会计师事务所在对公司以前年度会计数据进行重大会计差错追溯调整时，未按审计准则的要求，与公司的前任会计师事务所进行充分的沟通。在查出来的重大会计差错案例中，大多数公司以前年度聘请的会计师事务所在审计时未严格按照审计准则的要求，充分履行相关审计程序，导致未能在以前年度及时发现并改正重大会计差错。部分会计师事务所在以前年度对会计准则、会计制度和有关规定的理解不够准确，在一定程度上导致上市公司在以后年度发生重大会计差错追溯调整。

（七）财务报表重述动机较隐蔽

会计差错更正的信息是在会计报表的附注当中传递的，而会计报表本身就已经比较复杂，会计报表附注相对报表而言是不引人注意的，所以人们也把附注部分称为"灰色地带"，把重大会计差错信息放在附注里，很难引起投资者的关注，更谈不上发现隐藏在其背后的真实动机。

（八）重述结果真实性仍受到质疑

即使发生重述，也有个别上市公司仍然不能正确完整地反映差错的金额以及更正过后的真实财务数据。因此，重述结果的真实性仍然受到质疑。如 2006 年 7 月 4 日，中国证监会下达行政处罚决定书，认定*ST 科龙（600799）连续三年虚增利润。但公司披露的 2005 年年报却没有按照处罚决定，调整以前年度的财务数据。*ST 科龙 2005 年年报"重大会计差错更正"涉及 2003 年及之前年度收入与利润的只有："多计废料销售利润 21900316

元，少计企业所得税损失 5615218 元。"而中国证监会查实，2002 年，* ST 科龙通过对未真实出库销售的存货开具发票或销售出库单并确认为收入的方式，虚增主营业务收入 40330.54 万元，虚增利润 11996.31 万元。根据处罚决定，* ST 科龙 2002 年度将从原盈利 10127.7 万元调减为亏损 1868.61 万元，因此其 2000~2002 年实际早已是"连续三年亏损"。* ST 科龙 2005 年年报"公司近三年的主要会计数据和财务指标"显示，其未对 2003 年主营业务收入进行调整，净利润也只调减了 27515534 元。而中国证监会查实，* ST 科龙 2003 年虚增主营业务收入 30483.86 万元，虚增利润合计 11847.05 万元。可见，* ST 科龙 2005 年年报涉及 2003 年会计数据的调整事项与中国证监会的认定严重不符。除此之外，* ST 科龙对 2004 年财务数据的调整与中国证监会的认定也有一定差异。在 2005 年年报中，* ST 科龙将 2004 年度的主营业务收入和净利润分别调减了 51340.27 万元和 18163.79 万元。而行政处罚决定书显示，2004 年度 * ST 科龙虚增主营业务收入 51270.29 万元，虚增利润合计 14875.91 万元。上述调整表明，至少在 2004 年度，* ST 科龙还存在中国证监会行政处罚决定书未涉及的虚增利润事项，如年报披露的虚减广告费用及其他营业费用 2405.81 万元等。* ST 科龙称，由于重大会计差错的影响，公司 2005 年度的年初留存收益虚增 209153478 元。而注册会计师朱德峰认为，结合行政处罚决定书可以推断，* ST 科龙 2002~2004 年虚增的利润合计至少也有 38719.27 万元，因此 * ST 科龙被虚增的 2005 年度年初留存收益绝不止此次披露的 20915.35 万元。[①]

二　财务报表重述制度被滥用的原因和条件

（一）避免连续亏损、实现扭亏为盈和保持再融资资格

财务报表错弊原因比较复杂，《中国注册会计师审计准则第 1141 号——财务报表审计中对舞弊的考虑》指出：对财务信息做出虚假报告，可能缘于管理层通过操纵利润误导财务报表使用者对被审计单位业绩或盈

① 何军：《重大会计差错更正"偷工减料"》，《上海证券报》2006 年 8 月 15 日，第 B01 版。

利能力的判断。对财务信息做出虚假报告的动机主要包括：①迎合市场预期或特定监管要求；②谋取以财务业绩为基础的私人报酬最大化；③偷逃或骗取税款；④骗取外部资金；⑤掩盖侵占资产的事实。为达到以上目的，上市公司主要采用的手段是操控资产重组和关联交易、资产减值、会计政策选择以及税收优惠和财政补贴等，具体项目包括营运资金项目（尤其是应收应付项目、存货项目）、"线下项目"（主要包括营业外收入、投资收益等）。针对这些具体问题，近年来我国颁布了一系列法规，原来上市公司所采用的一些手段由于法制的不断健全，投机的空间大大缩小，因此，部分上市公司就另辟蹊径利用会计差错更正来调节利润。根据我国《企业会计准则——会计政策、会计估计变更和会计差错更正》的规定，如果发现前期财务报表存在重大会计差错更正，会计处理应采用追溯调整法，即调整会计报表期初留存收益和有关项目，并相应调整比较会计报表的有关项目和金额，而非直接计入当期损益及相关项目。避免将前期财务报表存在的重大会计差错直接计入发现当期的损益，这种方法有助于本年度收益的如实反映，但这一规定在某种程度上也给了上市公司调节利润的机会。

　　避免连续亏损、实现扭亏为盈和保持再融资资格成为上市公司滥用财务报表重述制度的主要目的。为避免被特别处理或退市，上市公司通常表现为亏损年度的巨亏和扭亏年度的微利。这是因为利用会计差错更正的追溯调整，便可使亏损年度一次亏足。通过重大会计差错更正增加以前年度的成本费用，可降低本期成本结转和费用摊销的金额，达到增加利润的目的。

　　由于上市公司"壳资源"是一种稀缺资源，而根据公司法和其他相关规定，上市公司连续 2 年亏损、每股净资产低于面值或者财务状况异常时，将进行特别处理（ST）；当上市公司在 ST 之后继续亏损时，将暂停上市资格（停牌），进行特别转让处理（PT）。上市公司当然不愿意失去上市资格，就会千方百计维持上市资格，因此避免退市就成为其利用重大会计差错调节利润的潜在动机。2003 年以前，证监会在审核上市公司再融资资格和 ST、PT 公司上市交易资格时，只看连续三年的已公布年报数据，不考虑追溯调整的影响。但 2001 年底《亏损上市公司暂停上市和终止上市实施办法（修订）》第五条明确了"因国家有关会计政策调整，导致公司追溯调整后出现三年连续亏损的"不适用"连续三年亏损暂停上市"规定。这项规定使得上市公司可以通过变更会计政策来实现以前年度业务事项的巨额冲销或计提，并且不影响各年会计利润数据和对再融资或亏损资格的认定。

具体的例子可以看 TCL 通讯科技控股有限公司（以下简称"TCL 通讯"）。由于 2000 年会计处理和会计估计不当虚增利润 49522012 元，TCL 集团的子公司 TCL 通讯（000542）2001 年逃过了被 ST 的命运。直至 2003 年，这一细节才在中国证监会广州证管办的责令之下得以披露。2003 年 3 月 29 日，TCL 通讯公告称，广州证管办于 2003 年 1 月 22 日对公司下发《整改通知》，要求其对 2000 年度会计报表反映出来的问题限期整改。49522012 元的重大会计差错是由于会计处理不当：提前确认未实现的销售收入、研发费用未计入当期损益、提前确认所得税返还收益、漏结转成本和少计销售费用等。此外，由于会计估计不当，还少计坏账准备 43923744 元，少计存货跌价准备 28133409 元，少计长期投资减值准备 6845224 元。本来 2000 年度实际亏损 83556953 元（调整后的数据），年报却称实现利润 26316638 元，一正一反出入 1 亿多元。公告称，公司还存在内部控制机制不健全，对下属公司管理失控，财务会计信息传递不及时、不真实以及财务人员素质较差等问题；并指出，已经整改了营销网络，处罚了 13 个分公司的经理及违纪违规的财务人员，累计罚款 67 万余元，并将严重违反法律者移交司法机关，进行了严肃处理。另外 TCL 通讯财务总监、董事会秘书肖晓平在接受《财经时报》咨询时表示，公司内部管理混乱是造成会计差错的主要原因。但实际上 TCL 通讯 1999 年亏损 179836171.66 元，假如 2000 年继续亏损，则将被 ST，母公司 TCL 集团的形象和同系的 TCL 国际（TCL 国际 1999 年 11 月在港上市，资产为彩电和白色家电业务等。两家上市公司拥有 TCL 集团的绝大部分资产）形象必将受损。尽管当时其主业是电话机和电池，并不是 TCL 集团主要利润来源（当时还主要靠彩电盈利），所以，即使被 ST 在大的方向上也不会阻碍集团的发展，但负面消息会影响 TCL 集团改制，至少市政府不愿看到上市公司被 ST。更值得关注的是，2000～2003 年，TCL 通讯三度更换会计师事务所：2000 年用的是已解体的深圳中天勤会计师事务所；次年改为当时的安达信（现普华永道）深圳华强会计师事务所；2002 年又改为深圳大华天诚会计师事务所。[①]

针对这一情况，2003 年中国证监会发布了《关于执行〈亏损上市公司暂停上市和终止上市实施办法（修订）〉的补充规定》，因财务会计报告存在重大会计差错或虚假记载，公司主动改正或被责令改正，对以前年度财务会计报告进行追溯调整，导致最近两年连续亏损的，如公司追溯调整行为发生当年继续亏损，证券交易所应自公司发布该年度报告之日起 10 个工作日内，做出暂停其股票上市的决定。这可能也是 2003 年之后财务报表重述数量有所下降的原因之一。

利用配股进行再融资可以改变上市公司的股本结构，募集大量资金。由于再融资政策将 3 年平均净资产收益率作为刚性指标，但是配股条件也有严格的限制，如表 5-1 所示。大量的研究表明，证监会的配股条件在一定程度上是上市公司会计舞弊的动机之一。陈小悦等人、孙铮和王跃堂的研究得出了同样的结论。[②] 利用会计差错更正的追溯调整法调减以前利润，可以减少前期净资产余额，因此具有提高 3 年平均净资产收益率的效果。有个别公司在刚刚完成再融资之后，立即进行重大会计差错调整，将之前为达到再融资指标而注入的水分挤干，既可以降低被舞弊的风险，又可以为再次调节利润开拓空间。因此为达到配股的条件，利用财务报表重述来操纵利润可以说是一条较隐蔽而安全的途径。

表 5-1　1993 年以来我国的配股政策

配股政策	发布时间	业绩要求	涵盖时间
《关于上市公司送配股的暂行规定》	1993 年 12 月 17 日	连续两年盈利	1993 年
《关于执行〈公司法〉规范上市公司配股的通知》	1994 年 9 月 28 日	三年内连续盈利，净资产税后利润率三年平均在 10% 以上	1994~1995 年

① 程李：《TCL 会计差错案曝光风波》，《财经时报》2003 年 4 月 7 日，第 17 版。
② 陈小悦、肖星、过晓艳：《配股权与上市公司利润操纵》，《经济研究》2000 年第 1 期，第 30~36 页；孙铮、王跃堂：《资源配置与盈余操纵之实证研究》，《财经研究》1999 年第 4 期，第 3~9 页。

续表

配股政策	发布时间	业绩要求	涵盖时间
《关于 1996 年上市公司配股工作的通知》	1996 年 1 月 24 日	最近三年净资产税后利润率每年均在 10% 以上	1996～1998 年
《关于上市公司配股工作有关问题的通知》	1999 年 3 月 17 日	三年净资产收益率平均在 10% 以上，同时每年净资产收益率不低于 6%	1999～2000 年
《关于做好上市公司新股发行工作的通知》	2001 年 3 月 15 日	前三年净资产收益率平均不低于 6%	2001～2005 年
《上市公司证券发行管理办法》	2006 年 5 月 8 日	最近三个会计年度持续盈利	2006～2018 年

（二）错弊认定的复杂性

对重述所涉及的错弊进行认定是比较复杂的。2006 年 2 月 15 日新发布的《企业会计准则第 28 号——会计政策、会计估计变更和差错更正》第四章"前期差错更正"第十一条指出："前期差错，是指由于没有运用或错误运用下列两种信息，而对前期财务报表造成省略漏或错报。（一）编报前期财务报表时预期能够取得并加以考虑的可靠信息。（二）前期财务报告批准报出时能够取得的可靠信息。前期差错通常包括计算错误、应用会计政策错误、疏忽或曲解事实以及舞弊产生的影响以及存货、固定资产盘盈等。"会计差错产生于财务报表项目的确认、计量、列报或披露的会计处理过程中，如果财务报表中包含重要差错，或者差错不重要但是故意造成的（以便形成对企业财务状况、经营成果和现金流量等会计信息某种特定形式的列报），即应认为该财务报表未遵循企业会计准则的规定进行编报。在当期发现的当期差错应当在财务报表发布之前予以更正。当重要差错直到下一期才被发现时，就形成了前期差错。财务报表的错报可能是由舞弊或错误所致。舞弊和错误的区别在于，导致财务报表发生错报的行为是故意行为还是非故意行为。因此，财务报表重述包括了错误和舞弊的情形，但是如何区分错误和舞弊并不是注册会计师审计的责任。因此这一责任就留给了监管部门，而监管部门对错弊的认定往往要花费较长的周期，以重述方式来操纵利润成为一种较经济而安全的选择。部分上市公司就抱着侥幸心理企图瞒天过海，在事隔几年以后错弊被揭露出来就发生了财务报表重述。

（三）重述成本较低

在研究大量上市公司利用财务报表重述来调节利润的现象时，不免会产生这样一个问题：难道这些上市公司就不考虑重述所要付出的代价吗？研究发现，目前我国上市公司的重大会计差错更正并没有强制要求重编以前年度报表。2003年以前，仅在年报附注中予以说明；2003年之后，除在年报附注中说明外，证监会还要求发布重大会计差错更正公告，但也有相当一部分公司并未遵循这一规定，只有较少公司重编以前年度的报表。这样一来，上市公司即使发生重大会计差错也能够以较低的成本进行重述。

（四）市场反应不足

由于以上原因，财务报表重述对公司所造成的影响也较小。由于重述信息的不显著、重述内容的模糊，以及投资者认知行为的偏误，上市公司初始年报的信息对投资者的影响超过了重述信息的影响。当然还存在着投资者无法判断重述信息的严重程度，也难以知晓重述的真正原因，尤其是对其中错误和舞弊的识别有误，因此很难对财务报表重述做出恰当的反应。

（五）财务报表重述制度的缺陷

一是追溯与否的争议。首先，追溯的出发点是为了遵循权责发生制和收入成本配比原则，即追溯调整的目的是避免将前期事项影响金额直接计入当期损益，便于本年度会计收益能够如实反映当期的经营成果，符合历史成本、权责发生制、收益成本配比原则。因此，追溯调整事项和金额不影响已公布年度报告和当期报告的年度利润数据和财务指标。也有观点认为，考虑到会计信息的及时性，上市公司一旦发现会计差错应首先考虑全部直接计入发现的当期，但如果上市公司依据当时所掌握的资料和证据

（而不是从期后结果印证），能够证实在以前会计期间所作的会计估计判断确实存在重大错误的，则可以对会计差错进行追溯调整。[①]

二是重大会计差错的判断标准的争议。对于重大会计差错的判断标准，2001 年的企业会计准则中是这样规定的：一般是指金额比较大，通常某项交易或事项的金额占该类交易或事项的金额在 10% 及以上，则认为金额比较大。但这实质上也是一个较模糊的标准。如实务当中存在多个会计差错事项均低于 10% 的标准，但这些差错加总起来对利润的影响远远超过 10%，这种情况应不应追溯呢？再如某项交易金额比较大，会计差错虽然达不到单项交易的 10%，但实质上影响重大，算不算重大会计差错呢？因此这一标准在实务应用当中还存在很多问题，也带来了不同企业在判断重大会计差错上的差异。实际上早在多年前莫茨和夏拉夫就指出："审计人员总会把精力集中在重要的经济业务、会计事项甚至舞弊与差错等方面，而不会与鸡毛蒜皮的事纠缠不休。但是，重要性始终是一个相对的概念。"[②] 因此，在判断重大会计差错的过程中也要考虑重要性的相对性。

2006 年 2 月 15 日新颁布的《企业会计准则第 28 号——会计政策、会计估计变更和差错更正》中对会计差错重要性的判断作了新的规定，新准则的规定较旧准则在差错重要性的判断上有所不同。与旧准则不同的是，新准则不再局限于某项交易或事项的金额，而是着重关注前期差错所影响的财务报表项目的金额或性质，从交易或事项到报表项目，应该说这一变化有了质的飞跃，说明新准则的关注点真正转移到了财务报表的信息质量上来。但其对前期差错重要与否的判断仍然存在较大的弹性，尤其对是否故意造成前期差错在实务处理中进行判断有较大的难度。

三是重述缺乏完整的制度。尽管目前已规定必须发布重大会计差错临时公告，但财务报表的重述并没有相应的规定，真正重述的要求到目前为止还没有。作为一种对不实财务报告的惩罚机制，惩戒力度还不够。

---

① 刘绍军：《上市公司年报会计差错更正的思考》，《财务与会计》2005 年第 12 期，第 22~23 页。

② 〔美〕罗伯特·K. 莫茨、侯赛因·A. 夏拉夫：《审计理论结构》（中译本），文硕等译，中国商业出版社，1990，第 154 页。

（六） 财务报表重述制度的固有限制

制度的固有限制主要体现在税务汇算的固有限制上。相当一部分上市公司的重大会计差错是税收问题引起的。对于补交或退回的税收，大多数公司采用了追溯调整的方式，也有一些公司将其直接计入了当期损益。有研究认为，按照《财政部关于印发〈股份有限公司税收返还等有关会计处理规定〉的通知》（财会〔2000〕3 号）的规定，公司应在实际收到政府补助金时才能予以会计确认，即上市公司对从国库退回的税金要按照收付实现制来进行会计处理。也就是说，正常的税务期后汇算所引起的差额应该不需要追溯到以前年度。[1] 在实务中，税务汇算普遍存在纳税调整的滞后性，这可以从收集的资料中得到印证。

三　中美财务报表重述现状比较

（一） 重述提起者比较

美国 GAO 在检查重述问题时发现不同的组织（机构）都会提起重述，包括重述公司自身、外部注册会计师和美国证券交易委员会（SEC）。超过50%的公司在年报的会计报表附注中未披露会计差错事项由谁提起；由公司内部提起的仅占 13%，由公司外部提起的占 35%。而由 2006 年 7 月美国GAO 发布的《财务重述：最新趋势、市场反应及强制监管行动》中的财务报表重述的提起者构成（见图 4-22）可知，美国的财务报告重述主要由公司内部提起的占 58%，由公司外部提起的占 24%，而未知部分仅占18%。这恰好与我国会计差错公司在年报的会计报表附注中披露的会计差错事项提起者所占的比重相反。由此看来，美国大部分的重述是由公司提起的，而我国大多数是因监管机构或注册会计师发现后督促上市公司管理当局对前期已公布的财务报表进行改正。这从另一个侧面说明我国上市公司内部控制的缺陷以及审计委员会、内部审计没有发挥应有的作用，我国

---

[1]　刘绍军：《上市公司年报会计差错更正的思考》，《财务与会计》2005 年第 12 期，第 23 页。

对财务报表重述的监管还很薄弱。

（二）重述原因比较

美国 GAO 研究报告把重述公告分成了 9 类：①并购相关联的；②成本或费用相关联的；③处理和开发过程相关联的；④重新分类；⑤关联方交易；⑥重组；⑦收入确认；⑧证券相关联的；⑨其他。

成本或费用相关的原因占了重述的 35%，包括租赁会计问题，其次较多的是收入确认问题。尽管公众公司以各种各样的理由重述财务报表，但成本或费用相关的问题占到了 2002 年 7 月~2005 年 9 月的 1390 个重述公告的 1/3。研究报告对成本费用相关的重述进行了分类，通常包括夸大或减少费用和成本、不恰当的费用分类，或是其他错误或不正当地误报成本。租赁会计问题也包括在这一类中。同时 2002~2005 年因收入确认而进行的重述公告显著减少，曾经几乎占了 2002 年报告中重述原因的 38%。成本费用问题超过收入确认问题成为重述的主要原因，因为 2005 年以前大量的重述是改正餐饮业和零售业的租赁问题和税收问题。如在 2005 年 2 月 7 日 SEC 首席会计师考虑到对特定租赁和租赁权改革之后，2005 年 135 家公众公司重述公告包括的问题仅仅和租赁会计问题有关。然而，收入确认仍然是第二个重述的主要原因，2002~2005 年占到了 20%。收入确认下的分类包括公司确认收入比公认会计准则的提前和延迟，或是确认有问题或无效的收入。

另外，休伦咨询公司（Huron）的研究表明，财务报表重述的原因主要是：会计准则应用错误、人工或系统错误、舞弊行为。截至 2002 年底的五年来，美国公众公司发生重述的行业集中在制造业、软件行业和金融、保险、房地产业。收入确认方面的重述占比最大。

在重述原因方面，中美有相同的地方，也存在差异。相同的地方体现在重述的主要原因集中在两个方面：一是收入确认问题，如虚假收入确认、提前确认收入和确认不可靠收入；二是成本和费用计量问题，即漏计或少计成本费用，不恰当地进行递延或资本化支出。

（三）重述披露要求比较

从 2004 年 8 月开始，美国 SEC 要求任何一家提起重述的公司提交 8-K

形式的表格并发布新闻公告。考虑到重述的增加，SEC 进一步使重述披露的要求标准化，即要求公司在前期披露的财务报表不再可靠时，以 8-K 的表格形式填写特定的项目报送 SEC。然而，2004 年 8 月～2005 年 9 月，大约 17% 的公司在公告它们的重述意图时并没有进行恰当的披露。这些公司仍然用其他各种各样的格式来公告重述前期财务报表的意图。SEC 在 2004 年提高了重述的披露要求，要求提交额外的 8-K 表格信息。然而，一些公司仍然没有按要求的 8-K 表公告前期财务报表的重述。也就是说，17% 的公司在 2004 年 8 月到 2005 年 9 月根本没有按照要求披露重述，仍然用 10-K 或 10-Q 的表进行重述。也有一些公司虽然发生了重述，但没有像其他公司一样通知投资者和公众。以上存在的问题让 SEC 更加关注实施 8-K 表的披露要求，并且坚持透明、一致的公开披露要求。

和美国财务报表重述披露比较而言，中国财务报表重述披露存在不及时、不充分的问题。到目前为止，仅要求披露重大会计差错更正公告和在会计报表附注中披露与前期差错更正有关的下列信息：①前期差错的性质；②各个列报前期财务报表中受影响的项目名称和更正金额；③无法进行追溯重述的，说明该事实和原因以及对前期差错开始进行更正的时点、具体更正情况。

（四）重述发展趋势比较

美国公众公司财务报表重述的比例从 2002 年的 3.7% 上升到 2005 年的 6.8%，重述公告确认的比例则上升了 67%。行业观察家注意到重述的增加是公司管理层、审计委员会、外部注册会计师和监管者更加关注财务报告质量的副产品。各种各样的因素对重述增长趋势有影响，包括对公司管理层受托责任要求的提高、对财务报告内部控制保证要求的提高、对注册会计师和规则详细检查要求的提高、公众公司普遍不愿冒重述风险等。在新的规则和监管体系以及当前经营环境下，重述增长的趋势是否会降低还不是太明朗。在不久的将来，重述的数量可能还会持续增长。公众公司（通常是小公司）还没有完全实施《萨班斯-奥克斯利法案》的内部控制要求，可能也会影响重述的数量。最近几年，实施 404 条款，导致很多公司公告了财务报表重述。财务报表重述的数量也有可能在《萨班斯-奥克斯利法案》所要求的调整和公司变革完全实施之后开始减少。那么《萨班斯-奥克斯利法案》的 404 条款究竟对财务报表重述有什么样的影响呢？404 条款是法案中"强化财务信息披露"中的一部分内容，主要是关于管理层对内部控制的评价，要求 SEC 按《1934 年证券交易法》第 13 节（a）或第 15 节（d）规定编制的年度报告中包括内部控制报告，包括：①强调公司管理层建立和维护内部控制系统及相应控制程序充分有效的责任；②发行人管理层最近财政年度末对内部控制体系及控制程序有效性评价；③内部控制评价报告，对于管理层对内部控制的评价，担任公司年报审计的会计公司应当对其进行测试和评价，并出具评价报告。上述评价和报告应当遵循委员会发布或认可的准则。上述评价过程不应当作为一项单独的业务。

那么 404 条款的执行对公司最直接的影响是什么呢？由于 404 条款对公司内部控制情况做出了严格要求，其对上市公司的财务运作、内控流程、决策程序及汇报程序的要求更加严谨。404 条款将内部控制问题划分为一般的内部控制缺陷、重大缺陷和实质性漏洞三类，一旦出现实质性漏洞类的内控问题，就必须在审计报告中披露。实质性漏洞是指会导致年报或中期报告重大的实质性错报、漏报的内部控制缺陷。上市公司为了遵循该条款，必须投入大量的人力、财力和时间。对于部分公司来说，该法案最主要的影响是增加管理成本，如 2005 年初，通用电气公司（GE）表示，404 条款致使公司在执行内部控制规定上的花费已经高达 3000 万美元。[①]但是对于内部控制方面存在较多问题的公司而言，404 条款所带来的影响就不仅仅是增加成本，部分公司的披露不容乐观，针对 404 条款所做的披露暴露出了内部控制的缺陷，有些甚至是重大缺陷。如在 404 条款执行的第一年即截至 2005 年 5 月 15 日，2963 家提前申报的公司已经披露了它们的 404 条款审计意见。其中，12.25%（即 363 家公司）获评不合格（实质性缺陷意见）。考虑到未及时申报公司（超过 43 家）预期的重大缺陷意见，以及预期的伴随财务报告调整而进行的 404 条款意见的调整（超过 5家），这一比率将超过 14%。[②] 将近 500 多家公司披露了内部控制缺陷。

---

① 参见新浪网 http://www.sina.com.cn，最后访问日期：2006 年 7 月 17 日。
② 参见金融界网 http://www.jrj.com，最后访问日期：2006 年 12 月 16 日。

在已经报告的这些缺陷里，有些属于诸如某岗位设置不合理、某两个部门职责重复、效率不高等问题，这些问题容易改正；有些较大的问题则使得公司薄弱的内部控制系统很可能无法预防年报中存在的重大虚假陈述，因而这些公司除为执行 404 条款付出高额成本代价外，还会暴露出内部控制及财务报表中存在的问题，由此需要公司追溯调整过去的财务报表。另外一个导致财务报表重述的原因是：为了遵循 404 条款，不少公司更新了财务报告系统，导致很多以前未被发现的内部控制缺陷被暴露出来。

美国 GAO 2006 年的研究报告同时还指出了另一种趋势：公司公告重述通常会在发布初始重述公告的几个交易日内使股票市值下降，然而，这种影响自 2002 年报告以来已经显著减弱了。然而，这一减少的确切原因还不明了。但是可能包括各种各样的因素，如投资者没有能力去识别重述的原因、投资者关于重述意味着什么的理解在变化（如公司是否要提高披露质量），或者是投资者对财务报表重述变得不太敏感。部分观点得到了一些有关投资者信心的数据和研究的支持。投资者通常不能够解释重述的原因，投资者对重述的看法可能形形色色，取决于他们是否相信这一趋势是"清理过程"的一部分（如公众公司加强它们的内部控制），或者只是反映了技术的调整。研究者一致认为，重述对所有投资者的信心有消极影响。一些研究者注意到投资者可能对重述公告的敏感性降低。一些研究者假定投资者很难识别财务报表重述是一种积极的回应还是一种会计政策的滥用或是某种技术的调整。尽管研究者一致认为重述对投资者信心有负面影响，但 GAO 的调查资料并没有确切地表明自 2002 年以来投资者的信心是增加还是减少了。尽管 GAO 的报告非常详尽地分析了重述的情况，但也没有充分的证据证明重述对投资者而言是好消息还是坏消息。投资者对重述的认识不尽相同。

与美国财务报表重述逐年增长的趋势不同的是，我国财务报表重述的数量却呈现逐年下降的趋势，这是一个值得思考的现象。首先，这并不是一个让人乐观的现象，财务报表重述数量的下降并不能说明财务报表的质量有了较大的提高，这一点可以从近期的研究文献中得到相应的验证。其次，财务报表重述数量的下降在某种程度上与监管力度有一定的联系，美国 GAO 的研究也表明，正是因为监管力度的加大才导致重述数量的增长，但中国目前尚没有研究提供这方面的证据。比较合理的状态应该是财务报表重述会因监管力度的加大有一个迅速增长的过程，在一段时间后会趋于平稳，然后逐渐下降。

第六章

财务报表重述监管

审计过的财务报表发生重述，人们首先会质疑注册会计师的审计质量。但是，对财务报表呈报的监管以及上市公司财务报表质量的提高需要多种因素的配合，如高质量的会计准则、审计准则，具有竞争性和独立性的注册会计师，对准则解释和应用的监管机制，完善的公司治理结构，以及健全的法律体系和责任追究制度等。在此基础上，才能建立起一个高质量财务报告的保证体系，不能过分单一地倚重外部审计的监管力量。"一方面，注册会计师在证券市场监管中所能发挥的作用可能是有限的；另一方面，证券市场会计信息质量的提高是一个综合治理的过程，在实施市场监管的过程中，过分倚重注册会计师一个环节的做法很可能是缺乏效率和效果的。"① 影响上市公司财务报告质量的相关因素有：公司内部控制、公司治理结构、注册会计师审计、证券监管环境、社会诚信状况、面临的竞争压力。其中，政府监管、公司治理、外部审计构成了上市公司报表信息披露监管的三个重要环节。

一 财务报表重述的政府监管

在我国当前的环境和经济制度背景下，政府对会计信息市场的监管起着至关重要的作用，政府对财务报表重述的监管主要体现在两个方面：其

---

① 李爽、吴溪：《中国证券市场中的审计报告行为：监管视角与经验证据》，中国财政经济出版社，2003，第 136 页。

一是财务报表重述制度的建立，其二是对财务报表重述信息披露的监管。

（一）建立完善的财务报表重述制度

信息披露制度是证券市场监管制度的核心，各国都在致力于建立一个有效的信息披露机制。一般来说，从法律体系而言，证券市场信息披露的法律规范体系分为三个层次。

第一层次：国家颁布的有关法律、规定，包括《公司法》《会计法》《企业会计准则》《中国注册会计师法》等。这些法规对上市公司报表信息披露的监管起着举足轻重的作用。

第二层次：中国证监会制定和颁布的关于证券市场信息披露的各种规则和规定。

第三层次：证券交易所制定的有关信息披露的规定。

在以上的信息披露规范中，财务报表重述制度应该是其中的一个有机组成部分。无论是国内还是国外都不可能完全杜绝财务报表中的错弊。财务报表重述制度是财务报表错弊的一种纠错机制，如何应用这种纠错机制首先需要法律法规予以规范。前已述及，目前我国的法规中尚没有明确的财务报表重述规范，只是在一些法规中有类似的规定。如中国证监会2001年底颁布并实施的《公开发行证券的公司信息披露编报规则第14号——非标准无保留审计意见及其涉及事项的处理》要求上市公司在2002年年报的"董事会报告"部分对重大会计差错更正原因及影响做出说明。这实际上就是对报表重述的一个重要规范。中国证监会发行监管部于2002年9月4日发布的第13号股票发行审核标准备忘录《关于税收减免与返还、政府补贴、财政拨款的审核标准》，对各种补贴收入的会计处理进一步规范，在一定程度上减少了上市公司利用这一环节调节利润的机会。证监会2004年1月6日发布的《关于进一步提高上市公司财务信息披露质量的通知》（证监会计字〔2004〕1号）针对2002年年报中上市公司进行以前年度重大会计差错追溯调整的问题，增加了"关于会计差错更正"一节，明确表示：上市公司不得利用"会计差错更正"调节利润，否则责任人应承担相应的责任。这些法规都是对前述财务报表重述制度的一个有益补充，但并未形成一个完整的规范体系，既不便于执行，也不便于监督检查。因此，财务报表重述规范的建立是亟待解决的问题。

（二）财务报表重述信息披露的监管

在 2003 年之前，我国关于财务报表重述信息的披露要求主要体现在企业会计准则的财务报表当中，这是属于定期报告的披露。由于重述要求只在定期报告中体现，势必造成重述信息披露的滞后问题，同时不能引起投资者足够的重视，因此中国证监会 2003 年 12 月 1 日发布《公开发行证券的公司信息披露编报规则第 19 号——财务信息的更正及相关披露》，要求上市公司如果因前期已公开披露的定期报告存在差错被责令改正、公司已公开披露的定期报告存在差错，经董事会决定更正的、中国证监会认定的其他情形，应当以重大事项临时报告的方式及时披露更正后的财务信息。这改变了只在定期报告中披露重大会计差错更正的要求。中国证监会 2007 年 1 月 13 日发布的《上市公司信息披露管理办法》再次明确了因前期已披露的信息存在差错、未按规定披露或者虚假记载，被有关机关责令改正或者经董事会决定进行更正的情形必须发布临时公告。同样地，中国证监会在 2018 年 4 月 24 日发布的《公开发行证券的公司信息披露编报规则第 19 号——财务信息的更正及相关披露》（2018 年修订）中提到，公司已公开披露的定期报告中财务信息存在差错，被责令改正或经董事会决定更正以及中国证监会认定的其他情形，公司都应当单独以临时公告的方式及时披露更正后的财务信息，且要求临时公告中增加公司独立董事和监事会对更正事项的相关意见。也就是说，对于前期披露信息存在差错的情况证监会已在三个规定中都强调了要发布临时报告，这体现了对报表重述信息的实时监管要求。

尽管自 2003 年底就有了关于重大会计差错更正应发布临时公告的要求，但真正按照证监会的要求发布公告的公司并不多。当然也有公司确因财务报表存在严重问题而连续发布会计差错更正公告，但那属于极不正常的情况。如银河科技一年之内两次公布会计差错更正公告，引发证监会的全面调查。正是银河科技的错账，导致该公司 2005 年下半年和 2006 年上半年都出现严重亏损。如此重大的变故，该公司却将全部责任推给了会计。其后，公司大股东占款问题也浮出水面。对于北海银河的虚假陈述，2006 年 11 月底，律师严义明代理投资者开始了他们的维权之路，受银河科技的中小投资者委托，将涉案的 14 名被告送上法庭。① 这一案例也从另一侧面反映出对报表错弊重述进行实时监管的重要性，在一定程度上实时监管可以更早发现上市公司存在的问题，及时挽回投资者的损失。

（三）正确处理好各级监管部门的关系

财政部、中国证监会、证券交易所都在上市公司信息披露监管中发挥着重要的作用，但是正确处理好各级监管部门的关系对于提高监管效率来说也是非常重要的。

《证券法》规定，国务院证券监督管理机构依法对证券市场实行监督管理，维护证券市场秩序，保障其合法运行；详细规定了证监会的职责和权限。中国证监会 2007 年 1 月 13 日发布的《上市公司信息披露管理办法》进一步明确了在上市公司信息披露的监管中证监会的责任和权限，第九条指出了中国证监会的责任和权限：中国证监会依法对信息披露文件及公告的情况、信息披露事务管理活动进行监督，对上市公司控股股东、实际控制人和信息披露义务人的行为进行监督。第五十七条指出："中国证监会可以要求上市公司及其他信息披露义务人或者其董事、监事、高级管理人员对有关信息披露问题作出解释、说明或者提供相关资料，并要求上市公司提供保荐人或者证券服务机构的专业意见。中国证监会对保荐人和证券服务机构出具的文件的真实性、准确性、完整性有疑义的，可以要求相关机构作出解释、补充，并调阅其工作底稿。"

证券交易所在上市公司信息披露监管中也发挥着不可替代的重要作用，根据《证券法》第一百一十五条的规定，证券交易所在上市公司信息披露中的职责是对证券交易实行实时监控，并按照国务院证券监督管理机构的要求，对异常的交易情况提出报告。证券交易所应当对上市公司及相关信息披露义务人披露信息进行监督，督促其依法、及时、准确地披露信息。② 因此

---

① 《2006 年中国股市十大黑幕》，《腾讯证券》，2006 年 12 月 21 日，https://finance.qq.com/zt/2006/2006stock/heimu.htm.
② 《中华人民共和国证券法》（1998 年 12 月 29 日第九届全国人民代表大会常务委员会第六次会议通过，根据 2004 年 8 月 28 日第十届全国人民代表大会常务委员会第十一次会议《关于修改〈中华人民共和国证券法〉的决定》修正，2005 年 10 月 27 日第十届全国人民代表大会常务委员会第十八次会议修订）。

证券交易所可以说是处在信息披露的最前沿，接触到第一手的信息披露资料，也是对信息披露把最后一道关。证监会监管和证交所监管之间的关系应该是各司其职，相互配合。实际上证监会和证交所的监管体制也是在这一前提条件下运作的，证监会授予证交所一定的监管权，同时对证交所进行监管。证交所也颁布相关法规来规范上市公司和经纪公司的行为。"这样，交易所就基本上按照证券交易委员会的意图管制市场。"[1] 信息披露监管是证券交易所监管上市公司最重要的环节。证券交易所应当对上市公司及其他信息披露义务人披露信息进行监督，督促其依法、及时、准确地披露信息，对证券及其衍生品种交易实行实时监控。证券交易所制定的上市规则和其他信息披露规则应当报中国证监会批准。

证券交易所对上市公司信息披露监管的一个主要措施是年报的事后审核程序。通过年报事后审核，交易所把年报披露和审查中发现的问题和情况向各地监管部门通报，进一步完善上市公司分类监管的具体措施。另外，根据年报事后审查中发现的问题和反映的具体情况，调整上市公司监管的风险级别，确定监管重点，同时对年报中反映的一些共性问题形成专题报告，向中国证监会和各地证监局通报。另外，对年报中反映的上市公司违规行为、相关违规事实调查清楚之后，按照情节轻重，对违规公司和相关责任人予以处分。

为进一步提高年报事后审核质量，证交所在年报审核工作中采取了多种措施和手段，包括进一步完善审核程序和审核要点，严格执行双人审核制度，充分发挥专家小组的作用等；同时积极借助技术手段，保证年报事后审核的力度和速度。

但是应注意到在加强政府监管的同时，要将监管限定在一定范围内，过度的监管可能会适得其反。因为过度的政府干预反而会加剧信息不对称的现象。吴谦立认为："政府的干预必须在特定的范围内，否则政府监管就变成了政府控制，从而削弱了交易所对于市场变化适时做出反应的动因。"[2]

---

① 吴谦立：《公平披露：公平与否》，中国政法大学出版社，2005，第33页。

② 吴谦立：《公平披露：公平与否》，中国政法大学出版社，2005，第33页。

（四） 加大对财务报表错弊的处罚力度

美国《萨班斯-奥克斯利法案》加大了对财务报表错报的处罚力度，应该说起到了较好的威慑作用。《萨班斯-奥克斯利法案》对财务报表错弊的处罚主要有以下7点。①要求公司首席执行官和财务总监对呈报给SEC的财务报告完全符合证券交易法，以及在所有重大方面公允地反映财务状况和经营成果。对违反证券法规而重编会计报表后发放的薪酬和红利应予退回。②故意进行证券欺诈的犯罪最高可判处25年入狱。对犯有欺诈罪的个人和公司的罚金最高分别可达500万美元和2500万美元。③故意破坏或捏造文件以阻止、妨碍或影响联邦调查的行为将视为严重犯罪，将处以罚款或判处20年入狱，或予以并罚。④执行证券发行的会计师事务所的审计和复核工作底稿至少应保存5年。任何故意违反此项规定的行为，将予以罚款或判处20年入狱，或予以并罚。⑤公司首席执行官和财务总监必须对报送给SEC的财务报告的合法性和公允表达进行保证。违反此项规定，将处以50万美元以下的罚款，或判处入狱5年。⑥起诉证券欺诈犯罪的诉讼时效由原来从违法行为发生起3年和被发现起1年分别延长为5年和2年。⑦对检举公司财务欺诈的公司员工实施保护措施，并补偿其特别损失和律师费。[①]

我国法律法规当中对财务报表舞弊的处罚力度还不够。目前，《上市公司信息披露管理办法》中对违反信息披露办法的处罚措施包括：责令改正；监管谈话；出具警示函；将其违法违规、不履行公开承诺等情况记入诚信档案并公布；认定为不适当人选；依法可以采取的其他监管措施。第六十一条规定：信息披露义务人未在规定期限内履行信息披露义务，或者所披露的信息有虚假记载、误导性陈述或者重大遗漏的，中国证监会按照《证券法》第一百九十三条处罚。第六十九条：上市公司及其他信息披露义务人违反本办法的规定，情节严重的，中国证监会可以对有关责任人员采取证券市场禁入的措施。[②]《证券法》第一百九十三条指出：发行人、上

---

① 中国注册会计师协会编《注册会计师行业发展研究资料2003年辑》，中国财政经济出版社，2004。

② 《上市公司信息披露管理办法》（2007年1月13日）。

市公司或者其他信息披露义务人未按照规定披露信息，或者所披露的信息有虚假记载、误导性陈述或者重大遗漏的，责令改正，给予警告，并处以三十万元以上六十万元以下的罚款。对直接负责的主管人员和其他直接责任人员给予警告，并处以三万元以上三十万元以下的罚款。发行人、上市公司或者其他信息披露义务人未按照规定报送有关报告，或者报送的报告有虚假记载、误导性陈述或者重大遗漏的，责令改正，给予警告，并处以三十万元以上六十万元以下的罚款。对直接负责的主管人员和其他直接责任人员给予警告，并处以三万元以上三十万元以下的罚款。发行人、上市公司或者其他信息披露义务人的控股股东、实际控制人指使从事前两款违法行为的，依照前两款的规定处罚。[①] 从以上法律法规可以看出，多数处罚的依据是虚假记载、误导性陈述或者重大遗漏，这种依据需要复杂的认定程序，并不是非常具体，执行的效果并不理想。而《萨班斯-奥克斯利法案》中针对"违反证券法规而重编会计报表后发放的薪酬和红利应予退回"这一条款就对公司管理层有很大的威慑作用，很多公司赶在《萨班斯-奥克斯利法案》之前重述报表，就是怕重述报表遭到相应的处罚。我国的法规中也应增加针对报表重述的处罚规定，因为报表重述的事实不需要进行法律上的认定，处罚的速度和效果可能更好。

（五）开展对财务报表重述的专项研究

借鉴美国审计总署以及休伦咨询公司（Huron）对财务报表重述的研究，我国政府部门，如中国证监会等机构应开展对财务报表重述的专项研究，并定期发布研究报告，一方面可以提高上市公司对报表重述的重视程度，另一方面也可以让监管部门充分了解上市公司报表重述的总体情况，发现问题所在，以便调整监管政策，更好地实施监管。研究报告应包括以下几方面的内容：①财务报表重述数量和原因的确认；②财务报表重述对重述公司市值的影响；③财务报表重述的总体数据；④财务报表重述案例

---

① 《中华人民共和国证券法》（1998 年 12 月 29 日第九届全国人民代表大会常务委员会第六次会议通过，根据 2004 年 8 月 28 日第十届全国人民代表大会常务委员会第十一次会议《关于修改〈中华人民共和国证券法〉的决定》修正，2005 年 10 月 27 日第十届全国人民代表大会常务委员会第十八次会议修订）。

分析；⑤财务报表重述对投资者信心的影响；⑥事务所的审计意见；⑦财务报表重述对股价的影响；⑧相应的处罚等。

二 财务报表错弊的预防机制：公司治理的作用

（一） 上市公司的财务报告责任

我国企业会计准则中明确地规定了上市公司的财务报告①责任，这一责任包含两个层次：一个是财务报告的编制责任，另一个是财务报告信息质量的保证责任。

财务报告的编制责任。企业应当编制财务会计报告（又称财务报告）。财务会计报告的目标是向财务会计报告使用者提供与企业财务状况、经营成果和现金流量等有关的会计信息，反映企业管理层受托责任履行情况，有助于财务会计报告使用者做出经济决策。②

财务报告信息质量的保证责任。①企业应当以实际发生的交易或者事项为依据进行会计确认、计量和报告，如实反映符合确认和计量要求的各项会计要素及其他相关信息，保证会计信息真实可靠、内容完整。②企业提供的会计信息应与财务会计报告使用者的经济决策需要相关，有助于财务会计报告使用者对企业过去、现在或者未来的情况作出评价或者预测。③企业提供的会计信息应当清晰明了，便于财务会计报告使用者理解和使用。④企业提供的会计信息应当具有可比性。从以上要求来看，财务报告信息质量的特征包括真实性、完整性、相关性、明晰性、可比性等几个方面。不存在因差错和舞弊导致的重大错报的可靠财务报告才称为高质量的

---

① 《企业会计准则——基本准则》中对财务会计报告的界定是：企业对外提供的反映企业某一特定日期的财务状况和某一会计期间的经营成果、现金流量等会计信息的文件。财务会计报告包括会计报表及其附注和其他应当在财务会计报告中披露的相关信息和资料。会计报表至少应当包括资产负债表、利润表、现金流量表等。《企业会计准则第30号——财务报表列报》中对财务报表的界定是：对企业财务状况、经营成果和现金流量的结构性表述。财务报表至少应当包括下列组成部分：①资产负债表；②利润表；③现金流量表；④所有者权益（或股东权益）变动表；⑤附注。由此可见，财务报告概念的外延比财务报表大，但财务报表是财务报告的核心组成部分。因此本书提到会计信息质量时所指的财务报告和财务报表在性质上是同质的。

② 《企业会计准则——基本准则》（2006 年 2 月 15 日）。

财务报告。①

上市公司财务报告责任和管理层的职责有着密切的关系。按照企业会计准则的规定，编制财务报表是公司管理层的责任，这种责任包括设计、实施和维护与财务报表编制相关的内部控制，以使财务报表不存在由舞弊或错误导致的重大错报，选择和运用恰当的会计政策，做出合理的会计估计等。上市公司和其管理层在整个财务报告提供的过程中扮演着极其重要的角色，准确地说，上市公司的管理层应对财务报表的真实性和公允性负主要的责任。管理层应非常清楚他们应该对财务报告负有什么样的责任。每一份年报的开头都有这么一段话："本公司董事会、监事会及董事、监事、高级管理人员保证本报告所载资料不存在任何虚假记载、误导性陈述或者重大遗漏，并对其内容的真实性、准确性和完整性承担个别及连带责任。""公司负责人、主管会计工作负责人、会计机构负责人声明：保证本年度报告中财务报告的真实、完整。"这表明管理层除了对财务报表的真实性、准确性和完整性负责外，还应该对财务报表的使用者负责，确保公开发布的财务报表不存在误导、重大差错、违规和舞弊。

编制和公允列报财务报表是上市公司管理层的责任，因此上市公司管理层才是对财务报表质量负责的主体。从财务报表的供给角度来看，财务报表的错弊问题首先是源于公司内部，过多地依赖外部监管只会让财务报表在错弊出现问题之后才曝光于公众面前，因此公司治理是保障财务报表信息质量的第一步关键环节。

（二）公司治理对财务报表质量的影响

从广义的角度来看，公司治理是指公司控制权和剩余索取权分配的一整套法律、文化和制度性安排。从狭义的角度来看，公司治理是指有关公司董事会结构、审计委员会功能、股权结构等方面的制度安排。本书所提到的公司治理主要是指狭义的公司治理。蓝带委员会（BRC）指出了公司治理的作用：好的治理加强了公司主要参与方之间的义务关系，因此提高

---

① 〔美〕扎比霍拉哈·瑞扎伊：《财务报表舞弊：预报与发现》，朱国泓译，中国人民大学出版社，2005，第 27 页。

了公司业绩。它要求经理向董事会负责，董事会向股东负责，董事会监督的一个关键要素是与经理层合作，目的是实现公司法律和伦理的相互依从。这种监督包括确保高质量的会计政策、内部控制，以及独立、客观的外部注册会计师能恰到好处地威慑舞弊、预测财务风险，以及推进向董事会、公众市场和股东披露准确、高质量和及时的财务和其他重大信息。[①]

如果说财务报表的重大错报是由管理舞弊造成的[②]，那么，公司治理在预防重大错报上应该能起到关键和主导的作用。财务报表出自公司内部，公司治理应该是预防财务报表重述的第一道防线，而外部监管是第二道防线。蓝带委员会揭示了有关公司治理、审计委员会监督责任的三个结论：①有质量的财务报告只有通过公司董事会、审计委员会、管理层、内部注册会计师和外部注册会计师之间的公开和坦白的沟通及其紧密合作才能获得；②加强公司治理和对公开交易公司财务报告过程的监督将减少财务报表舞弊实例；③财务报告的诚正性、高质量和高透明度将增强投资者对资本市场的信心，而财务报表舞弊的发生则会削弱这种信心。[③]

具体来说，公司治理对财务报表质量的影响体现在公司治理和财务报表质量的互动关系上。一个缺乏激励机制、管理混乱的公司是无法让管理者有动力去向外部提供高质量财务信息的。良好的公司治理是提供高质量信息的原动力，也会和高质量信息之间形成良性的互动关系。公司治理的成果会体现在财务报表的信息当中，同时高质量信息的披露也会提升公司在资本市场的价值，具体表现为公司盈利能力的增强，从而促使管理者更加关注信息质量，使他们更愿意向外部披露高质量的信息。相关实证研究也提供了这方面的证据：默顿（R. C. Merton）、戴蒙德（D. W. Diamond）和韦雷基亚（R. E. Verrecchia）提供了信息披露与公司市场价值关系的正式模型。[④] 他们的研究发现，如果公司自愿披露会缓解公司和市场间的信息不

---

① 〔美〕扎比霍拉哈·瑞扎伊：《财务报表舞弊：预报与发现》，朱国泓译，中国人民大学出版社，2005，第 127 页。

② 王泽霞：《管理舞弊导向审计研究》，电子工业出版社，2005。

③ 〔美〕扎比霍拉哈·瑞扎伊：《财务报表舞弊：预报与发现》，朱国泓译，中国人民大学出版社，2005。

④ Robert C. Merton, "A Simple Model of Capital Market Equilibrium with Incomplete Information," *Journal of Finance* 42 (1987): 483 – 510; Douglas W. Diamond, Robert E. Verrecchia, "Disclosure, Liquidity and the Cost of Capital," *Journal of Finance* 46 (1991): 1325–1359.

对称，这会使公司的市场价值上升。希利（P. M. Healy）等人对戴蒙德和韦雷基亚的模型进行了检验。① 他们发现在披露质量等级提高后的那个年度，公司的业绩与同行业的其他公司相比有显著提高。② 另外，公司治理是高质量信息的保证。经济合作与发展组织（OECD）所提出的五条公司治理的指导性原则之五就是披露和透明。一个良好的公司治理结构本身就负有向外部提供高质量财务报表的责任，以此来增强投资者对公司的信心。但是这种责任往往在追求公司利益的过程中被忽略，很容易造成财务报表的错弊。近年来，国内外均出现较多财务报表舞弊现象，而这些报表舞弊的公司都存在公司治理上的种种问题，追根溯源，财务报表信息质量的提高还得从公司治理的改善开始。实际上，公司治理是保障财务报表信息质量的一种内在的制度安排，如果这种制度安排不合理或弱化，那么从某种程度上来说就为财务报表的错弊提供了条件。经验研究也为公司治理对保证财务报表信息质量的作用提供了证据。比斯利（M. S. Beasley）等人研究了公司治理机制在防范财务报告舞弊中所起的作用，研究发现，发生过财务报告舞弊的样本公司，相对于该行业没有发生舞弊的配比公司而言，具有较弱的公司治理机制。③ 另外，从公司治理机制发挥效用的角度来考察，也证明了公司治理能对财务报表信息质量的提高起到较好的促进作用。

从公司治理的特征来看，可以从董事会的结构、股权结构、独立董事、审计委员会等方面来考察公司治理对财务报表重述的影响。董事会在公司治理中起着非常重要的作用，董事会拥有对高管的控制权，享有聘用、考核、解雇高管的重要权利，在公司内部的整个控制体系中具有重要的地位。董事会的重要功能是降低代理成本，即使公司的所有权和控制权分离的成本最小化。由于股权的分散，没有一个股东有足够的动机来监督

① Paul M. Healy, A. P. Hutton, K. G. Palepu, "Stock Performance and Intermediation Changes Surrounding Sustained Increases in Disclosure," *Contemporary Accounting Research* 16 (1999): 485-520; Douglas W. Diamond, Robert E. Verrecchia, "Disclosure, Liquidity and the Cost of Capital," *Journal of Finance* 46 (1991): 1325-1359.

② 〔加〕威廉·R. 斯科特：《财务会计理论》（第3版），陈汉文等译，机械工业出版社，2006，第242页。

③ Mark S. Beasley, Joseph V. Carcello, Dana R. Hermanson, Paul D. Lapides, "Fraudulent Financial Reporting: Consideration of Industry Traits and Corporate Governance Mechanisms," *Accounting Horizons* 14 (2000): 441-454.

管理层的行为，而董事会便成为一个内部监管的最高机构，其监管的效果取决于董事会的效率，董事会的效率体现在董事会的独立性、专业能力以及勤勉性方面。董事会的结构是以往文献中重点考察的一个特征。如比斯利检验了董事会成员中外部成员比例较大可以显著降低财务报表舞弊的可能性。[①] 研究发现，未发生舞弊的公司董事会中拥有的外部董事比例显著高于发生舞弊的公司。独立董事是指不在公司担任除董事外的其他职务，并与所受聘的上市公司及其主要股东不存在可能妨碍其进行独立客观判断的关系的董事。独立董事机制的引入主要是为了增强董事会的独立性，然而有证据表明，自我国 2002 年实行独立董事制度以来，独立董事制度并没有发挥其应有的作用。蔡宁和梁丽珍以财务舞弊上市公司为研究对象，发现发生财务舞弊和未发生财务舞弊的公司董事会中外部董事比例不存在显著差异。[②]

审计委员会是否设立以及审计委员是否发挥应有的作用在"安然事件"之后重新受到极大的关注。《萨班斯-奥克斯利法案》更进一步强调了审计委员会的功能及保持独立性的重要性，并且明确了审计委员会的制度安排，按照《萨班斯-奥克斯利法案》的要求，发行证券公司的董事会应设立审计委员会，如果不设立的话，那么公司的整个董事会就被视为审计委员会。审计委员会的重要功能和责任之一就是保证财务报表信息披露的质量。艾博特（L. J. Abbott）等人分析了发生财务误报公司的审计委员会的特征，研究选取了 1991~1999 年公布了舞弊性财务报告的公司和报表重述的公司进行配对检验，发现审计委员会的独立性和开会次数与财务报表重述显著负相关，审计委员会中缺乏财务专家与报表重述显著正相关，审计委员会的独立性与财务报告舞弊负相关，审计委员会中财务专家的缺乏与财务报告舞弊正相关。[③] 中国证监会 2001 年 8 月制定并颁布了《关于在

① Mark S. Beasley, "An Empirical Analysis of the Relation between the Board of Director Composition and Financial Statements Fraud," *The Accounting Review* 71 (1996): 443-465.
② 蔡宁、梁丽珍:《公司治理与财务舞弊关系的经验分析》,《财经理论与实践》2003 年第 6 期, 第 80~84 页。
③ Lawrence J. Abbott, Susan Parker, and Gary F. Peters, "Audit Committee Characteristics and Financial Misstatement: A Study of the Efficacy of Certain Blue Ribbon Committee Recommendations," *SSRN Electronic Journal*, 2002.

上市公司建立董事制度的指导意见》，2002 年 1 月 7 日颁布了《上市公司治理准则》，第五十二条规定：上市公司董事会可以按照股东大会的有关决议，设立战略、审计、提名、薪酬与考核等专门委员会。专门委员会成员全部由董事组成，其中审计委员会、提名委员会、薪酬与考核委员会中独立董事应占多数并担任召集人，审计委员会中应至少有一名独立董事是会计专业人士。但是也有相反的证据表明，审计委员会并没有发挥作用。如迪丰德（M. L. DeFond）和贾姆巴沃（J. Jiambalvo）研究了 1977～1988 年 41 家发生财务报表重述的公司，研究发现，盈利的错报可能是由财务状况的恶化引起的，而且发生财务报表重述的公司更有可能是设立了审计委员会的公司。[1] 杨忠莲和徐政旦认为，我国公司成立审计委员会不具有提高财务报告质量的动机。[2]

股权集中度在公司治理中的作用存在争议。一种观点认为，大股东因其实际的控制权会对其他股东的利益进行掠夺。从侵占假设的观点来看，大股东较有可能去掠夺小股东的利益。现有的文献主要研究了股权集中度对公司绩效的影响，强调一股独大对中小股东利益的侵害。相反地，另一种观点认为，小股东缺乏动机去花费较大的监督成本去监督管理者，他们存在"搭便车"的问题。与此同时，大股东有强烈的动机去监督管理者，促使其重视股东的利益。大股东持股比例越高，就越有利于减少代理冲突。我国的一些学者也得出了类似的结论，并从不同角度做出了阐释。刘星和刘伟的研究发现，我国公司治理的关键不在于集中的股权结构，而在于缺乏相应的约束机制；其他大股东虽然能够对控股股东起到监督作用，但也可能与控股股东达成共谋以分享控制权收益。[3] 陈春梅从经济利益权衡的角度证明，随着上市公司投资机会的增加以及投资报酬率的日益增加，只要大股东潜在投资机会收益大于临界值，他们就会自愿提高会计信息披露质量，加强企业的投资者保护，限制自身对企业的剥削；并且

① Mark L. DeFond, James Jiambalvo, "Incidence and Circumstances of Accounting Errors," *The Accounting Review* 66 (1991): 643-655.
② 杨忠莲、徐政旦：《我国公司成立审计委员会动机的实证研究》，《审计研究》2004 年第 1 期，第 19～24 页。
③ 刘星、刘伟：《监督，抑或共谋？——我国上市公司股权结构与公司价值的关系研究》，《会计研究》2007 年第 6 期，第 68～75 页。

企业原投资者保护程度越低，会计信息披露程度越低，促使大股东发生转变，自愿提高会计信息披露质量所需要的潜在投资机会收益就越大。[①] 在中国的制度背景下，保持一定程度的股权集中，同时构建大股东多元化、股权相互制衡的治理机制，有助于解决目前我国上市公司的治理问题。实际上，有研究发现，除英美等少数国家外，股权相对集中的国家实际上更为普遍。[②]

总的来说，作为一种制度设计，公司治理在防止财务报表重述上起着关键的作用，财务报表重述的监管最有效、最直接的途径就是公司治理。

三　财务报表错弊的发现机制：外部审计的角色

（一）外部审计对财务报告的增值作用

外部审计在资本市场发展的过程中起到了不可忽视的推动作用。这种作用早在 1973 年美国会计学会出版的 *A Statement of Basic Auditing Concepts* 中就有详尽的描述，"审计功能有助于增加会计信息价值"，"审计职能带来的价值增值包括两个方面：控制和可信度"。我国 2006 年新修订的《中国注册会计师审计准则第 1101 号——财务报表审计的目标和一般原则》就指出："财务报表审计属于鉴证业务，注册会计师的审计意见旨在提高财务报表的可信赖程度。"[③] 外部审计让投资者信任财务报告所提供的信息，当然这种信息首先是建立在对注册会计师的信任基础之上的。投资者和其他财务报告的使用者期望注册会计师能客观、公正、独立地对财务报告进行审计，并防范财务报告的虚假陈述。审计的灵魂是独立性，甚至有人说没有独立性也就没有了审计。保持较高独立性的审计，能增强投资者

---

① 陈春梅：《大股东会计信息披露质量的选择分析》，《财会通讯》（学术版）2007 年第 5 期，第 26~28 页。

② Rafael La Porta, Florencio Lopez-de-Silanes, and Andrei Shleifer, "Corporate Ownership around the World," *Journal of Finance* 54 (1999): 471–517; Stijn Claessens, Simeon Djankov, and Larry H. P. Lang, "The Separation of Ownership and Control in East Asian Corporations," *Journal of Financial Economics* 58 (2000): 81–112; Mara Faccio, Larry H. P. Lang, and Leslie Young, "Dividends and Expropriation," *American Economic Review* 91 (2001): 54–78.

③ 中国注册会计师协会：《中国注册会计师执业准则》，经济科学出版社，2006，第 16 页。

对财务报表真实性的信心，保证资本市场有序、完善发展。

但也有相反的观点认为，注册会计师所提供的信息并没有增加财务报告的价值：希利（P. M. Healy）和帕利普（K. G. Palepu）分析了注册会计师和信息中介在信息披露过程中的有效性问题，认为尽管在理论上可以证明注册会计师促进了财务报告的可信度，但是实证分析所提供的证据却不多。① 也就是说，注册会计师是否显著提高了财务报告可靠性的研究并不多见。科塔里（S. P. Kothari）分析了股价对盈利公告的反应，发现总体而言，投资者认为会计信息是可靠的。② 但是，这种可靠性是来自注册会计师的保证，还是另有原因，却不得而知。瓦茨和齐默尔曼认为，注册会计师代表的是雇用他们的管理者的利益而非投资者的利益；注册会计师提供的只是年报的正式保证，所以很难向资本市场提供及时的信号；注册会计师关心的只是最小化其法律责任，而不是提高财务报告的可靠性。③

以上对注册会计师的责难是因忽略了两个问题而导致的。一个是期望差，从审计发展演变的历史和审计研究文献来看，审计报告的本质是对财务报告信息的价值再造，它使财务报告的使用者对财务报告有更进一步的认识，并以此为决策依据。因此，审计报告不是对财务报告真实性和合法性的完全保证，无法满足投资者对审计报告的过高期望。审计职业界一直在向公众做出说明，但公众对财务报告的过高期望却转嫁到审计报告上来，使注册会计师承担了不应承担的责任。④ 另一个是注册会计师本身固有的限制，如知识和经验等。因此，在研究注册会计师所提供信息的价值时必须考虑到这两个方面的影响。除此之外，影响注册会计师审计的因素还有：①注册会计师同时提供的咨询服务；②注册会计师将要承担的法律责任（法律条款和制度）；③审计标准；④职业技能；⑤职业道德等，这

---

① Paul M. Healy, Krishna G. Palepu, "Information Asymmetry, Corporate Disclosure, and the Capital Markets: A Review of the Empirical Disclosure Literature," *Journal of Accounting and Economics* 31 (2001): 405–440.

② S. P. Kothari, "Capital Markets Research in Accounting," *Journal of Accounting and Economics* 31 (2001): 105–231.

③ 〔美〕罗斯·L. 瓦茨、杰罗尔德·L. 齐默尔曼：《实证会计理论》（第四版），陈少华等译，东北财经大学出版社，2016。

④ 佘晓燕：《法律责任：太多还是太少——解读注册会计师法律责任的两种视角》，《云南财贸学院学报》（社会科学版）2006 年第 2 期，第 92~93 页。

些因素都会对注册会计师提供的信息的价值产生重要的影响。

总的来说，外部审计只是为上市公司发布的财务报表的诚正性和可靠性提供一种合理确信，并不是对财务报表不存在错弊的绝对保证。

（二）查错纠弊仍然是外部审计目标不可或缺的组成部分

既然外部审计并不是对财务报表不存在错弊的绝对保证，那么围绕财务报表重述的现象，本书不禁会追问：注册会计师到底要不要为有重大会计差错的报表即重述的报表负责？这要进一步追溯外部审计的目标问题。然而，外部审计的目标是什么？蔡春指出："审计的本质目标就是确保受托经济责任的全面有效履行。按照各种审计类别所列示的审计目标都是这一本质目标的具体化。"① 那么外部审计的具体目标是什么呢？这一目标的发展经历了一个漫长的过程。外部审计"因破产催生，由差错与舞弊孕育，与清算共同成长，最后才确立起来"。② 早期的审计，主要目标就是查错纠弊，但随着社会和经济的发展，审计目标经历了一个不断演变的过程。自 20 世纪中期以来，财务报表的公允性已经成为审计的首要目标，即使注册会计师提供了标准的无保留审计意见，也不能保证财务报表不存在任何错弊。但是，一旦财务报表存在重大错弊，注册会计师仍然会成为诉讼的主要目标，公众仍然把查错纠弊视作注册会计师的审计责任。那么注册会计师在审计财务报表时，对财务报表中的错弊究竟承担着什么样的责任呢？从 2006 年 2 月新修订的《中国注册会计师执业准则》中可以看到对注册会计师查错纠弊责任的界定。如《中国注册会计师审计准则第 1101 号——财务报表审计的目标和一般原则》第十四条指出："由于审计中存在的固有限制影响注册会计师发现重大错报的能力，注册会计师不能对财务报表整体不存在重大错报获取绝对保证。"第十五条指出："审计工作不能对财务报表整体不存在重大错报提供担保。"注册会计师财务报表审计的责任是什么呢？《中国注册会计师审计准则第 1101 号——财务报表审计的目标和一般原则》第五条指出："财务报表审计属于鉴证业务，注册会计师

---

① 蔡春：《审计理论结构研究》，东北财经大学出版社，2001，第 81 页。

② H. W. Robinson, *A History of Accountants in Ireland* (Ireland：Institute of Chartered Accountants, 1964)，p. 30.

的审计意见旨在提高财务报表的可信赖程度。"第十三条指出："注册会计师按照审计准则的规定执行审计工作，能够对财务报表整体不存在重大错报获取合理保证。"因此，审计准则中对注册会计师财务报表审计责任的界定仅限于两点：①财务报表属鉴证业务，审计意见只能提高财务报表的可信赖程度；②注册会计的审计只能对财务报表不存在重大错报提供合理保证，而不是绝对保证。这也就是所谓的合理的保证责任，它指的是注册会计师只能保证经过审计并发表了无保留意见审计报告的财务报表在所有重要方面都公允地反映了被审计单位的财务状况和经营成果，而不能保证其报表不存在任何错误、疏漏、隐瞒或者歪曲。

但是经过了多年的发展，审计至今仍然与差错、舞弊共存。尽管外部审计的首要目标不再是查错纠弊，但也不能忽视查错纠弊实际上一直是作为审计目标的一个组成部分，只是其重要性随着不同历史时期而有所变化。雷光勇认为："由于对财务报告舞弊的关注与侦查是注册会计师的法定责任与义务，如果注册会计师对长时间的客户财务报告舞弊行为未能发现，或对大面积的财务报告舞弊事项未能检查出，那么本研究就可以反推注册会计师存在审计合谋的嫌疑。进一步，如果某一注册会计师所审计的客户在总量上发生财务报告重述的比例较高或上升较快，那么本研究也可以得出该注册会计师进行审计合谋的可能性很大。"①

由于受财务报表的复杂性以及注册会计师的职业判断水平、经验等的限制，关于审计结论的总体判断将成为审计职业界面临的最大难题。

（三） 注册会计师为何没能发现重大会计差错

会计信息质量与审计独立性有着密不可分的关系。从审计的产生到发展，我们都能看到审计对会计信息质量起着关键的影响作用。审计职能的实施对会计信息质量产生了有效的控制作用。信息不对称的客观存在使得代理问题成为公司治理中的一大难题，信息披露被证明是解决信息不对称的有效手段，这一手段的有效性取决于信息的真实性和可靠性。外部审计应运而生，为增加上市公司信息的可信度服务。因此，外部审计是控制代

---

① 雷光勇：《证券市场审计合谋：识别与规制》，中国经济出版社，2005，第171页。

理问题的重要外部力量[①]，而控制的效果取决于审计质量。但是我们也知道审计不是对财务报表百分之百的保证，它也存在质量问题。什么是审计质量呢？美国审计学家迪安格罗（L. E. DeAngelo）这样定义：审计质量是注册会计师发现和报告会计报表中存在缺陷的联合概率。[②] 瓦茨和齐默尔曼进一步指出，注册会计师报告违约行为的概率（以发生违约行为为前提）取决于注册会计师发现某一特定违约行为的概率、注册会计师对已发现的违约行为进行报告或披露的概率。第一个概率取决于注册会计师的职业能力和在审计方面投入的人力和物力，第二个概率取决于注册会计师相对于客户的独立性。[③] 近年来备受争议的是注册会计师的独立性。独立性是审计质量得以保证的前提条件，蔡春指出："审计信息的公正性需以注册会计师的独立性为基础。只有保持了内在与外在的独立性，审计行为才能产生具有公正性的审计信息……为了实现审计信息的公正性，必须保证注册会计师的独立性免受任何侵蚀或削弱。"[④] 美国注册会计师协会职业道德规范中也指出，任何注册会计师，无论其业务技能多么高超，如丧失了独立性，那么他对财务报表表示的意见，以及对使用和依赖此种意见的客户、投资者、债权人和政府机构将毫无价值。

首先，注册会计师没能发现重大错报和审计独立性的丧失有关。审计独立性一向被视为审计职业的基石。在安然事件中，安达信的解体使全世界都更加关注注册会计师的独立性问题。休伦咨询公司（Huron）研究发现：截至2001年12月的五年中，平均每年就有11例年报重述与安达信有关；而在2002年，这一数字跃至40例，其中26例是由注册会计师的更换引起的。不断涌现的会计丑闻将包括世通、安然和安达信等在内的众多赫赫有名的公司拉下马，由此引发了对公司财务报表的信任危机。正是在此

---

① Michael C. Jensen, William H. Meckling, "Theory of the Firm: Managerial Behavior, Agency Costs and Ownership Structure," *Journal of Financial Economics* 3 (1976): 305-360; Ross Leslie Watts, Jerold L. Zimmerman, "Agency Problems, Auditing, and the Theory of the Firm: Some Evidence," *The Journal of Law and Economics* 26 (1983): 613-633.

② Linda Elizabeth DeAngelo, "Auditor Size and Audit Quality," *Journal of Accounting and Economics* 3 (1981): 183-199.

③ 〔美〕罗斯·L. 瓦茨、杰罗尔德·L. 齐默尔曼：《实证会计理论》（第四版），陈少华等译，东北财经大学出版社，2016，第200~201页。

④ 蔡春：《审计理论结构研究》，东北财经大学出版社，2001，第134~135页。

背景之下，各大公司纷纷选择对其财务报表进行重述。安达信的解体使新的注册会计师进驻并以新的视角关注其以前审计过的账目，这可能是导致报表重述数量增加的原因之一。研究报告表明，《萨班斯－奥克斯利法案》通过后的五个月里，申报报表重述的数量也远高于该年的前七个月。

美国《萨班斯－奥克斯利法案》重点强调了注册会计师的独立性规则。2003 年底，美国证券交易委员会根据《萨班斯－奥克斯利法案》第 208 节第 (a) 条款的规定，重新修订发布了关于注册会计师独立性的规则。与此同时，美国注册会计师协会（AICPA）也开始修订职业道德准则中的"独立性规则 101"。2003 年 9 月，AICPA 职业道德委员会完成了独立性规则的修订工作，发布了修订后的"独立性规则解释 101－3 执行非审计服务"。可见审计独立性受到了前所未有的重视。

其次，注册会计师没能发现重大错报与审计本身的固有限制有关。外部审计准则对审计的固有限制有详尽的阐释。其中，《中国注册会计师审计准则第 1141 号——财务报表审计中对舞弊的考虑》分析了固有限制的情形，并指出舞弊导致的重大错报未被发现的风险，通常大于错误导致的重大错报未被发现的风险。影响注册会计师发现由舞弊导致的重大错报的因素包括：①舞弊者的狡诈程度；②串通舞弊的程度；③舞弊者在被审计单位的职位级别；④舞弊者操纵会计记录的频率和范围；⑤舞弊者操纵每笔金额的大小。

最后，注册会计师的知识和经验也对财务报表审计有较大影响。美国审计总署在其《关于会计师事务所强制轮换潜在影响的研究报告》中指出：注册会计师没能发现重大错报的原因之一在于，注册会计师的知识和经验限制了其发现错报。影响注册会计师发现重大财务报告问题的能力的因素包括：①教育、培训和经验；②对公认会计原则和公认审计准则的了解；③对公司所处行业的经验；④恰当的审计小组人员配置；⑤确定客户承接时，所实施的有效的风险评估程序；⑥对客户经营系统和财务报告惯例的了解。

（四）财务报表重述是否意味着较低的审计质量

经审计过的报表还发生重述在某种程度上是不是意味着审计质量较

差？对这些重述报表，注册会计师的审计意见如何？在现实中，财务报表出现重大问题时，公众一般都会问"注册会计师干什么去了"，人们仍然会质疑外部审计的有效性。注册会计师是资本市场的"Watch Dog"，无论在实质上还是形式上，注册会计师和财务报表的错弊都有着不可分割的关系。一般认为高质量的审计能提高财务报表的质量，那么存在较多问题的财务报表得以披露，是不是说明审计质量存在问题？美国 SEC 的首席会计师就曾指出 SEC 把财务报表重述认定为审计失败。[1] 著名审计学家阿伦斯（A. A. Arens）和洛贝克（J. K. Loebbecke）的研究认为：导致审计失败的原因主要是注册会计师未能搜集充分的证据，以发现和揭示会计报表存在的错报和漏报。[2] 那么本书能不能形成这样一个推断，即如果在审计过程中审计人员没有注意到被审计对象存在的重大会计差错，没有出具保留意见、无法表示意见甚至否定意见的审计报告，对报告使用者提出警示，那么审计人员就没有尽到应有的审计关注责任。也就是说，如果注册会计师把存在重大错报和漏报的会计报表认定为真实、公允的报表，导致后期财务报表因重大会计差错而必须重述，是不是就是承认前期审计的失败呢？当然这一推断还需要在进一步的研究中得到证实。

但财务报表重述与审计质量之间的关系也要从两方面来看，一方面从大量的重述案例中可以看出，审计质量的确存在较多问题；但另一方面也不能不考虑注册会计师对财务报表的审计责任以及审计本身的固有限制，即注册会计师知识及经验的局限性、注册会计师的有限理性行为、审计范围的限制等等。

从我国会计师事务所审计中涉及重大会计差错追溯调整所暴露出的一些问题来看，财务报表重述并非和审计质量没有关系。首先，发生重大会计差错的公司在更换会计师事务所的情况下，其聘请的后任会计师事务所在对公司以前年度会计数据进行重大会计差错追溯调整时，未按照审计准则的要求，与公司的前任会计师事务所进行充分的沟通。其次，在发生重

[1]　Lynn Turner, "20th Century Myths," Speech Delivered at New York University, November 15, 1999.

[2]　Alvin A. Arens, James K. Loebbecke, *Auditing: An Integrated Approach*, *Eighth Edition* (New Jersey: Prentice Hall, Inc, 2000).

大会计差错更正的公司中，大多数公司在以前年度聘请的会计师事务所在审计时未严格按照审计准则的要求，充分履行相关审计程序，导致未能在以前年度及时发现并改正重大会计差错。最后，也存在部分会计师事务所在以前年度对会计准则、会计制度和有关规定的理解不够准确，在一定程度上未能防止上市公司在以后年度发生重大会计差错追溯调整。

四　财务报表错弊的更正机制

（一）当年财务报表错误的补充更正

当年财务报表错误的补充更正指的是上市公司在发布年报之后于当年之内发布补充公告或更正公告，以纠正在当年发布的财务报表中的错漏。这类补充更正公告所包含的内容比较多。本章对我国上市公司 1999～2005 年补充更正公告进行了整理分析，发现对当年发布年报的补充更正公告有以下特点。

1. 错误类型特点

年报中错误的类型主要包括以下几种。①不合规范的差错。如年度报告文件中缺少资产减值准备明细表和利润表的补充资料（如北新集团建材股份有限公司 2001 年度报告补充公告等）。②文字表述的差错。如深圳中华自行车（集团）股份有限公司关于 2001 年年度报告更正公告称，由于工作人员的疏忽，年报第九节"监事会工作报告"中公司监事会对 2001 年有关事项意见中"2001 年度审计报告为非标准无保留意见的审计报告"误写为"2001 年度审计报告为标准无保留意见的审计报告"。虽然是误写，但这一错误的性质还是严重的。③技术性差错。在年报补充更正公告中，有公司称因电脑传送数据有误及未核对准确，造成部分内容错误。④漏记事实。⑤不符合披露要求的差错等。

2. 补充更正公告的形式不规范

有的公司重编了报表，并说明了重编报表具体的发布日期及网站。有的公司把修正过的报表放在公告里，大多数公司只是发布一个公告，并没有说明是否重编了报表。也有细心的公司特别申明，更正过的报表在更正处以红字的方式进行了标识，敬请投资者注意查阅。从公告的名称来看也是五花八门，主要有：①年度报告的更正公告；②年度报告的补充公告；③年度报告的修正公告，如新疆冠农果茸股份有限公司关于 2005 年年度报告的修正公告；④年度报告的调整公告，如南宁糖业股份有限公司 2003 年年度报告的调整公告等。

3. 年报补充更正公告太过频繁

有的公司更正公告和年报在同一天发布，有的公司连续几个年度都发布年报补充更正公告，也有的公司在同一年度连续发布年报补充更正公告。

4. 不披露是谁发现了差错

大部分的公告没有表明是谁要求进行更正，少部分指明是证交所要求进行更正和补充。主动更正差错，还是被查出来后进行更正，这一点对投资者来说是非常重要的。但大部分公司似乎有意回避这一点。

5. 重编年报的情况

由于没有对更正错误时重编年报的要求，在重编年报方面，上市公司的差异很大。有的公司在公告中说明对原先发布的年报进行了修改；有的公司说明对年报进行了修改，而且经修改的年报重新发布到指定的网站上，并注明经修订；也有的公司只是发布更正和补充公告，并未说明是否修改了年报，或是否重新披露。

从公告披露说明中可以看出，差错主要是通过证券交易所的年报事后审核发现的，大多数错误都是应该能够避免的。如果上市公司认真核查，规范及文字类的错误会减少很多，有的公司极不认真，连更正公告中都有显而易见的文字错误。

从以上的分析来看，虽然当年的补充更正公告也是对财务报表错漏的更正和补充，但其性质与前期差错的追溯调整是完全不一致的。因此，就重述的实质而言，当年发布年报的补充更正公告不属于财务报表重述的范畴。但它也是对财务报表错弊进行更正的一部分。

（二）前期发布财务报表的重述

重述的第一个环节是财务报表重述的提起，公司内部的董事会或审计委员会、注册会计师或是证券监管部门都有可能会对财务报表提起重述。

如果涉及舞弊可能需要较长的时间来调查取证。这一过程还包括提起重述后应及时发布重述公告，向上市公司外部披露重述的基本情况，以便投资者做出正确的决策。

重述的第二个环节是财务报表更正的过程，即上市公司对财务报表中的错弊进行核查，分析差错原因，并追溯重述前期差错。

重述的第三个环节是重述财务报表的重新审计。重述后的报表同样需经注册会计师审计，在被出具相应审计意见之后才能披露。

重述的第四个环节是重述财务报表的披露。经审计过的重述后的报表应及时向投资者披露，以反映错弊的程度和内容、错弊发生的环节、错弊发生的原因、错弊更正的情况、错弊所造成的影响、管理层及董事会的态度等。

（三）财务报表重述的实施管理

本章认为完整的财务报表信息披露应该是包括纠错制度在内的一个有机组合。当已披露的报表发现错弊之后，要遵循报表重述制度进行财务报表重述，同时重述之后的报表也必须经过注册会计师审计，再向公众发布经审计的重述报表，且重述前的报表和重述后的报表要重新公布，以便投资者能全面了解报表重述的情况，并进行对比分析，具体过程如图6-1所示。

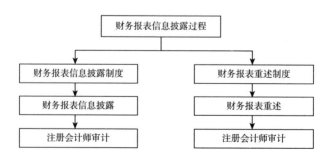

图 6-1　财务报表信息披露过程

具体来说，这一制度应包括以下几个组成部分：①财务报表重述概念的界定；②财务报表重述范围的认定；③财务报表重述认定的条件；④重述方法的认定；⑤重述的提起程序；⑥财务报表重述的具体要求，包括发布重述临时公告；重述报表的具体要求，包括重述的格式要求（财务报表重述应当以单独的表格来进行披露，重述的报表要有专门的格式要求，包括临时公告也应有统一的规范）；⑦对发生报表重述公司的相应处罚等。

第七章

财务报表重述与公司治理特征

财务报表重述在某种程度上说明财务报表存在重大错报，而报表的提供者即上市公司是这一错报的源头。财务报表的真实性、可靠性、相关性主要取决于上市公司内部公司治理的情况，内部公司治理在财务报表重述的预防上起着举足轻重的作用。一般来说，如果公司治理没有发挥应有的作用，那么就很有可能会披露不真实可靠的财务报表，导致随后发生财务报表重述。本章在以下的研究中选取了我国资本市场上发生报表重述的上市公司和未发生报表重述的上市公司进行对比分析，并检验了公司治理特征变量和财务报表重述的相关性，以考察公司治理在财务报表重述上的防范作用，并提供相应的经验证据。

2007年正式实施的《企业会计准则第28号——会计政策、会计估计变更和差错更正》标志着我国财务报表重述制度的发展进入第三个阶段。该准则明确规定"企业应当采用追溯重述法更正重要的前期差错，但确定前期差错累积影响数不切实可行的除外"。这是我国第一次正式提出以"追溯重述法"来进行前期差错的更正，"重述"字眼的出现标志着我国财务报表重述制度的基本成熟。随着资本市场的不断发展，上市公司和外部会计信息使用者之间信息的不对称，使得信息的重要性日益凸显。财务报告信息的披露是降低市场信息不对称的重要途径。财务会计的目的是通过向外部会计信息使用者提供有用的信息，帮助使用者做出相关决策。承担这一信息载体和功能的便是企业编制的财务报告，它是财务会计确认和计量的最终成果，是沟通企业管理层与外部信息使用者之间的桥梁和纽带。

但是，近年来，上市公司对以往公开的财务报告因出现差错、遗漏等情况而进行财务报表重述的现象变得越来越普遍。制度的变化在一定程度上会对公司的财务报表重述行为产生影响，因此本章将分为两部分，分别研究 2002~2006 年和 2007~2017 年公司治理特征变量与财务报表重述的关系。

一　财务报表重述与公司治理特征变量的经验证据（2002~2006 年）

（一）研究假设

根据现有的研究文献以及内部公司治理的特征，针对财务报表重述公司在差错发生年度的特点，对公司治理特征与财务报表重述的相关性做出假设。

1. 外部审计的特征

在初始差错年，尽管部分公司可能存在审计意见购买动机影响审计报告质量的情况，但是绝大多数注册会计师应当能够保持应有的独立性，确保审计质量；且非标审计意见在某种程度上说明了财务报表在合法性、真实性等方面存在一定的问题。因此与无重述公司组相比，本章认为重述公司组的非标准无保留意见更显著。李爽和吴溪认为，审计复杂程度越高，预期审计收费水平越高，并以期末拥有的、纳入合并范围的子公司数量的多少作为审计复杂程度的替代指标。[①] 鉴于此，本章还认为审计复杂程度越高即期末拥有的、纳入合并范围的子公司数量越多，发现会计差错的可能性就越小（因为有相当一部分子公司的主审会计师与母公司的主审会计师不同，导致母公司的主审会计师对纳入合并范围的子公司的财务报表可靠性不是很了解，难免存在一些由子公司引起的会计差错）。

H1：财务报表重述与非标审计意见正相关。被出具非标审计意见的公司越有可能发生财务报表重述。

H2：财务报表重述与审计复杂程度正相关。审计复杂程度越高，发生财务报表重述的可能性越大。

[①] 李爽、吴溪：《审计定价研究：中国证券市场的初步证据》，中国财政经济出版社，2004。

2. 股权集中度

股权集中度是指公司股权被少数股东集中持有的程度。从上市公司股权集中度来看，第一大股东持股比例代表了大股东对上市公司的掌控程度。英美公司主要是属于股权分散型，但大股东的存在也可能使其更有动力去监督公司的管理部门。① 也有文献持相反的看法，认为股权过度集中会导致大股东对小股东的掠夺，从满足私人收益的角度而言，大股东有动机向外部投资者披露虚假的会计信息。基于我国一股独大、股权高度集中的股权特点，本节提出以下假设。

H3：财务报表重述与第一大股东持股比例正相关，即第一大股东持股比例越高，发生财务报表重述的可能性越大。

3. 董事会特征

董事会对财务报表的供给过程起着重要的监督作用，作为公司内部的最高监督机构，董事会通过其对管理层的监管，促使管理层确保财务报表质量的提高，保护投资者的利益。但是当管理层出于利己目的欺诈性地发布重大误导的财务报表，而董事会疏于监控管理层的行为、监督内部控制结构以及财务报告过程，并且疏于预防和发现财务报表舞弊时，财务报表舞弊就可能发生。② 董事会作用的发挥有赖于其成员的独立性和专业胜任能力。

现有的一些研究报告都对董事会的作用进行了研究，如美国反对虚假财务报告委员会（Treadway Commission）及其下属的发起人委员会（COSO），以及蓝带委员会（BRC）、职业监督委员会（POB）发布的研究报告。在以往的文献中关于董事会和财务报表质量关系的研究主要集中于董事会独立性和董事会成员勤勉性对报表质量的影响。英国公司治理财务方面委员会（CFACG）的 Cadbury 报告认为，审计委员会在保证公司财务报表真实性方面具有重要作用。③ 迪丰德（M. L. DeFond）和贾姆巴沃（J. Jiambalvo）、

---

① Andrei Shleifer, Robert W. Vishny, "Large Shareholders and Corporate Control," *Journal of Political Economics* 94（1986）：461 - 488；Michael C. Jensen, "The Modern Industrial Revolution, Exit, and the Failure of Internal Control Systems," *The Journal of Finance* 48（1993）：831-880.

② 〔美〕扎比霍拉哈·瑞扎伊：《财务报表舞弊：预报与发现》，朱国泓译，中国人民大学出版社，2005，第 150 页。

③ A. I. Benjamin, "The View from Taft," *Business World* 8（2003）：1.

麦克马伦（D. A. McMullen）发现，董事会中审计委员会的设置有利于降低公司出现会计差错或财务欺诈的可能性。[①] 董事长与 CEO 双职合一的情况被认为是一种冲突，双职合一往往被认为会降低董事会的独立性，更有可能导致财务报表质量的下降。比斯利（M. S. Beasley）等人发现舞弊公司的董事会与非舞弊公司的董事会在组成、任期、成员的所有权水平以及审计委员会等方面存在差异。[②]

中国证监会于 2001 年 8 月颁布了《关于在上市公司建立独立董事制度的指导意见》，要求 A 股上市公司在 2002 年 6 月 30 日以前，董事会成员中应当至少包括 2 名独立董事；在 2003 年 6 月 30 日以前，董事会成员中应当至少包括 1/3 的独立董事，其中至少包括 1 名会计专业人士。外部董事在董事会中的比例是用来衡量董事会有效运作的一个重要变量。为改善公司治理，2002 年 1 月 7 日，中国证监会和国家经贸委联合发布了《上市公司治理准则》（证监发〔2002〕1 号）。该准则第五十二条规定："上市公司董事会可以按照股东大会的有关决议，设立战略、审计、提名、薪酬与考核等专门委员会。专门委员会成员全部由董事组成，其中审计委员会、提名委员会、薪酬与考核委员会中独立董事应占多数并担任召集人，审计委员会中至少应有一名独立董事是会计专业人士。"因此，我国上市公司董事会的构成在 2002 年之后应该有较大的改观，为研究公司治理特征对财务报表重述的影响，提出了以下假设。

H4：财务报表重述与双职合一正相关，即董事长与 CEO 双职合一时，发生财务报表重述的可能性较大。

H5：财务报表重述与独立董事在董事会中的比例负相关，即独立董事在董事会中的比例越高，发生财务报表重述的可能性越小。

H6：财务报表重述与董事会开会次数负相关，即董事会开会次数越多，发生财务报表重述的可能性越小。

---

① Mark L. DeFond, James Jiambalvo, "Incidence and Circumstances of Accounting Errors," *The Accounting Review* 66 (1991): 643–655; Dorothy A. McMullen, "Audit Committee Performance: An Investigation of the Consequences Associated with Audit Committees," *Auditing: A Journal of Practice and Theory* 16 (1996): 87–103.

② Mark S. Beasley, Joseph V. Carcello, and Dana R. Hermanson, "Fraudulent Financial Reporting: 1987–1997, An Analysis of U. S. Public Companies," *New York: COSO*, 1999.

H7：财务报表重述与审计委员会负相关，即设立审计委员会的公司，发生财务报表重述的可能性较小。

（二）研究设计

1. 模型设计

本节利用 Logistic 模型来检验公司治理特征与财务报表重述的关系。财务报表重述（*Restatement*）作为被解释变量，设置为二元虚拟变量。具体解释变量根据上述假设有：审计意见（*Opinion*）、审计委员会（*Audcom*）、审计复杂程度（*Sqsubs*）、第一大股东持股比例（*Top*1）、董事长与 CEO 双职合一（*Dual*）、独立董事比例（*Indr*）、董事会规模（*Brdsize*）、董事会开会次数（*Brdmt*）。考虑到盈利状况（*Pro*）、净资产收益率（*Roe*）、资产负债率（*Lev*）、公司规模（*Size*）也会影响财务报表重述，将其作为控制变量。因此，本节构建的 Logistic 回归模型如下：

$$Restatement = \beta_0 + \beta_1 Opinion + \beta_2 Dual + \beta_3 Indr + \beta_4 Brdsize + \beta_5 Brdmt + \beta_6 Audcom +$$
$$\beta_7 Sqsubs + + \beta_8 Top1 + \beta_9 Lev + \beta_{10} Roe + \beta_{11} Size + \beta_{12} Pro + \varepsilon$$

2. 变量定义

各变量的类型、名称及含义如表 7-1 所示。

表 7-1 变量的类型、名称及含义

类型	符号	定义
被解释变量	*Restatement*	财务报表重述公司取值为 1，否则为 0
解释变量	*Opinion*	审计意见报告期内出具非标审计意见，取值为 1，否则为 0
	Audcom	报告期内设立了审计委员会，取值为 1，否则为 0
	Sqsubs	*Sqsubs*=报告期内期末拥有的、纳入合并范围的子公司数量取平方根
	*Top*1	第一大股东持股比例
	Dual	董事长与 CEO 双职合一的虚拟变量，当出现兼任时取值为 1，否则为 0
	Indr	独立董事比例：独立董事数量/董事总人数

续表

类型	符号	定义
解释变量	*Brdsize*	董事会规模：年度末董事会成员人数，取自然对数，即 ln（董事会人数）
	Brdmt	年度内董事会开会次数，取自然对数，即 ln（董事会开会次数）
控制变量	*Pro*	重述之前年度盈利取值为 1，否则为 0
	Roe	净资产收益率：*Roe*＝净利润/平均股东权益
	Lev	资产负债率：*Lev*＝期末负债总额/期末资产总额
	Size	公司规模：期末资产总额取自然对数
	Year	考察报告期间在 2002 年以后（含 2002 年），取值为 1，否则为 0

注：样本公司报告期间为初始差错年。

（1）被解释变量：财务报表重述（*Restatement*）

本节拟通过样本公司与配对样本公司各变量间配对检验比较，进一步了解、分析样本公司的公司治理特征和财务报表重述的相关性。于是，参照经验研究中配对检验的常用方法，将财务报表重述设定为配对检验模型的被解释变量。

界定：发生财务报表重述的公司取值为 1，否则为 0。

（2）解释变量

①审计意见（*Opinion*）：审计意见在某种程度上反映了注册会计师对财务报表错弊的识别，同时传递了财务报表质量高低的信息。因此，以审计意见作为解释变量，目的是检验非标审计意见和财务报表重述之间的相关性。

界定：对财务报表重述公司出具非标审计意见取值为 1，否则为 0。

②审计委员会（*Audcom*）：审计委员会的设立情况。审计委员会自诞生以来，在英美国家一直被认为是公司治理结构中提高财务信息质量的重要机制。

界定：差错发生年度当年设立审计委员会取值为 1，否则为 0。

③审计复杂程度（*Sqsubs*）：审计复杂程度的替代变量较多，有子公司数量（*Sqsubs*）、涉及行业数（*Indus*）、长期债务占总资产的比重（*Debt*）、股本占总资产的比重（*Stock*）等。较常用的是上市公司期末拥有的、纳入合并范围的子公司数量，即认为公司的子公司数量越多，审计的工作量越

多、难度越大，越有可能出现财务报表重述。

界定：审计复杂程度为财务报表重述公司在差错发生年度的报告期内期末拥有的、纳入合并范围的子公司数量取平方根。

④第一大股东持股比例（*Top*1）：我国上市公司的股权结构是股权高度集中模式，表现为非流通股股东占主导地位。

界定：*Top*1 为第一大股东持股比例。

⑤董事长与 CEO 双职合一（*Dual*）：这一变量较多用来衡量董事会的独立性。有研究认为董事长与 CEO 双职合一会降低董事会的独立性。德肖（P. M. Dechow）等人发现董事长与 CEO 双职合一的公司更容易发生盈余操纵。[1] 詹森（M. C. Jensen）认为双职合一使得 CEO 权力过度集中而无法有效履行董事长的职责。[2]

界定：董事长与 CEO 双职合一的虚拟变量，当出现兼任时取值为 1，否则为 0。

⑥独立董事比例（*Indr*）：用来衡量董事会独立性的指标。

界定：独立董事数量/董事总人数。

⑦董事会规模（*Brdsize*）：董事会规模是影响董事会工作效率的一个重要因素。董事会规模的大小也是以往文献研究的一个主要内容，主要有两种观点。一种认为董事会规模不宜过大。利普顿（M. Lipton）和洛希（J. W. Lorsch）认为小的董事会更有效率，如果规模超过 10 人，董事就不能充分表达自己的意见。[3] 而另一种认为董事会规模应尽量大一些。耶尔马克（D. Yemack）、道尔顿（D. R. Dalton）等人认为董事会的规模要足够大才能较好地履行监督和提供咨询的职能，才能向管理层提供较好的建议。[4]

---

[1] Patricia M. Dechow, Richard G. Sloan, and Amy P. Sweeney, "Causes and Consequences of Earnings Manipulation: An Analysis of Firms Subject to Enforcement Actions by the SEC," *Contemporary Accounting Research* 13 (1996): 1-36.

[2] Michael C. Jensen, "The Modern Industrial Revolution, Exit, and the Failure of Internal Control Systems," *The Journal of Finance* 48 (1993): 831-880.

[3] Martin Lipton, Jay W. Lorsch, "A Modest Proposal for Improved Corporate Governance," *Business Lawyer* 48 (1992): 59-77.

[4] David Yermack, "Higher Market Valuation of Companies with a Small Board of Directors," *Journal of Financial Economics* 40 (1996): 185-211; Dan R. Dalton, Catherine M. Daily, Jonathan L. Johnson, and Alan E. Ellstrand, "Number of Directors and Financial Performance: A Meta-Analysis," *Academy of Management Journal* 42 (1999): 674-686.

界定：年度末董事会成员人数，取自然对数，即 ln（董事会人数）。

⑧董事会开会次数（*Brdmt*）：因为董事对公司事务的投入程度和努力程度较难衡量，所以用董事会开会次数作为替代变量，董事会的开会次数在一定程度上代表了董事的勤勉程度和对工作的投入程度。比斯利（M. S. Beasley）等人研究发现，董事会监督财务报告的有效性与董事会开会次数正相关。[①]

界定：年度内董事会开会次数，取自然对数，即 ln（董事会开会次数）。

（3）控制变量

①盈利状况（*Pro*）：公司上年的盈利和亏损情况在一定程度上会影响到下一年度公司决策。因此在研究报表重述时把它作为控制变量之一。

界定：重述之前年度盈利取值为 1，否则为 0。

②净资产收益率（*Roe*）：它作为判断上市公司盈利能力的一项重要指标，一直受到证券市场参与各方的极大关注。上市公司在年度报告中将 *Roe* 作为信息披露的主要指标之一；证券监管部门把 *Roe* 作为一项控制参数，判断上市公司是否具备配股条件；投资者用 *Roe* 分析上市公司的盈利能力，并以历年 *Roe* 的变动趋势来预测上市公司的成长性。

界定：*Roe* 取值为净利润与平均股东权益的百分比。

③公司规模（*Size*）：不同规模的上市公司可能对盈余错报动机的强烈程度不一样。本节参照大多数研究采用的方法，以上市公司的总资产金额大小作为上市公司规模大小的替代指标。为了避免总资产与其他变量间的非线性关系，取其自然对数。

界定：*Size* 取值为上市公司期末总资产金额的自然对数值。

④资产负债率（*Lev*）：资产负债率也是经验研究中普遍设定的反映公司财务特征的主要财务指标之一。

界定：*Lev* 取值为期末负债总额与期末资产总额的比值。

⑤哑变量（*Year*）：考虑到《上市公司治理准则》（证监发〔2002〕1

---

① Mark S. Beasley, Joseph V. Carcello, Dana R. Hermanson, and Paul D. Lapides, "Fraudulent Financial Reporting: Consideration of Industry Traits and Corporate Governance Mechanisms," *Accounting Horizons* 14（2000）: 441–454.

号）颁布的时效性，设定了一个时间控制变量。

界定：设置 *Year* 为时间控制变量，差错发生年度在 2002 年以后（含 2002 年）取值为 1，否则为 0。

3. 样本选取

本书根据对我国 2002～2006 年 A 股上市公司（包含既发行 A 股又发行 B 股的上市公司）财务报告的查阅，筛选出年报附注中披露了会计差错（含重大会计差错）事项的上市公司，累计 991 家，其中 354 家重复（见第四章）。本章将从 637 家会计差错（含重大会计差错）公司（不含重复）中选取样本。在选取过程中，依照所遇到的问题做出如下说明。

（1）有关信息披露不完整、不规范的考虑

考虑到我国上市公司年报披露会计差错（含重大会计差错）事项的信息存在不完整性、不规范性，确定研究检验的是对财务成果产生影响的重述，所以对财务成果不造成影响的重述并没有包括在实证检验的样本当中。结合实证研究中对相关数据的收集要求，以及本书的研究需要，对会计差错公司中存在差错年、差错原因以及财务影响不明等的情形进行剔除。

（2）会计差错（含重大会计差错）研究报告期间的界定

会计差错（含重大会计差错）事项披露当年是财务报表重述年。但由于重大会计差错是对前期差错的追溯调整，所以差错的发生年和重述年是不一致的，并且会计差错（含重大会计差错）事项的发生年实际上不止 1 年，研究发现，部分上市公司甚至追溯了前几年的会计差错。由于财务报表重述公司会计差错（含重大会计差错）事项的发生年年数不同，如何对会计差错（含重大会计差错）事项的研究报告期间进行界定，可能会影响部分实证结果。基于可比性、一致性原则的考虑，通常会选择差错发生的初始年或最后一年为研究报告期间。迪丰德（M. L. DeFond）和贾姆巴沃（J. Jiambalvo）认为，会计差错动机在数年差错年的第一年显得尤为直接、强烈，且影响的性质、程度也显得尤为关键、重要。[①] 因此，本书核实了

---

① 类似于 DeFond 和 Jiambalvo 选取会计差错发生最早的一期年报 ［Mark L. DeFond, James Jiambalvo, "Incidence and Circumstances of Accounting Errors," *The Accounting Review* 66 (1991): 643-655］。

每项会计差错的发生年份，特别是最早的差错事项的发生年份，其具体年份结构如图 7-1 所示。

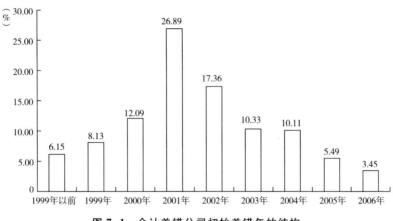

图 7-1　会计差错公司初始差错年的结构

　　本章拟选择差错年的第一年作为初始差错年，将首次披露更正发生年的会计差错（含重大会计差错）事项的年报年份作为重述年；并将拟选取的样本在其重述年与初始差错年报告期间得到的实证结果进行比较分析。

　　（3）研究对象观察期的考虑

　　本章拟将样本的初始差错年、重述年界定为 1999～2006 年。其原因在于三个方面。一是财政部于 1999 年 4 月 13 日印发了《会计师（审计）事务所脱钩改制实施意见》（财协字〔1999〕37 号），脱钩改制在一定程度上促进了注册会计师审计报告行为。① 二是脱钩改制后参与证券审计的会计师事务所相对稳定。如图 7-2 所示，自 1999 年起具有许可证（证券市场审计）的事务所中参与年审的事务所所占比重的变化相当稳定（1999 年为 88.68%，2000 年为 98.72%，2000 年以后为 100%），且参与年审的事务所数量也得到了控制。这在一定程度上有利于考察会计师事务所的特征

　　① 刘峰、林斌：《会计师事务所脱钩与政府选择：一种解释》，《会计研究》2000 年第 2 期，第 9～15 页；王跃堂、陈世敏：《脱钩改制对审计独立性影响的实证研究》，《审计研究》2001 年第 3 期，第 2～9 页；李爽、吴溪：《中国证券市场中的审计报告行为：监管视角与经验证据》，中国财政经济出版社，2003。

及规模。三是基于 1999 年以前年度由于信息披露规范的限制，部分拟检验的数据不便于获取的考虑，剔除初始差错年、重述年不属于 1999~2006 年的会计差错公司。

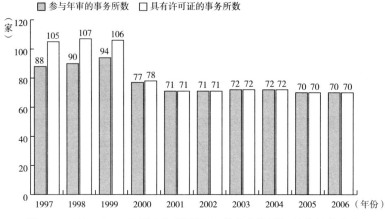

图 7-2　1997~2006 年具有证券期货相关业务许可证的会计师事务所年度审计参与情况

（4）特殊行业类别的考虑

由于金融保险行业的特点，其竞争情况明显区别于其他行业。为了确保样本的可比性、一致性，在选取样本时将不考虑此类特殊行业的重大会计差错公司。

基于对上述因素的考虑，剔除存在上述问题之一的重大会计差错公司后，实际研究样本为 424 家。然后，以证监会行业划分标准、上市交易所、资产总值、上市年龄及其声誉等作为配对标准[①]，对每一家上市公司选取一家最为符合配对标准的上市公司组成配对，其选取配对样本的主要依据如下。

①行业（Industry）：按证监会行业划分标准，样本公司、配对样本公司应属同一行业；

[①]　配对标准参照的主要文献为：Gongmeng Chen, Michael Firth, Daniel N. Gao, and Oliver M. Rui, "Ownership Structure, Corporate Governance, and Fraud: Evidence from China," *Journal of Corporate Finance* 12（2006）：424-448；陈凌云、李斆：《中国证券市场年报补丁公司特征研究》，《证券市场导报》2006 年第 2 期，第 35~42 页。

②交易所（Stock Exchange）：在满足①条件下，样本公司、配对样本公司上市的交易所相同，即上海证券交易所或深圳证券交易所；

③公司规模（Firm Size）：在满足①、②条件下，选取与对应样本公司资产总额相近的上市公司（在 30% 差异范围内）；

④上市年龄（Listing Age）：在满足①、②、③条件下，选取与对应样本公司的上市时间相近的上市公司（3 年内的时间差异）；

⑤时间区间（Time Period）：在满足①、②、③、④条件下，在相应的时间区间中，配对样本公司是否都能公开获得用于配对检验的数据；

⑥公司声誉（Corporate Reputation）：在同时满足上述要求的条件下，配对样本公司必须在研究期间内未曾发生会计差错或重大会计差错。

在配对过程中，发现符合上述配对标准的公司仅有 210 家，占配对前样本总数的 49.53%。因此，本节实证研究对象的主要样本公司为 424 家，进行配对检验的样本公司、配对公司各有 210 家。

4. 研究方法和数据来源

本书运用统计软件 SPSS 11.5 对上述模型中设定的变量数据采取多项统计方法进行了统计结果的比较、分析，并验证了上述提出的研究假设。本书主要进行了单变量检验、各变量间相关性检验以及 Logistic 回归统计分析。数据来源说明：研究数据主要来源于中国证券监督管理委员会网站（http：//www.csrc.gov.cn）、中国证券网（http：//www.cnstock.com）、巨潮资讯网（http：//www.cninfo.com.cn）、上海证券交易所网站（http：//www.sse.com.cn）、新浪财经网（http：//finance.sina.com.cn）等，以及 CSMAR 数据库。

（三）实证研究结果及分析

1. 样本描述性统计分析

（1）报表重述公司和无重述公司的单变量检验

表 7-2 为财务报表重述组与无重述组的配对比较结果，Panel A 为连续变量的 t 检验，Panel B 为虚拟变量的 Wilcoxon 检验，结果表明，两个组的 *Sqsubs*、*Top*1、*Opinion* 变量均在 5% 的水平下存在显著差异，*Brdsize*、

Lev 变量均在 10% 的水平下存在显著差异，但是在其他变量上均不存在差异，特别是与董事会相关的 *Indr*、*Brdmt*、*Dual* 几个变量在重述组与无重述组之间均不存在差异。这一结果表明财务报表是否重述和审计复杂程度（*Sqsubs*）、第一大股东持股比例（*Top*1）、审计意见（*Opinion*）、董事会规模（*Brdsize*）、资产负债率（*Lev*）有关。但与董事会开会次数（*Brdmt*）、董事长与 CEO 双职合一（*Dual*）、独立董事在董事会中的比例（*Indr*）等董事会特征变量之间似乎没有明显的联系。表 7-3 的相关系数也能从另外一个角度说明这一点。

表 7-2 单变量检验

Panel A 连续变量的 t 检验

变量	重述组（N=210）		无重述组（N=210）		配对 t 检验	
	均值	标准差	均值	标准差	t 统计量	p 值
Sqsubs	2.1395	1.35853	1.9118	1.29676	2.159**	0.032
*Top*1	0.4073	0.17210	0.4546	0.16749	-3.190**	0.002
Indr	0.1552	0.15623	0.1575	0.16289	-0.322	0.747
Brdsize	2.2436	0.25306	2.2025	0.25707	1.728*	0.085
Brdmt	1.8588	0.44563	1.8006	0.44753	1.447	0.149
Roe	0.0415	0.42897	0.0360	0.30915	0.149	0.882
Lev	0.4913	0.19198	0.4576	0.25160	1.693*	0.092
Size	21.0038	0.72028	20.9919	0.69291	0.504	0.615

Panel B 虚拟变量的 Wilcoxon 检验

变量	负秩数	正秩数	结	z 统计量	p 值
Opinion	22（a）	11（b）	177（c）	-1.915**	0.05
Audcom	19（a）	17（b）	173（c）	-0.333	0.739
Dual	31（a）	24（b）	155（c）	-0.944	0.345
Pro	11（a）	16（b）	183（c）	-0.962	0.336
Year	0（a）	1（b）	209（c）	-1.000	0.317

注：**、* 分别表示在 5%、10% 的水平下显著；（a）、（b）、（c）分别表示年报重述组各观察值小于、大于、等于无重述组。

表 7-3　各变量间的 Pearson 相关系数及其显著性

变量	Restatement	Opinion	Audcom	Sqsubs	Top1	Dual	Indr	Brdsize	Brdmt	Pro	Roe	Lev	Size
Restatemet	1.000	0.092*	0.015	0.086*	-0.138***	0.047	-0.007	0.080	0.065	-0.040	0.007	0.075	0.008
Opinion		1.000	-0.069	0.026	-0.028	0.011	-0.047	-0.052	0.042	-0.153***	0.023	0.289***	-0.056
Audcom			1.000	0.024	-0.029	-0.022	0.417***	0.062	0.174***	0.007	-0.005	-0.006	0.065
Sqsubs				1.000	-0.252***	-0.024	0.071	0.053	0.144***	0.046	-0.018	0.194***	0.267***
Top1					1.000	-0.062	-0.049	-0.122**	-0.103**	0.064	0.139***	-0.235***	0.090*
Dual						1.000	-0.063	-0.020	-0.019	0.071	-0.036	-0.047	-0.023
Indr							1.000	0.034	0.342***	-0.088	-0.054	0.107**	0.138***
Brdsize								1.000	0.073	0.081*	0.012	-0.068	0.138***
Brdmt									1.000	-0.133***	0.009	0.199***	0.042
Pro										1.000	0.136***	-0.371***	0.263***
Roe											1.000	-0.005	0.042
Lev												1.000	0.016
Size													1.000

注：*、**、***分别表示在 10%、5%、1% 的水平下存在显著差异。

（2）各变量间的 Pearson 相关系数及其显著性

表 7-3 为差错发生年各变量间的 Pearson 相关系数。从表中可以看出，财务报表重述（*Restatement*）仅与第一大股东持股比例（*Top*1）达到显著相关（p=0.005），其相关系数为-0.138，表明第一大股东持股比例越高，属财务报表重述公司的可能性就越小。*Restatement* 与 *Opinion* 的相关性达到边缘显著水平（p=0.058），但相关系数很小，仅为 0.092，表明财务报表重述与非标审计意见正相关，即在差错年被出具非标审计意见的公司更可能属于随后发生报表重述的公司，但这一关系并不非常明显，主要原因可能是报表重述公司中非标审计意见所占比例较低。而 *Restatement* 与 *Indr*、*Brdsize*、*Brdmt*、*Dual* 等变量之间没有显著的相关性，表明内部公司治理特征与是否属于财务报表重述公司关系不大。

另外，从解释变量之间的关系还可以看出，*Top*1 即第一大股东持股比例与董事会规模（*Brdsize*）、董事会开会次数（*Brdmt*）、资产负债率（*Lev*）显著负相关，与净资产收益率（*Roe*）显著正相关，表明第一大股东持股比例越高，董事会规模越小、董事会开会次数越少、资产负债率越低，而净资产收益率越高。

非标审计意见的出具（*Opinion*）受到公司差错发生年度之前盈利与否（*Pro*）及资产负债率（*Lev*）的影响，之前年度出现亏损的公司更有可能被出具非标审计意见，资产负债率高的公司较有可能被出具非标审计意见。

审计复杂程度（*Sqsubs*）与第一大股东持股比例（*Top*1）显著负相关，表明第一大股东持股比例越高，审计复杂程度越小。审计复杂程度（*Sqsubs*）还与董事会开会次数（*Brdmt*）、资产负债率（*Lev*）、公司规模（*Size*）显著正相关，表明董事会开会次数多、资产负债率高、规模大的公司，其审计复杂程度也相应提高。

审计委员会的设立情况在 2002 年之后得到显著改善。审计委员会的设立（*Audcom*）与独立董事比例（*Indr*）、董事会开会次数（*Brdmt*）有关，说明设立审计委员会的公司，独立董事在董事会中的比例较高，董事会开会次数也较多。独立董事比例（*Indr*）与董事会开会次数（*Brdmt*）、资产负债率（*Lev*）、公司规模（*Size*）正相关，表明董事会开会次数较多、资

产负债率较高、规模大的公司，独立董事的比例相应较高，并且在 2002 年
之后比较显著。董事会规模（*Brdsize*）与公司规模（*Size*）正相关，也是
在 2002 年之后比较显著。董事会开会次数（*Brdmt*）与公司盈利状况
（*Pro*）负相关，与资产负债率（*Lev*）正相关。*Brdmt* 与 *Pro* 之间的相关系数
为 -0.133（p = 0.006），*Brdmt* 与 *Lev* 之间的相关系数为 0.199（p = 0.000），
表明重述之前年度没有盈利的公司（*Pro* 取值为 0）召开的董事会次数较
多；资产负债率较高的公司董事会开会次数较多。

2. Logistic 回归分析

Logistic 回归方程的结果（见表 7-4）也表明，"是否重述"主要取决
于"第一大股东持股比例"，重述与否也在一定程度上受到"审计意见报
告期内出具非标准无保留意见"的影响，但不是非常显著。这表明财务报
表重述公司组与非财务报表重述公司组在公司治理结构上不存在显著的差
异，也就是说公司治理在报表重述预防上没有起到积极的作用。而股权集
中度却显然对财务报表重述有较大的影响，股权集中度越高的公司越不容
易发生报表重述，非标审计意见在一定程度上反映了上市公司报表错弊的
情况，但解释力度不够，说明外部审计质量还有待提高。

表 7-4　Logistic 回归结果

变量	预测符号	回归系数	Wald 检验
β_0	?	-2.238	0.488
Opinion	+	0.613*	3.091
Audcom	-	0.171	0.268
Sqsubs	+	0.066	0.631
*Top*1	+	-1.417**	4.799
Dual	+	0.246	0.748
Indr	-	0.207	0.023
Brdsize	?	0.561	1.848
Brdmt	-	0.221	0.795
Pro	-	-0.253	0.423
Roe	+	0.228	0.622

续表

变量	预测符号	回归系数	Wald 检验
Lev	?	−0.034	0.004
Size	?	0.060	0.142
Chi-square		17.632	
R-square		0.055	
模型正确判别率		61.3%	
因变量 = *Restatement*			

注：**、*分别表示通过5%、10%的显著性检验水平。

（四）更进一步的分析

为了对以上的检验结果提供更充分的证据，本章对 210 家进行配对的财务报表重述公司和非财务报表重述公司的数据进行了进一步的分析。

1. 审计意见类型

从图 7-3、图 7-4 分别可见重述公司组与无重述公司组在 1999~2006 年的审计意见类型结构。在初始差错年里，重述公司组的审计意见囊括了会计准则规定的五大审计意见类型。其中，每年标准无保留意见的数量均居于审计意见类型的前列，而其他四大审计意见类型在部分初始差错年里未必都发生，甚至都不发生（如保留意见仅发生于 2004 年，且为 1 例；拒绝发表意见发生于 2002 年、2003 年，数量分别为 3 例、1 例）。而无重述

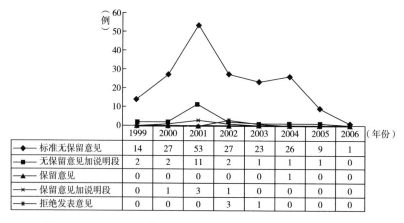

	1999	2000	2001	2002	2003	2004	2005	2006	（年份）
◆ 标准无保留意见	14	27	53	27	23	26	9	1	
■ 无保留意见加说明段	2	2	11	2	1	1	1	0	
▲ 保留意见	0	0	0	0	0	1	0	0	
✕ 保留意见加说明段	0	1	3	1	0	0	0	0	
✳ 拒绝发表意见	0	0	0	3	1	0	0	0	

图 7-3　1999~2006 年重述公司组的审计意见结构按年份分布

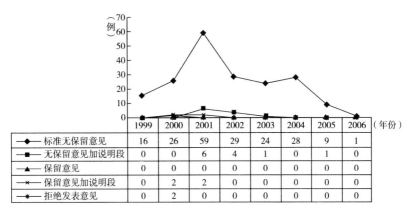

	1999	2000	2001	2002	2003	2004	2005	2006
◆— 标准无保留意见	16	26	59	29	24	28	9	1
■— 无保留意见加说明段	0	0	6	4	1	0	1	0
▲— 保留意见	0	0	0	0	0	0	0	0
✳— 保留意见加说明段	0	2	2	0	0	0	0	0
✳— 拒绝发表意见	0	2	0	0	0	0	0	0

图 7-4　1999~2006 年无重述公司组的审计意见结构按年份分布

公司组的审计意见仅囊括了四大审计意见类型（未被出具保留意见）。与重述公司组相似，每年标准无保留意见数量均位于审计意见类型的前列，保留意见加说明段仅发生于 2000 年、2001 年，且均是 2 例；拒绝发表意见仅发生于 2000 年，数量为 2 例。

从图 7-5 可知，从审计意见类型按是否"标准"的划分情况来看，在 1999~2006 年重述公司组被出具非标审计意见的公司数量占当年公司总数量的比重普遍高于无重述公司组，仅在 2000 年、2005 年无重述公司组的非标审计意见占当年样本数量的比重高于重述公司组，分别高出 3.33 个百分点、1.11 个百分点；而其余年份（如 1999 年、2001 年、2002 年、2003 年、2004 年）重述公司组被出具非标审计意见的样本数量占当年样本总数量的比重均高于无重述公司组，二者比重差异依次为 12.50 个百分点、8.78 个百分点、6.42 个百分点、3.83 个百分点、7.14 个百分点。结合图 7-3、图 7-4，1999~2006 年重述公司组被出具保留意见、保留意见加说明段、拒绝发表意见的公司数量小计分别为 1 例、5 例、4 例，而无重述公司组被出具保留意见、保留意见加说明段、拒绝发表意见的公司数量小计分别为 0 例、4 例、2 例。由此可见，从整体上看，重述公司组被出具非标审计意见的公司数量占公司总数量的比重高于无重述公司组约 5.72 个百分点，主要表现在重述公司组与无重述公司组被出具无保留意见加说明段的公司数量上的差异，约为 8 例。因此，在非标审计意见的出具上重述公司组和非重述公司组不存在显著差异。

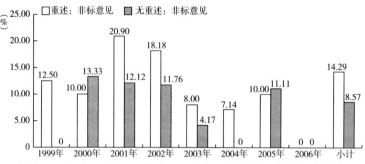

图 7-5　1999~2016 年重述公司组与无重述公司组非标审计意见
情况按年份分布

2. 董事长与 CEO 双职合一

从图 7-6 可知，在 1999 年、2000 年、2003 年，重述公司组董事长与 CEO 双职合一的公司数量占当年公司总数量的比重普遍高于无重述公司组，分别高出 43.75 个百分点、13.34 个百分点、7.83 个百分点。而在其余年份（除 2006 年）重述公司组董事长与 CEO 双职合一的公司数量占当年公司总数量的比重略低于无重述公司组。其中，低出的比重分别为 2001 年约 3.24 个百分点、2002 年约 5.62 个百分点、2004 年约 6.19 个百分点、2005 年约 2.22 个百分点，仅 2006 年二者持平。由于 1999 年、2000 年重述公司组与无重述公司组的董事长与 CEO 双职合一的公司数量占当年公司总数量的比重差异较大，在整个年份考察期间内，董事长与 CEO 双职合一的公司数量占公司总数量的比重高于无重述公司组约 3.34 个百分点。即便如此，也能发现实际上

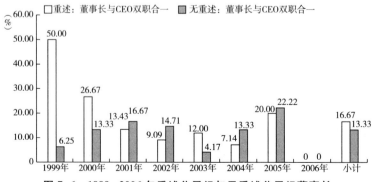

图 7-6　1999~2006 年重述公司组与无重述公司组董事长
与 CEO 双职合一情况按年份分布

董事长与 CEO 双职合一的情况在重述组和无重述组并不存在显著差异。

3. 报告期前一年亏损

图 7-7 列示了在 1999~2006 年重述公司组与无重述公司组报告期前一年亏损情况。在 2002 年、2004 年、2005 年，重述公司组报告期前一年亏损的公司数量占当年公司总数量的比重普遍高于无重述公司组。其中，高出的比重分别为 24.42 个百分点、7.14 个百分点、8.89 个百分点。而在其余年份（除 1999 年和 2006 年）重述公司组报告期前一年亏损的公司数量占当年公司总数量的比重普遍低于无重述公司组。其中，低出的比重分别为 2000 年约 6.67 个百分点、2001 年约 3.15 个百分点、2003 年约 8.83 个百分点，仅 1999 年和 2006 年二者持平。从整个年份考察期间来看，重述公司组报告期前一年亏损的公司数量占公司总数量的比重高于无重述公司组约 2.38 个百分点。重述公司和非重述公司在盈亏情况方面也不存在显著差异。

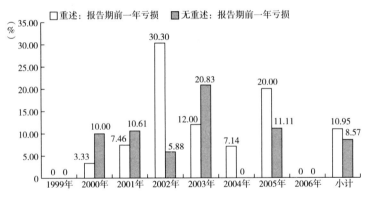

图 7-7　1999~2006 年重述公司组与无重述公司组报告期前一年亏损情况按年份分布

4. 设立审计委员会

图 7-8 列示了在 1999~2006 年重述公司组与无重述公司组审计委员会的设立情况。在 2001 年及以前报告考察期内，重述公司与无重述公司都未设立审计委员会。在 2002 年、2003 年、2005 年，重述公司组设立审计委员会的公司数量占当年公司总数量的比重普遍高于无重述公司组。其中，高出的比重分别为 0.44 个百分点、3.00 个百分点、16.67 个百分点。而仅在 2004 年重述公司组设立审计委员会的公司数量占当年公司总数量的比重

略低于无重述公司组，低出的比重为 0.96 个百分点。2006 年二者持平，该报告期的重述公司组与无重述公司组审计委员会设立情况达到 100%。从整个年份考察期间来看，重述公司组设立审计委员会的公司数量占公司总数量的比重高于无重述公司组约 0.95 个百分点。重述公司与非重述公司设立审计委员会的情况不存在显著差异。

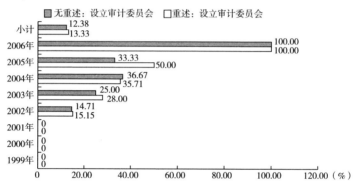

**图 7-8　1999~2006 年重述公司组与无重述公司组审计委员会
设立情况按年份分布**

5. 聘请独立董事

图 7-9 列示了在 1999~2006 年重述公司组与无重述公司组聘请独立董事的情况。在 1999 年样本所属的重述公司与无重述公司都未聘请独立董

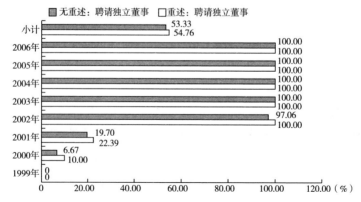

**图 7-9　1999~2006 年重述公司组与无重述公司组聘请独立
董事情况按年份分布**

事。自 2002 年起，所属报告期的重述公司均聘请了独立董事。而所属报告期的无重述公司自 2003 年起才都聘请了独立董事。2000 年、2001 年，重述公司组聘请独立董事的公司数量占当年公司总数量的比重均高于无重述公司组。其中，高出的比重分别为 3.33 个百分点、2.69 个百分点。可见，从整个年份考察期间来看，重述公司组聘请独立董事的公司数量占公司总数量的比重高于无重述公司组约 1.43 个百分点。

从聘请独立董事数量（见图 7-10）来看，重述公司组与无重述公司组聘请独立董事人数区间为 [1，6]，且主要集中于聘请 2~3 位独立董事。其中，聘请 2 位独立董事的重述公司、无重述公司分别有 34 家、37 家，而聘请 3 位独立董事的重述公司、无重述公司分别有 49 家、48 家。另外，聘请 1 位独立董事的重述公司、无重述公司分别有 10 家、8 家；聘请 4 位独立董事的重述公司、无重述公司分别有 17 家、14 家；聘请 5 位独立董事的重述公司、无重述公司分别有 2 家、4 家；聘请 6 位独立董事的重述公司、无重述公司分别有 3 家、1 家。无论从独立董事所占的比重还是绝对人数来看，重述公司与无重述公司均不存在显著差异。

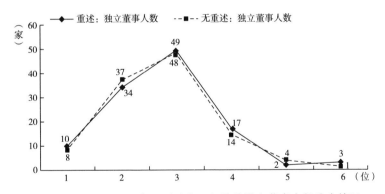

图 7-10 重述公司组与无重述公司组聘请独立董事人数分布情况

6. 董事会规模及开会次数

图 7-11 列示了在 1999~2006 年重述公司组与无重述公司组董事会人数及董事会开会次数分布情况。由图可知，重述公司组与无重述公司组董事会人数主要集中于 7~11 人。其中，董事会人数为 7 人、11 人的重述公司与无重述公司数量差异较为突出，董事会人数为 7 人的重述公司比无重

述公司少 11 家，而董事会人数为 11 人的重述公司比无重述公司多 9 家。而重述公司组与无重述公司组董事会开会次数主要集中于 4~9 次。其中，董事会开会次数为 5 次、6 次、9 次、10 次的重述公司与无重述公司数量差异较为突出，董事会开会次数为 5 次的重述公司比无重述公司少 10 家，董事会开会次数为 6 次的重述公司比无重述公司多 12 家，董事会开会次数为 9 次的重述公司比无重述公司多 7 家，董事会开会次数为 10 次的重述公司比无重述公司少 11 家。从总体上看，重述公司组的董事会规模略大于无重述公司组的董事会规模，但差异不显著；重述公司组的董事会开会次数略多于无重述公司组的董事会开会次数，但差异也不显著。

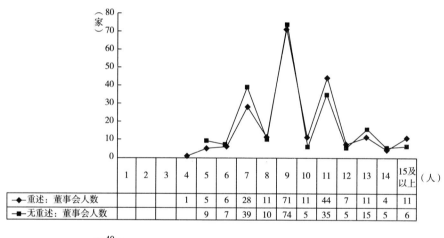

	1	2	3	4	5	6	7	8	9	10	11	12	13	14	15及以上
重述：董事会人数				1	5	6	28	11	71	11	44	7	11	4	11
无重述：董事会人数					9	7	39	10	74	5	35	5	15	5	6

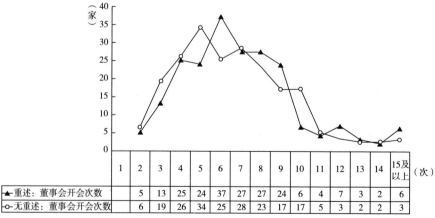

	1	2	3	4	5	6	7	8	9	10	11	12	13	14	15及以上
重述：董事会开会次数		5	13	25	24	37	27	27	24	6	4	7	3	2	6
无重述：董事会开会次数		6	19	26	34	25	28	23	17	17	5	3	2	3	3

图 7-11　重述公司组与无重述公司组董事会规模与董事会开会次数分布情况

（五）研究结论

从以上检验结果分析，对照本书提出的假设，可以得出如下结论。

第一，财务报表重述与非标审计意见正相关，即在差错年被出具非标审计意见的公司更可能属于随后发生报表重述的公司，但这一检验结果显著性较低，主要原因可能是报表重述公司中非标审计意见所占比重较小。非标审计意见在一定程度上反映了上市公司报表错弊的情况，但解释力度不够，说明外部审计质量还有待提高。另外，从报表重述公司和无重述公司的描述性对比统计分析中也可以发现：两类公司标准无保留审计意见所占比重较大，非标审计意见所占比重较小，且不存在显著差异。审计复杂程度（Sqsubs）在重述公司和非重述公司之间存在显著差异，但和财务报表重述并不是显著相关，说明它不是影响报表重述的主要因素。

第二，财务报表重述（Restatement）仅与第一大股东持股比例（Top1）显著负相关，其相关系数为-0.138，表明第一大股东持股比例越高，属财务报表重述公司的可能性就越小。这说明股权集中度显然对财务报表重述有较大的影响，股权集中度越高的公司越不容易发生报表重述。这一结果得到了其他文献的支持。谢军认为，股权集中度对公司绩效具有积极的治理功能。股权越集中，大股东参与管理改善的动机和能力就越强。[1] 黄志良和刘志娟认为，第一大股东持股比例增加对信息披露质量有显著的正向影响。[2] 当上市公司股权集中度较低、股权结构比较分散时，上市公司较容易发生财务报告舞弊。[3] 王立彦和林小驰认为，控股股东的持股比例越高，其利益与上市公司自身的利益联系得越紧密，也就越没有动力去侵害上市公司的利益。[4] 另外，从解释变量之间的关系还可以看出，Top1 即第一大股东持股比例与董事会规模（Brdsize）、董事会开会次数（Brdmt）、资产

---

[1] 谢军：《第一大股东、股权集中度和公司绩效》，《经济评论》2006 年第 1 期，第 70～75 页。

[2] 黄志良、刘志娟：《股权结构、公司治理、财务状况与上市公司信息披露质量》，《财会通讯》（学术版）2007 年第 6 期，第 26～28 页。

[3] 曹利：《中国上市公司财务报告舞弊特征的实证研究》，博士学位论文，复旦大学管理学院，2004。

[4] 王立彦、林小驰：《上市公司对外担保行为的股权结构特征解析》，《南开管理评论》2007 年第 1 期，第 62～69 页。

负债率（*Lev*）显著负相关，与净资产收益率（*Roe*）显著正相关，表明第一大股东持股比例越高，董事会规模越小、董事会开会次数越少。其中，第一大股东持股比例与董事会规模相关性的结论也得到了其他文献的支持。曹廷求和孙宇光认为，当股权集中于第一大股东时，董事会规模往往偏小。[①]

第三，审计委员会的设立与独立董事在董事会中的比例、董事会开会次数有关。这表明设立审计委员会的公司独立董事在董事会中的比例较高，董事会开会次数也较多。审计委员会的设立情况在 2002 年之后得到显著改善，这一点得到了检验的支持，但其对财务报表重述的发生没有解释力，表明审计委员会作用的发挥非常有限。

第四，独立董事在董事会中的比例与董事会开会次数、资产负债率、公司规模正相关，表明董事会开会次数较多、资产负债率较高、规模大的公司独立董事比例相对较高，并且在 2002 年之后比较显著。但独立董事在董事会中的比例在报表重述公司和无重述公司间并没有显著差异，这表明独立董事在董事会中的比例不能很好地说明董事会独立性的发挥，独立董事有可能存在"搭便车"的现象，并没有真正发挥其监督作用。这一结论也得到了其他文献的支持，如蔡宁和梁丽珍以财务舞弊上市公司为研究对象，发现发生财务舞弊和未发生财务舞弊的公司董事会中外部董事比例不存在显著差异。[②]

第五，董事会规模只与公司规模正相关，且在 2002 年之后比较显著。董事会开会次数与公司盈利状况负相关，与资产负债率正相关。重述之前年度盈利（*Pro*）与董事会开会次数（*Brdmt*）之间的相关系数为 -0.133，表明重述之前年度没有盈利的公司（*Pro* 取值为 0），召开的董事会次数就越多，同时资产负债率较高的公司董事会开会次数较多。董事会会议是公司处于困境的反应，而不是主动的行为。这一点也得到了其他研究文献的支持，如高雷和宋顺林认为，我国董事会低效率还表现在董事会会议是对困境的反应，而不是预防。[③]

① 曹廷求、孙宇光：《股权结构、公司特征与上市公司董事会规模》，《山东大学学报》（哲学社会科学版）2007 年第 3 期，第 70~77 页。
② 蔡宁、梁丽珍：《公司治理与财务舞弊关系的经验分析》，《财经理论与实践》2003 年第 6 期，第 80~84 页。
③ 高雷、宋顺林：《董事会、监事会与代理成本——基于上市公司 2002~2005 年面板数据的经验证据》，《经济与管理研究》2007 年第 10 期，第 18~24 页。

第六，董事长与 CEO 双职合一与财务报表重述以及其他变量间没有显著的相关性，表明董事长与 CEO 双职合一对财务报表重述没有显著的影响。这一结论也得到了其他文献的支持，如高雷和宋顺林的研究发现，董事长与 CEO 两职兼任对代理成本无影响甚至有利于降低代理成本。[①]

总的来说，从 Logistic 回归结果来看，财务报表重述（Restatement）与独立董事比例（Indr）、董事会规模（Brdsize）、董事会开会次数（Brdmt）、董事长与 CEO 双职合一（Dual）、审计委员会（Audcom）等公司治理特征变量之间没有显著的相关性，即财务报表重述公司与非财务报表重述公司在公司治理结构上不存在显著的差异，尤其是董事长与 CEO 双职合一、董事会规模、董事会开会次数，说明董事会的独立性特征在财务报表重述上没有显著的解释力，也就是说，就目前而言，公司治理在报表重述预防上没有起到应有的积极作用。虽然从形式上看，独立董事在董事会中的比例在增加，审计委员会的设立情况与 2002 年之前相比大为改观，但形式的变化并没有带来实质性的改变，只是满足了制度对形式上的要求。从监管的角度而言，可能要更加重视董事会功能的真正发挥。

二　财务报表重述与公司治理特征变量的经验证据（2007~2017 年）

（一）研究假设

根据已有的研究文献以及内部公司治理的特征，针对财务报表重述公司在差错发生年度的特点，对公司治理特征与财务报表重述的相关性做出假设。

1. 外部审计的特征

外部审计作为降低管理层代理成本的一种有效工具，在提高公司对外披露的会计信息质量方面起着积极的作用。[②] 注册会计师对财务报告进行

---

① 高雷、宋顺林：《董事会、监事会与代理成本——基于上市公司 2002~2005 年面板数据的经验证据》，《经济与管理研究》2007 年第 10 期，第 18~24 页。

② Ross Leslie Watts, Jerold L. Zimmerman, "Agency Problems, Auditing, and the Theory of the Firm: Some Evidence," *The Journal of Law and Economics* 26 (1983): 613-633.

审计，有利于上市公司会计信息质量的提高，在一定程度上也维护了市场经济秩序，防止了市场交易的欺诈行为，增强了交易各方的信心。具体来说，有效的外部审计会发现上市公司存在的差错，并要求其进行更正，从而降低发生差错的概率，即降低财务报表重述发生的概率。财务报表重述在某种程度上表明注册会计师未能发现企业对会计准则的滥用，所以影响企业进行财务报表重述的一个重要因素就是外部注册会计师未能在报表发布前查出差错。[①] 标准的审计意见可以反映出上市公司披露财务信息的真实性和可靠性[②]，而非标审计意见则说明公司财务报表存在一定程度的问题[③]。故当注册会计师对上市公司的财务报表出具非标审计意见时，上市公司会基于注册会计师的意见来调整报表的内容，从而使公司发生财务报表重述的可能性增大。

H1：财务报表重述与非标审计意见正相关。被出具非标审计意见的公司越有可能发生财务报表重述。

2. 股权集中度

股权集中度是指公司股权被少数股东集中持有的程度，是股权结构"量"的体现，也是衡量公司股权的分布状况和公司稳定性强弱的重要指标。从上市公司股权集中度来看，第一大股东持股比例代表了大股东对上市公司的掌控程度。一般来说，理论界把股权集中度分为三种类型：一是股权高度集中型，该种类型的上市公司拥有一个绝对的控股股东，即他对上市公司拥有控制权；二是股权高度分散型，其与股权高度集中型上市公司正好相反，该类型的上市公司股权高度分散，即不存在对公司拥有绝对控制权的大股东，股份完全分散地分布在各个股东手里，所有权与经营权完全分离；三是介于二者之间的股权适度集中型，即不存在对公司拥有绝

① 马晨、张俊瑞、李彬：《财务重述影响因素研究》，《软科学》2012年第8期，第126~130页。
② 王克敏、陈井勇：《股权结构、投资者保护与公司绩效》，《管理世界》2004年第7期，第127~133页。
③ Eli Bartov, Ferdinand A. Gul, and Judy S. L. Tsui, "Discretionary-Accruals Models and Audit Qualifications," *Journal of Accounting and Economics* 30 (2000): 421-452; Denton Collins, Austin L. Reitenga, and Juan M. Sanchez, "The Impact of Accounting Restatements on CFO Turnover and Bonus Compensation: Does Securities Litigation Matter?" *Advances in Accounting* 24 (2008): 162-171.

对控制权的大股东，股权也不是完全分散地分布在各个股东手里，而是拥有多个控股比例接近的大股东。股权集中度对财务报表重述的影响是通过公司的治理机制实现的，不同的股权集中度对公司的经营业绩、财务报表重述等治理问题的出现有着不同的影响。

英美公司主要属于股权分散型，对于该类型的公司，由于股权高度分散，故公司中不存在任何具有制约与监管力量的大股东，此时经营权与所有权几乎完全分离，整个公司完全由经营者所掌控，出现了"强管理者、弱所有者"的局面。由于信息的不对称以及监督成本过高，被高度分散股权的小股东没有能力也没有动力去监督管理者的行为，大多小股东寄希望于能够从别的股东付出的代价中受益，"搭便车"的行为随即产生。在这种情况下，部分管理者往往会把目标放在体现自身业绩的短期利润上，忽视公司的长远发展，更有可能利用职务之便谋取私利、操纵盈余，从而滋生财务报表重述行为。所以大股东的存在可能使其更有动力去监督公司的管理当局。[①] 虽然大股东的存在有利于解决外部股东监督管理者时的"搭便车"难题，但也有文献有相反的看法。当公司的股权高度集中时，控股股东占据绝对主导地位的现象就会产生，此时原来经营权与所有权完全分离的矛盾会转变为控股股东与中小股东之间的矛盾。由于存在自利天性，控股股东便会利用手中的职权去损害中小股东的利益，如操纵会计信息质量的披露、粉饰财务报告，从而发生会计差错行为。此外，由于控股股东可以在董事会中派代表并且对高级管理人员的选聘享有最终决定权，甚至有些公司的经理人直接由控股股东担任，所以，相对于外部投资者，控股股东可直接获取企业内部信息，对于公开披露的会计信息的需求程度大大降低，从而会缺乏监督财务信息质量的动力，会计信息质量的可信度随之降低，发生会计差错的可能性就会增加，财务报表重述发生的可能性也就增加了。故股权过度集中会导致大股东对小股东的掠夺，从满足私人收益的角度而言，大股东有动机向外部投资者披露虚假的会计信息。基于以上

---

① Andrei Shleifer, Robert W. Vishny, "Large Shareholders and Corporate Control," *Journal of Political Economics* 94 (1986): 461 - 488; Michael C. Jensen, "The Modern Industrial Revolution, Exit, and the Failure of Internal Control Systems," *The Journal of Finance* 48 (1993): 831-880.

分析，提出以下假设。

H2：财务报表重述与第一大股东持股比例正相关（负相关），即第一大股东持股比例越高，发生财务报表重述的可能性越大（小）。

3. 董事会特征

该部分分析董事会特征与财务报表重述的关系主要从以下四个方面进行，即董事长与 CEO 双职合一对财务报表重述的影响、独立董事在董事会中的比例对财务报表重述的影响、董事会开会次数对财务报表重述的影响以及董事会下设立委员会数对财务报表重述的影响。

（1）董事长与 CEO 双职合一

董事长与 CEO 双职合一是指董事长和总经理由同一人担任。首先，董事长是董事会的负责人，其为股东谋取最大的利益，对所有的股东负责；而总经理是受董事会的委托，对企业进行经营管理的经营层代表，其对董事会负责。其次，董事长可以通过主持董事会会议来监督 CEO 的聘任、解聘、评价以及确定 CEO 报酬。由于董事会和总经理位高权重，其设置的合理性将直接关系到公司的命脉和公司治理情况。根据委托代理理论可知，董事会和管理层追求的利益不同，但是当董事长与 CEO 双职合一时，将会在一定程度上损害股东的利益，提高经理层的利益。董事长作为董事会的代表人物，对管理者负有监督责任，但是若其兼任总经理，则会出现自己监督自己的现象。在该种情况下，董事会监督职能的客观性和有效性将会被削弱，从而导致公司信息披露质量降低，出现会计差错，最终引发财务报表重述。这与学者们的研究结论是相符的，如埃金顿（D. Egginton）等的研究结果显示，董事长与 CEO 双职合一会对股票期权信息的披露质量产生显著负相关关系，使得监管质量和信息披露的质量下降。[1] 刘笑霞和李明辉认为，两职分离更有助于加强对会计行为的监督，减少 CEO 对信息披露的权限，从而提高会计信息质量。[2] 但也有学者认为董事长与 CEO 双职合一能够降低董事会对 CEO 的监督成本，使 CEO 与董事会的冲突得以避

---

[1] Don Egginton, John Forker, and Paul Grout, "Executive and Employee Share Options: Taxation, Dilution and Disclosure," *Accounting and Business Research* 23 (1993): 363-372.

[2] 刘笑霞、李明辉：《公司治理对会计信息质量之影响研究综述》，《当代经济管理》2008年第 7 期，第 84~93 页。

免，可以更好地贯彻董事会的决议，提高公司的决策效率，对公司的发展产生有益影响。综上所述，提出以下假设。

H3：财务报表重述与双职合一正相关（负相关），即董事长与 CEO 双职合一时，发生财务报表重述的可能性较大（小）。

（2）独立董事在董事会中的比例

独立董事制度最早起源于 20 世纪 30 年代，1940 年美国颁布的《投资公司法》首次提出独立董事的概念。该法规定，投资公司的董事会成员中应该有不少于 40% 的独立人士。其制度设计的目的在于防止控股股东及管理层的内部控制，损害公司整体利益。借鉴美国的独立董事相关制度，中国证监会于 2001 年 8 月颁布了《关于在上市公司建立独立董事制度的指导意见》，要求 A 股上市公司在 2002 年 6 月 30 日以前，董事会成员中应当至少包括 2 名独立董事，其中至少包括 1 名会计专业人士；在 2003 年 6 月 30 日以前，上市公司董事会成员中应当至少包括 1/3 的独立董事。外部董事在董事会中的比例是用来衡量董事会有效运作的一个重要变量，我国的《证券法》和《公司法》明确表示了独立董事的法律责任：由于独立董事的不尽责而导致公司或者相关人员的利益受到损害时，独立董事不仅要负相应的法律责任，更要承担巨大的社会声誉损失。

法玛（E. F. Fama）、法玛和詹森（M. C. Jensen）认为，董事会能否有效监督管理当局行为的一个重要影响因素是董事会的人员结构，而外部董事为了获得在劳动力市场的声誉会更好地履行其职责。[1] 独立董事制度的引入可以提高董事会的独立性，更好地发挥其监督职能，这主要是由于人力资本市场会对独立董事起到监督和约束的作用。为了维护自身的声誉，独立董事一般不会选择与内部人员进行勾结。这与威廉姆森（O. E. Williamson）的研究不谋而合，他指出董事会很容易成为管理当局的工具，从而侵害股东的利益，但独立董事的介入，会降低这种合谋的概率。[2] 同时，外部董事独立于公司经理，因而具有较强的动力去监督 CEO。赫曼

---

[1] Eugene F. Fama, "Agency Problems and the Theory of the Firm," *Journal of Political Economy* 88 (1980): 288-307; Eugene F. Fama, Michael C. Jensen, "Separation of Ownership and Control," *Journal of Law and Economics* 26 (1983): 301-325.

[2] Oliver E. Williamson, "Corporate Governance," *Yale Law Journal* 93 (1984): 1197-1230.

林（B. E. Hermalin）和魏斯巴赫（M. S. Weisbach）指出，董事会的有效性是其独立性的增函数，随着董事独立性的提高，其监督 CEO 的意愿也更强烈。① 一方面，根据资源依赖理论，独立董事占董事会总人数的比例越高，意味着公司从外部环境中获取提高治理效率的资源的能力越强，从而降低董事会治理失败的可能性，减少财务报表重述行为的发生；另一方面，由于独立董事能够制约企业的"内部人控制"行为，所以独立董事比例越高，越会对投资者的信心产生积极影响。另外，董事会作用的发挥有赖于其成员的独立性和专业胜任能力。在我国特殊的制度背景下，独立董事大多具有财务或法律上的专业知识和经验，能够对董事会的一些重要决策提供比较专业的意见，从而避免发生会计差错和一些不必要的财务报表重述行为。故提出假设 4。

H4：财务报表重述与独立董事在董事会中的比例负相关，即独立董事在董事会中的比例越高，发生财务报表重述的可能性越小

（3）董事会开会次数

董事会会议是指董事会在职责范围内研究决策公司重大事项和紧急事项而召开的会议，而董事会开会次数是指上市公司年度内召开的董事会会议总数。目前，关于董事会开会次数与财务报表重述的关系有两种观点。一种是：在一定程度上，董事会会议频率反映了董事会的勤勉程度②，董事会会议越频繁，董事成员之间的信息交流越多，使董事会对公司的经营情况和管理者有了更频繁的接触，也会对其有更为深入的了解，能够更好地发挥其监督和控制职能，减少决策失误的可能性。另一种是：频繁的董事会会议并不是对公司发展战略进行事前决策和事中规划，更多的是一种发现和解决公司已出现问题的事后补救行为。如瓦费亚斯（N. Vefeas）发现，董事会每年的开会次数与公司价值呈负相关关系，因为董事往往是在出现问题之后才开会的。③ 所以该种观点认为，对于上市公司来说，如果

---

① Benjamin E. Hermalin, Michael S. Weisbach, "Endogenously Chosen Boards of Directors and Their Monitoring of the CEO," *American Economic Review* 88（1998）：96-118.

② 李彬、张俊瑞、马晨：《董事会特征、财务重述与公司价值——基于会计差错发生期的分析》，《当代经济科学》2013 年第 1 期，第 110~117 页。

③ Nikos Vafeas, "Board Meeting Frequency and Firm Performance," *Journal of Financial Economics* 53（1999）：113-142.

不做强制规定，可能会有许多公司长期不召开董事会，而是等到公司出现问题后才去召开会议进行处理。我国《公司法》为防止董事会工作懈怠、流于形式，防止董事长操纵董事会，故对董事会会议次数做了要求，规定每年至少要召开两次董事会会议。尽管《公司法》对开会次数做了明确的规定，但是考虑到我国的特殊国情，国有控股上市公司较多，并且董事会成员大多都是国有股股东的代表，他们可以通过其优势来控制会议的决议结果，从而使董事会形同摆设，流于形式。此外，董事会开会次数太多会影响董事会成员认真参与的积极性，也会使董事会会议趋于形式化和流程化。综上所述，董事会会议召开频繁，并不意味着董事会比较勤勉，更可能的原因是公司经营状况出现问题、业绩未达到预期时，董事会成员讨论解决办法。因此，仅仅通过董事会成员勤勉开会这种事后行为，并不能对会计差错的发生进行有效的抑制，并且上市公司发现前期会计差错后，如果对其进行更正即进行财务报表重述，需要经董事会会议协商批准，且会计差错更正基本上都是由董事会发布的。基于以上两种观点提出假设5。

H5：财务报表重述与董事会开会次数负相关（正相关），即董事会开会次数越频繁，发生财务报表重述的可能性越小（大）。

（4）专门委员会个数

2002年在由证监会和国家经贸委联合发布的《上市公司治理准则》中规定："上市公司董事会可以按照股东大会的有关决议，设立战略、审计、提名、薪酬与考核等专门委员会。"2009年颁布的《企业内部控制基本规范》第十三条明确指出："企业应当在董事会下设立审计委员会。审计委员会负责审查企业内部控制，监督内部控制的有效实施和内部控制自我评价情况，协调内部控制审计及其他相关事宜等。审计委员会负责人应当具备相应的独立性、良好的职业操守和专业胜任能力。"由于政策的规定，设立审计委员会的上市公司占上市公司总数的比例逐渐上升，故本部分将不再研究审计委员会的设立与否对财务报表重述的影响，而对董事会下专门委员会的设立个数与财务报表重述的关系进行研究。

2002年1月7日发布的《上市公司治理准则》第五十二条规定，董事会有权根据股东大会的决议在公司设置战略委员会、提名委员会、审计委

员会和薪酬与考核委员会等专门委员会。2018 年 9 月 30 日发布的《上市
公司治理准则》第三十八条规定，上市公司董事会应当设立审计委员
会，并可根据需要设立战略、提名、薪酬与考核等相关专门委员会。这
些委员会的设立是公司治理制度的重要部分，可以提升董事会的决策质
量，其最终目的是维护公司股东的利益。根据委托代理理论，在所有权
和经营权分离的情况下，会产生代理问题，而在董事会下设专门委员会
能够在一定程度上弥补这个问题。首先，设立的专门委员会是把董事会的
各项职能进行了细化，凸显出董事会工作的全面性和细致性。每个专门委
员会都有其侧重的职责，然后根据细化的各类职责落实到专门委员会的董
事成员，职责落实到个人，从而增强了各个董事的责任心。其次，专门委
员会的成员一般都是公司的执行董事或者独立董事，独立董事同时作为专
门委员会的一员，能够对公司的信息有更加深入的了解，使董事会与公司
的发展联系得更为密切，所获取的信息更加真实可靠，这样董事会的决策
和监督职能更能有效发挥。最后，专门委员会的设立在一定程度上能够解
决委托代理问题，有效预防代理人损害股东利益行为的发生。所以，如果
专门委员会能保持客观独立性，认真履行自己的职责，就能够在一定程度
上减少公司发生会计差错的可能性，进而减少财务报表重述行为。故提出
假设 6。

H6：财务报表重述与专门委员会设立个数负相关，即专门委员会设立
个数越多的公司，发生财务报表重述的可能性越小。

（二）研究设计

1. 模型设计

本节同样利用 Logistic 模型来检验公司治理特征与财务报表重述的关
系。财务报表重述作为被解释变量，设置为二元虚拟变量。具体解释变量
根据上述假设有：审计意见（Opinion）、专门委员会设立个数（Sfc）、第
一大股东持股比例（Top1）、董事长与 CEO 双职合一（Dual）、独立董事
比例（Indr）、董事会开会次数（Brdmt）、董事会规模（Brdsize）。考虑到
业务复杂程度（Ir）、盈利状况（Pro）、净资产收益率（Roe）、资产负债
率（Lev）、公司规模（Size）也会影响财务报表重述，将其作为控制变量。

因此，本节构建的 Logistic 回归模型如下：

$$Restatement = \beta_0 + \beta_1 Opinion + \beta_2 Top1 + \beta_3 Dual + \beta_4 Indr + \beta_5 Brdmt + \beta_6 Brdsize +$$

$$\beta_7 Sfc + \beta_8 Ir + \beta_9 Pro + \beta_{10} Roe + \beta_{11} Lev + \beta_{12} Size + \varepsilon$$

2. 变量定义

各变量的类型、名称及含义如表 7-5 所示。

表 7-5　变量的类型、名称及含义

类型	符号	定义
被解释变量	Restatement	财务报表重述公司取值为 1，否则为 0
解释变量	Opinion	审计意见报告期内出具非标准无保留意见，取值为 1，否则为 0
	Sfc	报告期内设立专业委员会的个数
	Top1	第一大股东持股比例
	Dual	董事长与 CEO 双职合一的虚拟变量，当出现兼任时取值为 1，否则为 0
	Indr	独立董事比例：独立董事数量/董事总人数
	Brdsize	董事会规模：年度末董事会成员人数
	Brdmt	年度内董事会开会次数
控制变量	Ir	业务复杂程度 Ir =（应收账款净额+存货净额）/资产总额
	Pro	发生差错的年度盈利取值为 1，否则为 0
	Roe	净资产收益率：Roe =净利润/平均股东权益
	Lev	资产负债率：Lev =期末负债总额/期末资产总额
	Size	公司规模：期末资产总额取自然对数
	Year	控制年份
	Industry	控制行业

注：样本公司报告期间为初始差错年。

（1）被解释变量：财务报表重述（*Restatement*）

本节也是通过样本公司与配对样本公司各变量间配对检验比较，了解、分析样本公司的公司治理特征与财务报表重述的相关性。于是，参照经验研究中配对检验的常用方法，将财务报表重述设定为配对检验模型的被解释变量。

界定：发生财务报表重述的公司取值为1，否则为0。

（2）解释变量

①审计意见（*Opinion*）：审计意见在某种程度上反映了注册会计师对财务报表错弊的识别，同时传递了财务报表质量高低的信息。因此，以审计意见作为解释变量，目的是检验非标审计意见和财务报表重述（即更正会计差错）之间的相关性。

界定：对财务报表重述公司出具非标审计意见取值为1，否则为0。

②专门委员会设立个数（*Sfc*）：专门委员会是把董事会的各项职能进行了细化，凸显了董事会工作的全面性和细致性。客观独立的专门委员会可以提升董事会的决策质量，在一定程度上减少公司发生会计差错的可能性，进而减少财务报表重述行为。

界定：专门委员会的设立个数。

③第一大股东持股比例（*Top*1）：我国上市公司的股权结构是股权高度集中模式，表现为非流通股股东占主导地位。

界定：*Top*1为第一大股东持股比例。

④董事长与CEO双职合一（*Dual*）：这一变量较多用来衡量董事会的独立性。有研究认为，董事长与CEO双职合一会降低董事会的独立性。德肖（P. M. Dechow）等人发现董事长与CEO双职合一的公司更容易发生盈余操纵。[1] 詹森（M. C. Jensen）认为双职合一使得CEO权力过度集中而无法有效履行董事长的职责。[2] 但也有学者认为董事长与CEO双职合一会提高公司的治理效率。

界定：董事长与CEO双职合一的虚拟变量，当出现兼任时取值为1，否则为0。

⑤独立董事比例（*Indr*）：用来衡量董事会独立性的指标。

界定：独立董事数量/董事总人数。

⑥董事会规模（*Brdsize*）：董事会规模是影响董事会工作效率的一个重

---

[1] Patricia M. Dechow, Richard G. Sloan, and Amy P. Sweeney, "Causes and Consequences of Earnings Manipulation: An Analysis of Firms Subject to Enforcement Actions by the SEC," *Contemporary Accounting Research* 13 (1996): 1–36.

[2] Michael C. Jensen, "The Modern Industrial Revolution, Exit, and the Failure of Internal Control Systems," *The Journal of Finance* 48 (1993): 831–880.

要因素。董事会规模的大小也是以往文献研究的一个主要内容,主要有两种观点。一种认为董事会规模不宜过大。利普顿（M. Lipton）和洛希（J. W. Lorsch）认为小的董事会更有效率,如果规模超过 10 人,董事就不能充分表达自己的意见。[①] 而另一种观点认为董事会规模应尽可能大一些。耶尔马克（D. Yemack）、道尔顿（D. R. Dalton）等人认为董事会的规模要足够大才能较好地履行监督和提供咨询的职能,才能向管理层提供较好的建议。[②]

界定:年度末董事会成员人数。

⑦董事会开会次数（Brdmt）:因为董事对公司事务的投入程度和努力程度较难衡量,所以用董事会开会次数作为替代变量,董事会的开会次数在一定程度上代表了董事的勤勉程度和对工作的投入程度。比斯利（M. S. Beasley）等人研究发现,董事会监督财务报告的有效性与董事会开会次数正相关。[③] 但有学者发现频繁的董事会会议更多的是一种发现和解决公司已出现问题的事后补救行为。

界定:年度内董事会开会次数。

（3）控制变量

①业务复杂程度（Ir）:业务复杂程度的替代变量较多,有子公司数量（Sqsubs）、涉及行业数（Indus）、长期债务占总资产的比重（Debt）、股本占总资产的比重（Stock）以及（存货+应收账款）/总资产等。参照杨清香等人、何威风和刘巍的研究,采用（存货+应收账款）/总资产来衡量业务复杂程度。[④]

界定:业务复杂程度为应收账款净额和存货净额之和除以资产总额。

---

① Martin Lipton, Jay W. Lorsch, "A Modest Proposal for Improved Corporate Governance," *Business Lawyer* 48 (1992): 59-77.

② David Yermack, "Higher Market Valuation of Companies with a Small Board of Directors," *Journal of Financial Economics* 40 (1996): 185-211; Dan R. Dalton, Catherine M. Daily, Jonathan L. Johnson, and Alan E. Ellstrand, "Number of Directors and Financial Performance: A Meta-Analysis," *Academy of Management Journal* 42 (1999): 674-686.

③ Mark S. Beasley, Joseph V. Carcello, Dana R. Hermanson, and Paul D. Lapides, "Fraudulent Financial Reporting: Consideration of Industry Traits and Corporate Governance Mechanisms," *Accounting Horizons* 14 (2000): 441-454.

④ 杨清香、姚静怡、张晋:《与客户共享审计师能降低公司的财务重述吗?——来自中国上市公司的经验证据》,《会计研究》2015 年第 6 期,第 75 页;何威风、刘巍:《企业管理者能力与审计收费》,《会计研究》2015 年第 1 期,第 84 页。

②盈利状况（*Pro*）：公司的盈利和亏损情况在一定程度上会影响公司决策。因此在研究报表重述时把它作为控制变量之一。

界定：年度盈利取值为1，否则为0。

③净资产收益率（*Roe*）：它作为判断上市公司盈利能力的一项重要指标，一直受到证券市场参与各方的极大关注。上市公司在年度报告中将*Roe*作为信息披露的主要指标之一；证券监管部门把*Roe*作为一项控制参数，判断上市公司是否具备配股条件；投资者用*Roe*分析上市公司的盈利能力，并以历年*Roe*的变动趋势来预测上市公司的成长性。

界定：*Roe*取值为净利润与平均股东权益的百分比。

④公司规模（*Size*）：不同规模的上市公司可能对盈余错报动机的强烈程度不一样。本节参照大多数研究采用的方法，以上市公司的总资产金额大小作为上市公司规模大小的替代指标。为了避免总资产与其他变量间的非线性关系，取其自然对数。

界定：*Size*取值为上市公司期末总资产金额的自然对数值。

⑤资产负债率（*Lev*）：资产负债率也是经验研究中普遍设定的反映公司财务特征的主要财务指标之一。

界定：*Lev*取值为期末负债总额与期末资产总额的比值。

3. 样本选取

财务报表重述行为是指公司以前年度财务报表存在重大会计差错，而不考虑会计政策变更、会计估计变更以及企业并购等的影响。故本书根据对我国2007~2017年A股上市公司（包含既发行A股又发行B股的上市公司）财务报告的查阅，筛选出年报附注中披露了会计差错（含重大会计差错）事项的上市公司，共有919家上市公司发生了2062次针对年度报告的财务报表重述，即对以前年度财务报表重大会计差错进行了追溯调整。本章将从919家会计差错（含重大会计差错）公司中选取样本。在选取过程中，依照所遇到的问题做如下说明。

（1）有关信息披露不完整、不规范的考虑

考虑到我国上市公司年报披露会计差错（含重大会计差错）事项的信息存在不完整性、不规范性，确定研究检验的是对财务成果产生影响的重述，所以对财务成果不造成影响的重述并没有包括在实证检验的样本当中。结合实证研究中对相关数据的收集要求，以及本书的研究需要，对会计差错公司中存在差错年、差错原因以及财务影响不明等的情形进行剔除。

（2）会计差错（含重大会计差错）研究报告期间的界定

会计差错（含重大会计差错）事项披露当年是财务报表重述年。但由于重大会计差错是对前期差错的追溯调整，所以差错的发生年和重述年是不一致的，并且会计差错（含重大会计差错）事项的发生年实际上不止1年，研究发现，部分上市公司甚至追溯了前几年的会计差错。由于财务报表重述公司会计差错（含重大会计差错）事项的发生年年数不同，如何对会计差错（含重大会计差错）事项的研究报告期间进行界定，可能将影响部分实证结果。基于可比性、一致性原则的考虑，通常会选择差错发生的初始年或最后一年作为研究报告期间。迪丰德（M. L. DeFond）和贾姆巴沃（J. Jiambalvo）认为，会计差错动机在数年差错年的第一年显得尤为直接、强烈，且影响的性质、程度也显得尤为关键、重要。[①] 因此，本书核实了每项会计差错的发生年份，特别是最早的差错事项的发生年份，其具体年份结构如图7-12所示。

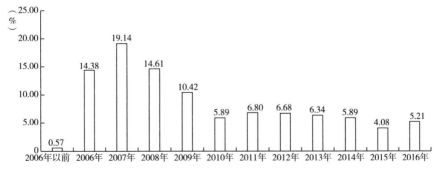

图7-12 会计差错公司初始差错年的结构

本章拟选择差错年的第一年作为初始差错年，将首次披露更正发生年的会计差错（含重大会计差错）事项的年报年份作为重述年；并将拟选取

---

① Mark L. DeFond, James Jiambalvo, "Incidence and Circumstances of Accounting Errors," *The Accounting Review* 66（1991）：643-655.

的样本在其重述年与初始差错年报告期间得到的实证结果进行比较分析。

（3）研究对象观察期的考虑

本节将样本的初始差错年界定为 2006~2017 年。剔除初始差错年不属于 2006~2017 年的会计差错公司。

（4）特殊行业类别的考虑

由于金融保险行业的特点，其竞争情况明显区别于其他行业。为了确保样本的可比性、一致性，在选取样本时将不考虑此类特殊行业的重大会计差错公司。

基于对上述因素的考虑，剔除存在上述问题之一的重大会计差错公司后，实际研究样本为 601 家。然后，以证监会行业划分标准、上市交易所、资产总值、上市年龄及其声誉等作为配对标准，对每一家上市公司选取一家最为符合配对标准的上市公司组成配对，其选取配对样本的主要依据如下。

①行业（Industry）：按证监会行业划分标准，样本公司、配对样本公司应属同一行业；

②交易所（Stock Exchange）：在满足①条件下，样本公司、配对样本公司上市的交易所相同，即上海证券交易所或深圳证券交易所；

③公司规模（Firm Size）：在满足①、②条件下，选取与对应样本公司资产总额相近的上市公司（在 30% 差异范围内）；

④上市年龄（Listing Age）：在满足①、②、③条件下，选取与对应样本公司的上市时间相近的上市公司（3 年内的时间差异）；

⑤时间区间（Time Period）：在满足①、②、③、④条件下，在相应的时间区间中，配对样本公司是否都能公开获得用于配对检验的数据；

⑥公司声誉（Corporate Reputation）：在同时满足上述要求的条件下，配对样本公司必须在研究期间内未曾发生会计差错或重大会计差错。

在配对过程中，发现符合上述配对标准的公司仅有 96 家，占配对前样本总数的 15.97%。因此，本节实证研究对象的主要样本公司为 192 家，进行配对检验的样本公司、配对公司各有 96 家。由于选取的样本公司报告期间为初始差错年，2007 年及以后的年度财务报表会对 2006 年及以前的年度报表进行重述，而 2017 年度的财务报表是否发生重述在 2018 年度以及

以后年度的财务报表中才会提及，因此配对后的样本数据区间为 2006～
2016 年，在进一步分析中样本区间也为 2006～2016 年。

4. 研究方法和数据来源

本节运用统计软件 SPSS 24.0 对上述模型中设定的变量数据采取多
项统计方法进行了统计结果的比较、分析，并验证了上述提出的研究假
设。本节主要进行了单变量检验、各变量间相关性检验以及 Logistic 回归
统计分析和 Probit 回归统计分析。数据来源说明：研究数据主要来源于中
国证券监督管理委员会网站（http：//www.csrc. gov.cn）、中国证券网
（http：//www.cnstock.com）、巨潮资讯网（http：//www.cninfo.com.cn）、
上海证券交易所网站（http：//www.sse.com.cn）、新浪财经网（http://
finance.sina.com.cn）等，以及 CSMAR 数据库。

（三）实证研究结果及分析

1. 样本描述性统计分析

（1）报表重述公司和无重述公司的单变量检验

表 7-6 为财务报表重述组与无重述组的配对比较结果，Panel A 为连
续变量的 t 检验，Panel B 为虚拟变量的 Wilcoxon 检验，结果表明两个组在
与董事会相关的 $Brdsize$、$Brdmt$、Sfc 变量以及盈利状况（Pro）变量上存在
差异，但 $Opinion$、$Top1$、$Indr$、$Dual$ 几个变量在重述组与无重述组之间均
不存在差异。这一结果表明财务报表是否重述和董事会规模（$Brdsize$）、董
事会开会次数（$Brdmt$）、专门委员会设立个数（Sfc）等董事会特征变量与
盈利状况（Pro）变量有关，而与审计意见（$Opinion$）、第一大股东持股比
例（$Top1$）、独立董事比例（$Indr$）、董事长与 CEO 双职合一（$Dual$）等变
量似乎没有明显的联系。表 7-7 的相关系数也能从另外一个角度表明这
一点。

（2）各变量间的 Pearson 相关系数及其显著性

从表 7-7 可知差错发生年各变量间的 Pearson 相关系数。从表中可以
看出财务报表重述（$Restatement$）仅与董事会开会次数（$Brdmt$）、董事会规
模（$Brdsize$）、盈利状况（Pro）具有相关性。财务报表重述（$Restatement$）
与董事会开会次数（$Brdmt$）的相关系数为 -0.166。这表明董事会开会次

数与财务报表重述负相关，即董事会开会次数越多，公司进行财务报表重述的可能性越小。财务报表重述（Restatement）与董事会规模（Brdsize）的相关系数为 0.145，这表明董事会规模与财务报表重述正相关，即董事会规模越大，公司进行财务报表重述的可能性越大。而财务报表重述（Restatement）与审计意见（Opinion）、第一大股东持股比例（Top1）、董事长与 CEO 双职合一（Dual）、独立董事比例（Indr）、专门委员会设立个数（Sfc）等变量之间没有显著的相关性，表明这些公司治理特征与是否属财务报表重述公司关系不大。

表 7-6　单变量检验

Panel A　连续变量的 t 检验					
变量	重述组（N=96）		无重述组（N=96）		配对 t 检验	
	均值	标准差	均值	标准差	均值差	t 统计量
Top1	0.0601	0.1537	0.0583	0.1471	0.0018	0.221
Indr	0.3542	0.0417	0.3584	0.0562	−0.0042	−0.582
Brdsize	9.3600	2.1280	8.8100	1.6310	0.5520**	2.005
Brdmt	9.0500	2.9640	10.3600	4.6860	−1.3130**	−2.423
Sfc	3.5700	1.0510	3.7700	0.7280	−0.2070*	−1.690
Ir	0.2325	0.1467	0.2509	0.1812	−0.0184	−0.754
Roe	0.0904	0.7533	0.0552	0.1638	0.0352	0.447
Lev	0.5424	0.2731	0.4904	0.1953	0.0520	1.518
Size	21.5278	0.7749	21.6187	0.7626	−0.0909	−0.929

Panel B　虚拟变量的 Wilcoxon 检验					
变量	负秩数	正秩数	结	z 统计量	p 值
Opinion	11（a）	7（b）	78（c）	−0.943	0.346
Dual	17（a）	11（b）	68（c）	−1.134	0.257
Pro	8（a）	20（b）	68（c）	−2.268**	0.023

注：**、*分别表示在 5%、10% 的水平下显著；（a）、（b）、（c）分别表示年报重述组各观察值小于、大于、等于无重述组。

表 7-7 各变量间的 Pearson 相关系数及其显著性

变量	Restatement	Opinion	Top1	Dual	Indr	Brdmt	Sfc	Brdsize	Ir	Pro	Roe	Lev	Size
Restatement	1.000												
Opinion	0.068	1.000											
Top1	0.006	-0.048	1.000										
Dual	0.082	0.199***	-0.149**	1.000									
Indr	-0.043	0.019	-0.122*	-0.029	1.000								
Brdmt	-0.166**	0.103	-0.148**	0.048	0.071	1.000							
Sfc	-0.109	0.030	-0.253***	0.086	0.117	0.144**	1.000						
Brdsize	0.145**	-0.043	0.094	-0.136*	-0.260***	-0.103	-0.147**	1.000					
Ir	-0.056	-0.073	0.238***	0.044	-0.128*	-0.039	0.087	0.058	1.000				
Pro	-0.168**	-0.488***	0.005	-0.195***	0.114	-0.012	-0.102	0.006	0.027	1.000			
Roe	0.032	-0.009	-0.053	0.100	0.034	-0.044	0.035	-0.020	-0.045	0.150**	1.000		
Lev	0.109	0.386***	0.078	0.160**	-0.044	0.012	-0.018	0.096	0.237***	-0.436***	0.059	1.000	
Size	-0.059	-0.205***	-0.067	-0.081	0.023	0.258***	0.119	-0.073	-0.091	0.094	0.013	0.049	1.000

注：***、**、*分别表示通过 1%、5%、10%的显著性检验水平。

另外，从解释变量之间的关系还可以看出，*Opinion* 即审计意见与董事长与 CEO 双职合一（*Dual*）、资产负债率（*Lev*）显著正相关，与盈利状况（*Pro*）、公司规模（*Size*）显著负相关。这表明董事长与 CEO 双职合一的公司收到非标审计意见的可能性较大，资产负债率高的公司也更可能收到非标审计意见，而盈利的公司、规模大的公司收到非标审计意见的可能性较小。

*Top*1 即第一大股东持股比例和董事长与 CEO 双职合一（*Dual*）、独立董事比例（*Indr*）、董事会开会次数（*Brdmt*）、专门委员会设立个数（*Sfc*）显著负相关，与业务复杂程度（*Ir*）显著正相关，这表明第一大股东持股比例越高，董事长与 CEO 双职合一的可能性越小、独立董事比例越小、董事会开会次数越少、董事会中专门委员会的设立个数越少，而业务复杂程度越高。

董事长与 CEO 双职合一（*Dual*）会受到董事会规模（*Brdsize*）、盈利状况（*Pro*）以及资产负债率（*Lev*）的影响。董事会规模、盈利状况和董事长与 CEO 双职合一负相关，即董事会规模大、盈利的公司，董事长与 CEO 双职合一的可能性越小，而资产负债率和董事长与 CEO 双职合一正相关，资产负债率越高的公司董事长与 CEO 双职合一的可能性越大。

独立董事比例（*Indr*）仅受到董事会规模（*Brdsize*）、业务复杂程度（*Ir*）的影响，公司的董事会规模越大、业务复杂程度越高，其对应的独立董事所占的比例越低。董事会开会次数（*Brdmt*）与专门委员会设立个数（*Sfc*）、公司规模（*Size*）正相关，即专门委员会设立个数多、规模大的公司董事会开会次数较多。而专门委员会设立个数（*Sfc*）仅与董事会规模（*Brdsize*）有关，董事会规模越大的公司设立的专门委员会个数越少。

2. Probit 回归分析

从表 7-8 可见 Probit 回归方程的结果，表明"是否重述"主要取决于"董事会开会次数"，重述与否在一定程度上也受到"董事会规模"的影响，但不是非常显著。这表明财务报表重述公司组与非财务报表重述公司组在公司治理结构上仅于"董事会开会次数"方面存在显著的差异，也就是说，公司治理对报表重述预防在一定程度上起到了积极的作用。而公司自身的特征——盈利也会对财务报表重述产生影响，盈利的公司进行财务报表重述的可能性较小。但审计意见与财务报表重述的关系与预测的不一致，这可能是由于样本公司中非标审计意见所占的比重太小。

表 7-8　Probit 回归结果

变量	预测符号	回归系数	Wald 检验
β_0	？	−0.240	0.002
Opinion	＋	−0.217	0.112
Top1	？	−0.004	0.124
Dual	？	0.617	1.895
Indr	−	1.711	0.249
Brdmt	？	−0.089**	3.985
Sfc	−	−0.276	2.183
Brdsize	？	0.171*	3.384
Ir	＋	−1.239	1.408
Pro	−	−0.947*	2.935
Roe	＋	0.207	0.304
Lev	？	0.391	0.213
Size	？	0.038	0.029
Chi-square		20.600	
R-square		0.104	
模型正确判别率		61.7%	
因变量 = Restatement			

注：**、* 分别表示通过 5%、10% 的显著性检验水平。

（四）更进一步的分析

为了对以上的检验结果提供更充分的证据，对 96 家进行配对的财务报表重述公司和非财务报表重述公司的数据进行了进一步的分析。

1. 审计意见类型

在初始差错年里，重述公司组的审计意见囊括了会计准则规定的五大审计意见类型。其中，标准无保留意见位于审计意见类型的前列，而其他四大审计意见类型在部分初始差错年里未必都发生，甚至都不发生（如保留意见仅发生于 2012 年和 2013 年，其中 2012 年有 1 例，2013 年有 2 例；保留意见加事项段于 2006 年和 2010 年各有 1 例；无法表示意见于 2009 年和 2014 年各有 1 例；无保留意见加事项段于 2006 年、2008 年、2009 年和 2015 年分别有 1 例、1 例、2 例、1 例）。而无重述公司组的审计意见仅囊括了三大审计意见类型（未被出具保留意见加事项段和无法表示意见）。与重述公司组相似，每年标准无保留意见均位于审计意见类型的前列，保留意见仅于 2008 年、2014 年各有 1 例，无保留意见加事项段于 2007 年、2008 年、2009 年各有 2 例。从表 7-9 可见重述公司组与无重述公司组在 2006~2016 年的审计意见类型结构。从整体上看，重述公司组被出具非标审计意见的数量仅比无重述公司组多出了 4 例，也就是说这两组在非标审计意见的出具上不存在显著差异。

表 7-9　重述组与无重述组审计意见结构分布

单位：例

审计意见	保留意见	保留意见加事项段	无法表示意见	无保留意见加事项段	标准无保留意见
重述组	3	2	2	5	84
无重述组	2	0	0	6	88

2. 董事长与 CEO 双职合一

如图 7-13 所示，2006~2016 年，重述公司组董事长与 CEO 双职合一的公司数量比无重述组要多 6 家，而重述公司组董事长与 CEO 不是双职合一的公司数量比无重述组要少 6 家。重述公司组董事长与 CEO 双职合一所占的比重为 20.83%，无重述公司组董事长与 CEO 双职合一所占的比重为 14.58%。从以上数据可以看出，董事长与 CEO 双职合一的情况在重述组和无重述组并不存在显著差异。

3. 会计差错发生期盈利情况

图 7-14 列示了在 2006~2016 年重述公司组与无重述公司组在差错发生期的盈利情况。重述公司组中有 74 家盈利，占比 77.08%，而无重述公司组中有 86 家盈利，占比 89.58%，无重述公司组盈利所占的比重比重述公司组高 12.5 个百分点，故这两组数据在盈利情况上还是存在一定差异的。

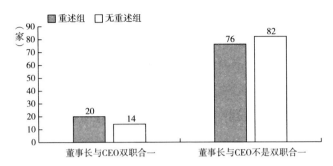

图 7-13　重述公司组与无重述公司组董事长与 CEO
双职合一的情况分布

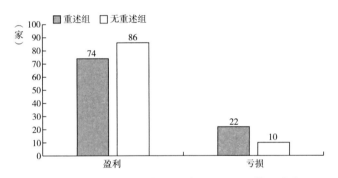

图 7-14　重述公司组与无重述公司组盈利情况分布

4. 专门委员会设立个数

图 7-15 列示了在 2006~2016 年重述公司组与无重述公司组专门委员会设立个数的情况分布。从图中可以很直观地看出，无论是重述公司组还是无重述公司组，设立 4 个专门委员会的公司占很大一部分比例，只有少数公司设立专门委员会的个数少于 4 个，其中重述公司组和无重述公司组各有 5 家未设立专门委员会，而设立 5 个专门委员会的公司数量更少，重述公司组和无重述公司组各有 2 家。从图中也可以很直观地看出，重述公司组和无重述公司组在专门委员会设立情况上不存在显著差异。

5. 聘请独立董事

图 7-16 列示了在 2006~2016 年重述公司组与无重述公司组聘请独立董事情况及人数。从聘请独立董事数量来看，重述公司组与无重述公司组聘请独立董事人数区间为 [1，7]，且主要集中于聘请 3~4 位独立董事。

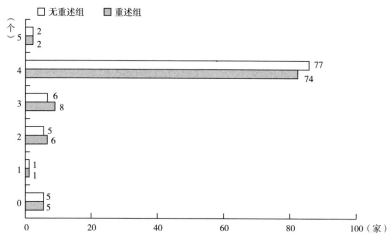

图 7-15 重述公司组与无重述公司组专门委员会设立个数分布

其中，聘请 3 位独立董事的重述公司、无重述公司分别有 62 家、72 家，而聘请 4 位独立董事的重述公司、无重述公司分别有 21 家、15 家。另外，聘请 1 位独立董事的重述公司、无重述公司分别有 0 家、2 家；聘请 2 位独立董事的重述公司、无重述公司分别有 7 家、4 家；聘请 5 位独立董事的重述公司、无重述公司分别有 5 家、3 家；聘请 7 位独立董事的重述公司、无重述公司分别有 1 家、0 家，在重述公司组和无重述公司组均不存在聘请 6 位独立董事的公司。无论从独立董事所占的比例还是绝对人数来看，重述公司与无重述公司均不存在显著差异。

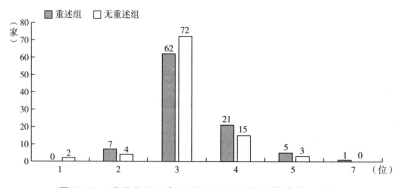

图 7-16 重述公司组与无重述公司组独立董事情况分布

6. 董事会规模及开会次数

图 7-17 列示了在 2006~2016 年重述公司组与无重述公司组董事会人数分布情况。表 7-10 列示了重述公司组与无重述公司组董事会人数所占比例分布情况。由图 7-17 和表 7-10 可知，重述公司组与无重述公司组董事会人数主要集中于 7~11 人。其中，董事会人数为 9 人的重述公司与无重述公司所占比例均比较高，分别为 47.92%、59.38%。从比例来看，董事会人数为 9 人、11 人的重述公司与无重述公司所占比例的差异较为突出。从总体上看，重述公司组的董事会规模略大于无重述公司组的董事会规模。

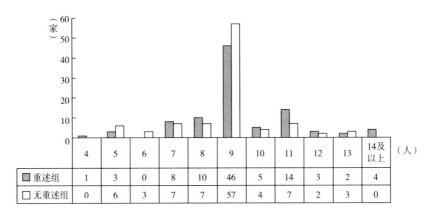

图 7-17　重述公司组与无重述公司组董事会人数分布情况

表 7-10　重述公司组与无重述公司组董事会人数所占比例分布情况

董事人数	4 人	5 人	6 人	7 人	8 人	9 人	10 人	11 人	12 人	13 人	14 人及以上
重述组所占比例	1.04%	3.13%	0.00%	8.33%	10.42%	47.92%	5.21%	14.58%	3.13%	2.08%	4.17%
无重述组所占比例	0.00%	6.25%	3.13%	7.29%	7.29%	59.38%	4.17%	7.29%	2.08%	3.13%	0.00%

图 7-18 列示了在 2006~2016 年重述公司组与无重述公司组董事会开会次数分布情况。由图可知，重述公司组与无重述公司组董事会开会次数主要集中于 5~10 次。其中，董事会开会次数为 7 次、8 次、9 次、10 次的重述公司与无重述公司数量差异较为突出，董事会开会次数为 7 次的重述公司比无重述公司多 11 家，董事会开会次数为 8 次的重述公司比无重述公

司多8家，董事会开会次数为9次的重述公司比无重述公司少7家，董事会开会次数为10次的重述公司比无重述公司多4家。从总体上看，重述公司组的开会次数要少于无重述公司组的开会次数，且存在差异。

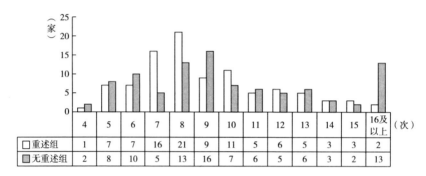

图7-18　重述公司组与无重述公司组董事会开会次数分布情况

（五）研究结论

从以上检验结果分析，对照本书提出的假设，可以得出如下结论。

第一，财务报表重述与非标审计意见不存在相关关系。前文中的假设（财务报表重述与非标审计意见正相关）未得到验证，主要原因可能是在重述公司组非标审计意见所占比重较低，另外在描述性统计中也可以发现，重述公司组和无重述公司组非标审计意见所占比重都比较低，并且两组之间不存在显著的差异。

第二，财务报表重述与第一大股东持股比例不存在显著关系。从解释变量之间的关系可以看出，第一大股东持股比例与董事长与CEO双职合一、独立董事比例、董事会开会次数、专门委员会设立个数之间显著负相关，与企业的业务复杂程度显著正相关。

第三，董事长与CEO双职合一、独立董事比例、专门委员会设立个数均与财务报表重述没有显著的相关性，表明董事长与CEO双职合一、独立董事比例以及专门委员会设立个数对财务报表重述没有显著的影响。

第四，财务报表重述与董事会开会次数存在显著负相关关系，与董事会规模存在正相关关系，相关系数分别为-0.166、0.145，这表明董事会开会次数越多越不可能发生财务报表重述，董事会规模越大发生财务报表重述的可能性越大。这说明频繁的董事会会议并不是发现和解决公司已出现问题的一种事后补救行为，而是对公司发展战略进行事前决策和事中规划；也验证了董事会会议频繁，有助于董事成员之间的交流，促进其监督职能和控制职能的发挥，减少失误决策的观点。但是如果董事会成员人数过多，可能会使董事会成员之间的沟通不畅，不利于做出更好的决策，从而使财务报表重述的可能性增大。

总的来说，从 Logistic 回归结果来看财务报表重述（*Restatement*）与审计意见（*Opinion*）、第一大股东持股比例（*Top*1）、董事长与 CEO 双职合一（*Dual*）、独立董事比例（*Indr*）、专门委员会设立个数（*Sfc*）等公司治理特征变量之间没有显著的相关性，仅与董事会特征变量中的董事会开会次数（*Brdmt*）、董事会规模（*Brdsize*）存在相关关系。

第八章

财务报表重述与外部审计质量

本章以 2002~2017 年的 A 股上市公司为样本,从外部审计角度研究财务报表重述与外部审计量的关系。1999 年,我国企业会计准则中首次提出的会计差错更正,除了对会计差错的处理有详细要求外,准则只要求披露重大会计差错的内容和更正金额。迪安格罗(L. E. DeAngelo)认为,会计师事务所的规模是注册会计师独立性和审计质量的替代变量,因为大的会计师事务所比小的会计师事务所拥有更多的客户;会计师事务所的规模越大,注册会计师的独立性越强,审计质量越高。[①] 编制财务报表是上市公司的责任,而外部审计则是对上市公司披露的信息起到增值的作用。现有的文献研究了外部审计质量对财务报表质量的影响,主要选用的特征包括:非标审计意见、事务所规模、审计任期、注册会计师变更等。

本章实证研究分为 2002~2006 年和 2007~2017 年两个时段来研究,主要是因为:首先,2006 年之前没有关于财务报表重述的数据库,此时相关数据来源于手工收集;其次,2007 年 1 月 1 日财政部新颁布并实行的《企业会计准则第 28 号——会计政策、会计估计变更和差错更正》正式提出了"追溯重述"的概念,标志着我国财务报表重述制度的正式建立。上市公司的审计一般分为外部审计和内部审计。外部审计主要是来自会计师事务、政府监管部门的审计。外部审计应能够判断不同程度的财务报表重述所带来的风险,并通过发表不同的审计意见来减少其带来的不良市场反

---

① Linda Elizabeth DeAngelo, "Auditor Size and Audit Quality," *Journal of Accounting and Economics* 3 (1981): 183–199.

应。本章通过考察财务报表重述公司的事务所规模、审计任期、注册会计师变更、审计费用、内部控制缺陷等因素来研究审计质量与财务报表重述之间的关系。

一　财务报表重述与外部审计质量的经验证据（2002~2006 年）

（一）研究假设

根据现有的研究文献以及审计独立性的特征，结合财务报表重述公司的特点，在此针对初始差错年、报表重述年两个时间期间，对审计独立性特征与财务报表重述的相关性做出假设。

1. 盈余错报程度

本书将重大会计差错对留存收益的影响（包括未分配利润和盈余公积）称为盈余错报的程度（Reraito）。王霞和张为国认为，在错误发生的年度，如果注册会计师保持一定的独立性，并达到一定的执业水准，应该对存在重大错误的报表出具严格的审计意见。[①] 也就是说，盈余错报程度（Reraito）越大，公司在错误发生年度被出具非标审计意见的概率越高。因为即便是在高质量的审计中，注册会计师也只是关注重大的盈余管理事项，而无须揭示所有的盈余管理行为。于是，本节给出第 1 个假设。

H1：在初始差错年、报表重述年，非标审计意见与盈余错报高报程度正相关。

从盈余错报的性质来看，帕尔姆罗斯（Z. Palmrose）等人、王霞和张为国将涉及收入、主营业务成本及营业费用的重述定义为核心重述。[②] 一般来讲，盈余错报的性质与盈余错报程度有着密切联系，即核心重述的发生意味着盈余错报程度较严重。于是，本节提出第 2 个假设。

H2：在初始差错年、报表重述年，核心重述与盈余错报高报程度正

[①] 王霞、张为国：《财务重述与独立审计质量》，《审计研究》2005 年第 3 期，第 56~61 页。

[②] Zoe-Vonna Palmrose, Vernon J. Richardson, and Susan Scholz, "Determinants of Market Reactions to Restatement Announcements," *Journal of Accounting and Economics* 37（2004）：59-89；王霞、张为国：《财务重述与独立审计质量》，《审计研究》2005 年第 3 期。

相关。

2. 盈余错报动机

不同规模的上市公司可能对盈余错报动机的强烈程度不一样。一般而言，规模相对小的上市公司其盈余错报动机反而更大，促使盈余错报程度也更严重。由于盈余错报动机发生于初始年，而报表重述年只是对初始差错年的差错事项进行重述调整。但是，有研究结果证明，规模相对较小的公司被出具非标审计意见的可能性较大。于是，本节针对盈余错报动机、盈余错报程度、非标审计意见及公司规模之间的相互关系，提出以下假设。

H3：在初始差错年、报表重述年，非标审计意见与盈余错报动机正相关。

3. 事务所规模

迪安格罗认为，会计师事务所的规模越大，其审计质量相对越高。他认为会计师事务所的规模越大，其签约客户的"准租金"越高，独立性也就越强。[①] 蔡春等人以2002年沪市制造业上市公司为研究对象，通过可操纵应计利润来检验外部审计质量对盈余管理程度的影响，研究发现，"非前十大"会计师事务所审计的公司的可操纵应计利润显著高于"前十大"会计师事务所审计的公司的可操纵应计利润。[②] 因此，本节假定规模越大的事务所越能提供高质量的服务。

H4：事务所规模与非标审计意见正相关，即在其他条件相同的情况下，大事务所更有可能对重述公司出具非标审计意见。

4. 注册会计师变更

从注册会计师变更来看，周（C. W. Chow）和赖斯（S. J. Rice）、克里希南（J. Krishnan）等人的研究均发现，注册会计师变更与变更前最近会计年度的保留意见之间呈正相关关系。[③] 迪丰德（M. L. DeFond）和苏布拉

① Linda Elizabeth DeAngelo, "Auditor Size and Audit Quality," *Journal of Accounting and Economics* 3 (1981): 183-199.

② 蔡春、黄益建、赵莎：《关于审计质量对盈余管理影响的实证研究——来自沪市制造业的经验证据》，《审计研究》2005年第2期，第3~10页。

③ Chee W. Chow, Steven J. Rice, "Qualified Audit Opinions and Auditor Switching," *The Accounting Review* 57 (1982): 326-335; Jagan Krishnan, Jayanthi Krishnan, and Ray G. Stephens, "The Simultaneous Relation between Auditor Switching and Audit Opinion," *Journal of Accounting and Public Policy* 26 (1996): 224-236.

马尼亚姆（K. R. Subramanyam）也研究了注册会计师变更与审计意见分歧的关系，他们认为某些注册会计师出于对诉讼风险的考虑，可能具有超过平均稳健水平的会计选择偏好，从而促使管理当局产生解聘注册会计师的动机，并寻求稳健程度更为合理的后任注册会计师。① 结合研究期间的特殊性，本节主要检验初始差错年与其前一年的注册会计师是否变更，以及初始差错年与报表重述年的注册会计师是否变更。前者是考察具有盈余错报动机的公司是否存在更换注册会计师的倾向，更换注册会计师后的审计质量是否得到保证；后者是考察报表重述年的注册会计师揭露曾在初始差错年未揭露会计差错的概率大小。这也从某种程度上反映了审计质量是不是通过更换注册会计师才得到提高的。于是提出以下假设。

H5：在初始差错年、报表重述年，注册会计师变更与出具非标审计意见正相关，即发生注册会计师变更的公司更有可能被出具非标审计意见。

5. 审计任期

审计任期也是影响审计质量的一个重要因素。但是，有关审计任期对审计质量的影响并没有得出一致性的结论。盖格（M. A. Geiger）和拉古南丹（K. Raghunandan）认为，由于审计人员的经验影响，较短的审计任期极可能引发审计失败。② 迈尔斯（J. N. Myers）等人发现，审计任期与审计质量呈显著正相关关系，但没有证据表明较长的审计任期对审计质量的损害作用。③ 陈信元和夏立军发现，当审计任期小于一定年份（约 6 年）时，审计任期的增加对审计质量具有正面影响，而当审计任期超过一定年份（约 6 年）时，审计任期的增加对审计质量具有负面影响。④ 美国 2002 年颁布的《萨班斯－奥克斯利法案》为加强注册会计师的独立性，在第 203 节中提出了负责审计合伙人的轮换制度，并规定：对审计某发行证券公司

---

① Mark L. DeFond, K. R. Subramanyam, "Auditor Changes and Discretionary Accruals," *Journal of Accounting and Economics* 25（1998）：35~67.

② Marshall A. Geiger, Kaumandur Raghunandan, "Auditor Tenure and Audit Reporting Failures," *Auditing : A Journal of Practice and Theory* 21（2002）：67~78.

③ James N. Myers, Linda A. Myers, and Thomas C. Omer, "Exploring the Term of the Auditor-Client Relationship and the Quality of Earnings: A Case for Mandatory Auditor Rotation?" *The Accounting Review* 78（2003）：779~799.

④ 陈信元、夏立军：《审计任期与审计质量：来自中国证券市场的经验证据》，《会计研究》2006 年第 1 期，第 44~53 页。

的注册会计师事务所而言，如果该所负责（或负责协调）某审计项目的合伙人或负责复核某审计项目的合伙人已连续超过 5 年对该公司的审计或复核负责，则该事务所提供上述审计业务的行为是非法的。美国政府问责局（GAO）对注册会计师强制轮换进行了调查研究，并发布了《关于会计师事务所强制轮换潜在影响的研究报告》，研究报告指出，几乎所有特大型的会计师事务所和《财富》前 1000 强公众公司都认为，会计师事务所强制轮换的成本可能超过收益。大多数意见认为，当前对审计合伙人轮换、注册会计师独立性以及其他改革的要求，如果能得到完全贯彻，将足以实现会计师事务所强制轮换的预期效果，即会计师事务所强制轮换可能并不是加强注册会计师独立性和提高审计质量的最有效途径。[①] 迈尔斯等人通过对美国发生财务报表重述公司的配对检验，发现没有明显的证据支持长审计任期对审计质量的损害。[②] 因此这一规定在颁布一年之后废止。由于较多的实证研究结论并不支持审计任期对审计质量有明显的负面影响，因此本节做出以下假设。

H6：审计任期越长，对财务报表重述公司出具非标审计意见的可能性越大。

（二）研究设计

1. 模型设计

本节利用 Logistic 模型来检验财务报表重述与外部审计质量的关系。审计意见作为被解释变量，设置为二元虚拟变量，这是本节设定的反映审计质量的替代变量。具体解释变量根据上述假设有：盈余错报程度（Reraito）、核心重述（Corere）、盈余错报动机（Motive）、注册会计师变更（Switch）、审计任期（Tenure）、事务所规模（Big10）。考虑到公司规模（Size）也会影响注册会计师的选择，在此将其作为控制变量。因此本节构建的 Logistic 回归模型如下：

---

① 中国注册会计师协会编《中国注册会计师行业发展研究资料 2004》，经济科学出版社，2005。

② James N. Myers, Linda A. Myers, Zoe-Vonna Palmrose, and Susan Scholz, "Mandatory Auditor Rotation: Evidence from Restatements," *Working Paper*, 2004.

$$Opinion=\beta_0+\beta_1 Reraito_i+\beta_2 Corere_i+\beta_3 Motive_i+\beta_4 Switch+$$

$$\beta_5 Big10+\beta_6 Tenure+\beta_7 Size+\varepsilon$$

2. 变量定义

各变量的类型、名称及含义如表 8-1 所示。

表 8-1 变量的类型、名称及含义

变量性质	变量名称	符号	变量描述
被解释变量	审计意见	$Opinion_i$	$Opinion_1$、$Opinion_2$ 分别表示报表重述年、初始差错年的审计意见，出具非标审计意见取值为 1，否则为 0
解释变量	盈余错报程度	$Reraito_i$	$Reraito_1$ 表示报表重述年对留存收益的累计影响额除以更正前的总资产；$Reraito_2$ 表示初始差错年对留存收益的累计影响额除以当年的总资产
	核心重述	$Corere_i$	$Corere_1$ 表示报表重述年披露了核心重述事项取值为 1，否则为 0；$Corere_2$ 表示初始差错年发生核心重述事项取值为 1，否则为 0
	盈余错报动机	$Motive_i$	在初始差错年或报表重述年当年和前一年是否被冠以"ST"或"PT"，以及在这两个时间区间的前后年（2年及以内）准备上市、发行新股或配股（包括未批准）等，存在上述情形之一时，$Motive_1$、$Motive_2$ 均取值为 1，否则为 0
	注册会计师变更	$Switch_i$	报表重述年与初始差错年的注册会计师发生变更，$Switch_1$ 取值为 1，否则为 0；初始差错年与其前一年的注册会计师发生变更，$Switch_2$ 取值为 1，否则为 0
	审计任期	$Tenure$	报告期内主审会计师事务所连续担任本公司主审会计师的年数
	事务所规模	$Big10$	报告期内的主审会计师事务所是该年"十大"事务所之一，$Big10$ 值为 1，否则为 0
控制变量	公司规模	$Size$	期末资产总额的自然对数

注：i 取值范围为 1、2，$i=1$ 为报表重述年，$i=2$ 为初始差错年。

（1）被解释变量：审计意见（$Opinion$）

如何评价注册会计师的审计质量，到目前为止，尚无客观、有效的方式。西方已有的研究将审计质量分为专业胜任能力和独立性两个方面，前者是指注册会计师在执业过程中发现客户不当行为的概率；后者是当注册会计师发现客户不当行为后进行报告的概率。[①] 已有的大多数研究文献中，人们将审计意见类型与审计质量直接挂钩，如埃利祖尔（R. Elitzur）和福尔克（H. Falk）、博韦德（H. V. Bauwhede）等、李树华、原红旗和李海建、刘明辉等、蔡春等。[②] 当然对审计意见作为外部审计质量替代变量存在一些争议，因为非标审计意见不一定意味着审计质量高，标准审计意见也不一定意味着审计质量低。以审计意见类型作为审计质量的替代变量需要在一定的前提之下，在本书中，因选取的样本均是发生财务报表重述的样本，在年报存在重大质量问题的情况下，以审计意见的类型作为审计质量的替代变量才有一定的解释力。也就是说，财务报表重述在某种程度上反映了财务报表信息披露的质量，基于注册会计师对财务报表审计中对错弊的考虑，审计意见应该在某种程度上反映财务报表的质量。出于这一考虑，本书以审计意见作为外部审计质量的替代变量。对于财务报表重述公司在初始差错年与报表重述年的审计意见类型，可能并不能充分解释其财务报表质量的高低，尤其是在初始差错年注册会计师出具的标准无保留意见。但是，用审计意见类型代替审计质量，在一定程度上能反映这两个不同时间区间报表重述和审计质量的相关性。

界定：在初始差错年、报表重述年，将样本公司被出具的审计意见区分为标准无保留意见和非标审计意见，非标审计意见取值为1，否则为0。

（2）解释变量

①盈余错报程度（*Reraito*）：从财务报表重述的内容来看，财务报表重述与盈余管理的关系十分密切，且在初始差错年，大多数重述公司都是主要通过会计核算错误（含税收）、政策误用等手段高报盈余（留存收益），尤其

---

① 〔美〕罗斯·L. 瓦茨、杰罗尔德·L. 齐默尔曼：《实证会计理论》（第四版），陈少华等译，东北财经大学出版社，2016。

② Ramy Elitzur, Haim Falk, "Planned Audit Quality," *Journal of Accounting and Public Policy* 15 (1996): 247-269; Heidi Vander Bauwhede, Marleen Willekens, and Ann Gaeremynck, "Audit Firm Size, Public Ownership, and Firms' Discretionary Accruals Management," *The International Journal of Accounting* 38 (2003): 1-22; 李树华：《审计独立性的提高与审计市场的背离》，上海三联书店，2000; 原红旗、李海建：《会计师事务所组织形式、规模与审计质量》，《审计研究》2003年第1期，第32~37页; 刘明辉、李黎、张羽：《我国审计市场集中度与审计质量关系的实证分析》，《会计研究》2003年第7期，第37~41页; 蔡春、黄益建、赵莎：《关于审计质量对盈余管理影响的实证研究——来自沪市制造业的经验证据》，《审计研究》2005年第2期，第3~10页。

是相当一部分手段涉及虚构收入、成本及费用。如迪丰德（M. L. DeFond）和贾姆巴沃（J. Jiambalvo）的研究证实："相对于没有发生差错的公司，发生会计差错的公司有明显的动机把会计差错作为一种盈余管理的手段。"① 于是，本章参照帕尔姆罗斯（Z. Palmrose）等、王霞和张为国的研究方法②，以 Reraito 代表盈余错报的程度，计算方法与帕尔姆罗斯等人相同，即用财务报表重述对留存收益的累计影响额除以重述前的总资产。

界定：Reraito 取值为财务报表重述对留存收益的累计影响额除以重述前的总资产，保留其正负号，Reraito 取值大于零表示盈余错报高报，Reraito 取值小于零表示盈余错报低报。在错误发生年度，Reraito 代表盈余错报的程度；在报表重述年，代表重述的幅度。

②核心重述（Corere）：代表财务报表重述的性质。与帕尔姆罗斯等、王霞和张为国的定义一致。③ 核心重述的定义为涉及收入、主营业务成本及营业费用的重述，其余的均为非核心重述。

界定：依照 Corere 的定义，盈余错报内容属于核心重述取值为 1，否则为 0。

③盈余错报动机（Motive）：从发生财务报表重述的样本来看，发生重大会计差错的公司，其盈余错报动机主要包括：中国证监会对连续亏损的上市公司有"PT"或"ST"的特别处理规定，所以上市公司首次亏损时，为了给将来扭亏为盈打下基础，往往会采用巨额冲销的方法；当上市公司上一年度发生亏损时，为避免"戴帽"会有一定的扭亏动机；当上市公司已经被戴上"ST"或"PT"的"帽子"时，会想方设法"摘帽"，因而在这种情况下，还会存在显著的摘牌动机；为准备上市、发行新股或配股，上市公司也可能存在较强烈的盈余操纵动机。本节将财务报表重述公司是否存在盈余错报动机作为解释变量，以检验注册会计师在审计中是否关注

① Mark L. DeFond, James Jiambalvo, "Incidence and Circumstances of Accounting Errors," *The Accounting Review* 66 (1991): 643–655.

② Zoe-Vonna Palmrose, Vernon J. Richardson, and Susan Scholz, "Determinants of Market Reactions to Restatement Announcements," *Journal of Accounting and Economics* 37 (2004): 59–89；王霞、张为国：《财务重述与独立审计质量》，《审计研究》2005 年第 3 期，第 56~61 页。

③ Zoe-Vonna Palmrose, Vernon J. Richardson, and Susan Scholz, "Determinants of Market Reactions to Restatement Announcements," *Journal of Accounting and Economics* 37 (2004): 59–89；王霞、张为国：《财务重述与独立审计质量》，《审计研究》2005 年第 3 期，第 56~61 页。

和识别到上市公司的盈余错报动机。

界定：*Motive* 代表盈余错报动机，样本公司在初始差错年、报表重述年当年和前一年是否被冠以"ST"或"PT"，以及在这两个时间区间的前后年（2 年及以内）准备上市、发行新股或配股（包括未批准）等，存在上述情形之一，可认为样本公司可能存在盈余错报动机，则 *Motive* 取值为 1，否则为 0。

除以上因素外，影响审计意见的还有注册会计师变更、审计任期以及会计师事务所规模等通常用于反映审计质量的主要指标。

④注册会计师变更（*Switch*）：注册会计师变更主要考察某两个期间对年度会计报表进行审计的会计师事务所是否一样。

界定：对于会计师事务所名称变更、合并及更换会计师事务所而主审注册会计师未变等情况视为注册会计师未发生变更。注册会计师发生变更，*Switch* 取值为 1，否则为 0。

⑤审计任期（*Tenure*）：审计任期表示当期主审会计师事务所连续担任样本公司主审会计师的年数。迈尔斯等、李爽和吴溪也曾采取了类似的变量设定。[①]

界定：*Tenure* = 报告期内主审会计师事务所连续担任样本公司主审会计师的年数。

⑥事务所规模（*Big*10）：在实证研究中，事务所规模的衡量可以用事务所的营业收入，也可以用被审计客户的资产规模等作为替代变量。在本节中会计师事务所规模以报告期的主审会计师事务所是否为大型会计师事务所作为替代指标，若其排在前十名，*Big*10 取值为 1，否则为 0。1999 ~ 2006 年"十大"会计师事务所排名情况如表 8-2 所示。

表 8-2　1999 ~ 2006 年"十大"会计师事务所

年份	"十大"会计师事务所	
1999	"四大"中外合作	安达信华强、毕马威华振、安永华明、普华大华
	国内"六大"	大华、深圳中天、上海上会、浙江天健、四川君和、上海众华

① James N. Myers, Linda A. Myers, and Thomas C. Omer, "Exploring the Term of the Auditor-Client Relationship and the Quality of Earnings: A Case for Mandatory Auditor Rotation?" *The Accounting Review* 78 (2003): 779-799; 李爽、吴溪：《审计定价研究：中国证券市场的初步证据》，中国财政经济出版社，2004。

续表

年份	"十大"会计师事务所	
2000	"四大"中外合作	安达信华强、毕马威华振、安永华明、普华大华
	国内"六大"	中天勤、大华、立信长江、北京京都、浙江天健、上海上会
2001	"四大"中外合作	安达信华强、毕马威华振、安永大华、普华大华
	国内"六大"	立信长江、深圳鹏城、浙江天健、湖北大信、北京京都、湖南开元
2002	普华永道中天、毕马威华振、德勤华永、安永华明、立信长江、岳华、中瑞华恒信、北京京都、信永中和、中审	
2003	普华永道中天、毕马威华振、德勤华永、安永华明、立信长江、岳华、信永中和、中审、中瑞华恒信、江苏公证	
2004	普华永道中天、毕马威华振、德勤华永、安永华明、立信长江、信永中和、中审、岳华、中瑞华恒信、北京京都	
2005	普华永道中天、安永华明、德勤华永、毕马威华振、立信长江、岳华、信永中和、万隆、中审、中瑞华恒信	
2006	普华永道中天、安永华明、德勤华永、毕马威华振、立信长江、岳华、信永中和、中审、中瑞华恒信、万隆	

注：由于自 2002 年起中国注册会计师协会（CICPA）以总收入、注册会计师人数、培训完成率、行业领军人才后备人选数、处罚和惩戒情况等为事务所的综合评价指标，公开披露了每年会计师事务所百家信息，客观反映了注册会计师级差水平。于是，将各年百家会计师事务所位于前十名的会计师事务所称为"十大"。而对于 1999~2001 年的"十大"会计师事务所，将以每家会计师事务所年度审计客户数量及其总资产规模的综合排名为依据。

资料来源：中国证监会首席会计师办公室编写的《谁审计中国证券市场》（2001）。

（3）控制变量：公司规模（Size）

不同规模的上市公司可能对盈余错报动机的强烈程度不一样。本节参照大多数研究采用的方法，以上市公司的总资产金额大小作为上市公司规模大小的替代指标。为了避免总资产与其他变量间的非线性关系，取其自然对数。

界定：Size 取值为上市公司期末总资产金额的自然对数值。

3. 样本选取

本节根据对我国 2002~2006 年 A 股上市公司（包含既发行 A 股又发

行 B 股的上市公司）财务报告的查阅，筛选出年报附注中披露了会计差错（含重大会计差错）事项的上市公司，累计 991 家，其中 354 家重复（见第四章）。本章将从 637 家会计差错（含重大会计差错）公司（不含重复）中选取样本。在选取过程中，依照所遇到的问题做出如下说明。

（1）有关信息披露不完整、不规范的考虑

考虑到我国上市公司年报披露会计差错（含重大会计差错）事项的信息存在不完整性、不规范性，确定研究检验的是对财务成果产生影响的重述，因此，对财务成果不造成影响的重述并没有包括在实证检验的样本当中。结合实证研究中对相关数据的收集要求，以及本书的研究需要，对会计差错公司中存在差错年、差错原因以及财务影响不明等的情形进行剔除。

（2）会计差错（含重大会计差错）研究报告期间的界定

会计差错（含重大会计差错）事项披露当年是财务报表重述年。但由于重大会计差错是对前期差错的追溯调整，所以差错的发生年和报表重述年是不一致的，并且会计差错（含重大会计差错）事项的发生年实际上不止 1 年，研究发现，部分上市公司甚至追溯了前几年的会计差错。由于财务报表重述公司会计差错（含重大会计差错）事项的发生年年数不同，如何对会计差错（含重大会计差错）事项的研究报告期间进行界定，可能将影响部分实证结果。基于可比性、一致性原则的考虑，通常会选择差错发生的初始年或最后一年作为研究报告期间。迪丰德和贾姆巴沃认为，会计差错动机在数年差错年的第一年显得尤为直接、强烈，且影响的性质、程度也显得尤为关键、重要。[①] 因此，本书核实了每项会计差错的发生年份，特别是最早的差错事项的发生年份。

本章拟选择差错年的第一年作为初始差错年，将首次披露更正发生年的会计差错（含重大会计差错）事项的年报年份作为报表重述年；并将拟选取的样本在其报表重述年与初始差错年报告期间得到的实证结果进行比较分析。

---

① 类似于 DeFond 和 Jiambalvo 选取会计差错发生最早的一期年报 [Mark L. DeFond, James Jiambalvo, "Incidence and Circumstances of Accounting Errors," *The Accounting Review* 66 (1991): 643-655]。

（3）研究对象观察期的考虑

本章拟将样本的初始差错年、报表重述年界定为 1999~2006 年。其原因在于三个方面。一是财政部于 1999 年 4 月 13 日印发了《会计师（审计）事务所脱钩改制实施意见》（财协字〔1999〕37 号），脱钩改制在一定程度上促进了注册会计师审计报告行为。[①] 二是脱钩改制后参与证券审计的会计师事务所相对稳定。自 1999 年起具有许可证（证券市场审计）的事务所中参与年审的事务所所占比重的变化相当稳定（1999 年为 88.68%，2000 年为 98.72%，2000 年以后为 100%），且参与年审的事务所数量也得到了控制（见图 7-2）。这在一定程度上有利于考察会计师事务所的特征及规模。三是基于 1999 年以前年度由于信息披露规范的限制，部分拟检验的数据不便于获取的考虑，剔除初始差错年、报表重述年不属于 1999~2006 年的会计差错公司。

（4）特殊行业类别的考虑

由于金融保险行业的特点，其竞争情况明显区别于其他行业。为了确保样本的可比性、一致性，在选取样本时不考虑此类特殊行业的重大会计差错公司。

基于对以上因素的考虑，剔除存在上述问题之一的重大会计差错公司后，实际研究样本为 424 家。

4. 研究方法和数据来源

本节运用统计软件 SPSS 11.5 对上述模型中设定的变量数据采取多项统计方法进行了统计结果的比较、分析，并验证了上述提出的研究假设。本书主要进行了单变量检验、各变量间相关性检验以及 Logistic 回归统计分析。数据来源说明：研究数据主要来源于中国证券监督管理委员会网站（http：//www.csrc.gov.cn）、中国证券网（http：//www.cnstock.com）、巨潮资讯网（http：//www.cninfo.com.cn）、上海证券交易所网站（http：//www.sse.com.cn）、新浪财经网（http：//finance.sina.com.cn）等，以及 CSMAR 数据库。

---

① 王跃堂、陈世敏：《脱钩改制对审计独立性影响的实证研究》，《审计研究》2001 年第 3 期，第 2~9 页；刘峰、林斌：《会计师事务所脱钩与政府选择：一种解释》，《会计研究》2000 年第 2 期，第 9~15 页；李爽、吴溪：《中国证券市场中的审计报告行为：监管视角与经验证据》，中国财政经济出版社，2003。

（三） 实证研究结果及分析

1. 样本描述性统计分析

（1）初始差错年、报表重述年的单变量检验

从表8-3和表8-4的样本描述性统计分析中可见，选取424家样本公司，根据审计意见类型，对标准无保留意见组和非标审计意见组进行对比统计。Panel A 为连续变量的 t 检验，Panel B 为虚拟变量的曼-惠特尼 U 检验，都是检验标准无保留意见组与非标审计意见组下各解释变量均值之间是否存在显著差异，前者为 SPSS 的参数检验，后者为 SPSS 的非参数检验。

从表8-3的检验结果可见，初始差错年标准无保留意见组 *Reraito*、*Tenure*、*Size*、*Motive*、*Switch* 等解释变量的均值差的显著性明显，而 *Corere*、*Big*10 等变量的均值差则在两类公司样本间无显著差异。这说明初始差错年非标审计意见的出具可能受到盈余错报程度（*Reraito*）、审计任期（*Tenure*）、公司规模（*Size*）、盈余错报动机（*Motive*）以及注册会计师变更（*Switch*）的影响，而是否进行核心重述（*Corere*）、是否由"十大"会计师事务所审计基本上并不影响审计意见的类型。

表 8-3　单变量检验（初始差错年，*N* = 424）

Panel A　连续变量的 t 检验					
变量	标准无保留意见组		非标审计意见组		均值差	t 统计量
	均值	标准差	均值	标准差		
Reraito	0.0071	0.02222	0.0267	0.06370	−0.0196***	−4.098
Tenure	4.4840	3.00839	5.2708	2.29467	−0.7868*	−1.747
Size	20.9609	0.84023	20.6882	1.00200	0.2727**	2.070

Panel B　虚拟变量的曼-惠特尼 U 检验（Mann-Whitney U）					
变量	标准无保留意见组		非标审计意见组		均值差	z 统计量
	均值	标准差	均值	标准差		
Corere	0.1440	0.35156	0.1250	0.33422	0.0190	−0.355
Motive	0.5360	0.49937	0.7083	0.45934	−0.1723**	−2.260
Switch	0.2234	0.41708	0.3750	0.48925	−0.1516**	−2.311
*Big*10	0.1702	0.37632	0.1875	0.39444	−0.0173	−0.298

注：***、**、* 分别表示在1%、5%、10%的水平下显著。

从表 8-4 的检验结果可见，报表重述年非标审计意见组 *Reraito*、
Tenure、*Motive*、*Switch*、*Corere* 等解释变量的均值显著大于标准无保留意见
组，而 *Size* 的均值显著小于标准无保留意见组，只有 *Big*10 的均值在两类
公司样本间无显著差异。这说明报表重述年非标审计意见的出具可能受到
盈余错报程度（*Reraito*）、审计任期（*Tenure*）、公司规模（*Size*）、盈余错报
动机（*Motive*）、注册会计师变更（*Switch*）以及核心重述（*Corere*）的影响，
而是否由"十大"会计师事务所审计基本上并不影响审计意见的类型。

表 8-4　单变量检验（报表重述年，N = 424）

	Panel A　连续变量的 t 检验					
变量	标准无保留意见组		非标审计意见组		均值差	t 统计量
	均值	标准差	均值	标准差		
Reraito	0.0063	0.01386	0.1624	1.16982	− 0.1561 **	− 2.477
Tenure	6.1942	2.87834	7.0759	2.82739	− 0.8817 **	− 2.492
Size	21.1729	0.82416	20.4674	1.13766	0.7055 ***	5.207

	Panel B　虚拟变量的曼-惠特尼 U 检验（Mann-Whitney U）					
变量	标准无保留意见组		非标审计意见组		均值差	z 统计量
	均值	标准差	均值	标准差		
Corere	0.1942	0.39616	0.2785	0.45112	− 0.0843 *	− 1.657
Motive	0.3953	0.48964	0.7848	0.41358	− 0.3895 ***	− 6.249
Switch	0.2986	0.45829	0.5190	0.50283	− 0.2204 ***	− 3.727
*Big*10	0.1333	0.34043	0.0886	0.28599	0.0447	− 1.083

注：*** 、 ** 、 * 分别表示在 1%、5%、10% 的水平下显著。

被出具非标审计意见的公司，在初始差错年盈余错报的金额和财务报
表重述的幅度显著高于被出具标准审计意见的公司。从控制变量来看，被
出具非标审计意见的公司规模小于被出具标准审计意见的公司。被出具非
标审计意见的公司的审计任期长于被出具标准审计意见的公司。被出具非
标审计意见的公司的盈余错报动机显然高于被出具标准审计意见的公司。
被出具非标审计意见的公司注册会计师发生变更的情况多于被出具标准审计
意见的公司。而事务所的规模无论是在报表重述年还是在初始差错年，非标
审计意见组和标准审计意见组均无显著的差异。

（2）各变量间的 Pearson 相关系数及其显著性

从表 8-5 可见初始差错年各变量间的 Pearson 相关系数及其显著性。在初始差错年，盈余错报程度（*Reraito*）、盈余错报动机（*Motive*）、注册会计师变更（*Switch*）与审计意见类型存在显著的正相关关系，是否进行核心重述（*Corere*）、公司规模（*Size*）与出具非标审计意见负相关。从解释变量之间的 Pearson 相关系数及其显著性来看，在初始差错年，核心重述、盈余错报动机与盈余错报程度正相关，表明核心错报越多且盈余错报动机越强烈的公司，盈余错报程度越严重。而公司规模和盈余错报程度负相关，即公司规模越小，盈余错报程度越严重。公司规模和盈余错报动机负相关，即规模越小的公司盈余错报动机越强烈。公司规模和审计任期正相关，即公司规模越大，审计任期越长。

表 8-5　各变量间的 Pearson 相关系数及其显著性（初始差错年）

变量	*Opinion*	*Reraito*	*Corere*	*Motive*	*Switch*	*Tenure*	*Big*10	*Size*
Opinion	1.000	0.208***	-0.017	0.110**	0.112**	0.085	0.015	-0.100**
	0.000	0.000	0.723	0.024	0.021	0.081	0.766	0.039
Reraito		1.000	0.127**	0.109**	0.071	-0.006	-0.029	-0.204***
		0.000	0.014	0.036	0.171	0.912	0.571	0.000
Corere			1.000	-0.019	0.008	-0.031	0.047	-0.005
			0.000	0.693	0.863	0.520	0.330	0.923
Motive				1.000	0.010	0.070	0.018	-0.196***
				0.000	0.839	0.150	0.709	0.000
Switch					1.000	0.054	0.006	-0.016
					0.000	0.271	0.895	0.746
Tenure						1.000	0.007	0.150***
						0.000	0.890	0.002
*Big*10							1.000	0.056
							0.000	0.254
Size								1.000
								0.000

注：**、***分别表示在 5%、1%的水平下存在显著差异。

　　从表 8-6 可见报表重述年各变量间的 Pearson 相关系数及其显著性。在报表重述年，盈余错报程度（*Reraito*）、盈余错报动机（*Motive*）、注册会计师变更（*Switch*）、审计任期（*Tenure*）、公司规模（*Size*）与审计意见类型存在显著的线性相关关系。其中，盈余错报程度（*Reraito*）、盈余错报动机（*Motive*）、注册会计师变更（*Switch*）、审计任期（*Tenure*）与注册会计师出具非标审计意见呈正相关关系，公司规模（*Size*）与出具非标审计意见负相关。从解释变量之间的 Pearson 相关系数及其显著性来看，盈余重述程度和核心重述正相关，和公司规模负相关。这说明核心重述占的比重越大，盈余重述程度越大；公司规模越大，盈余重述程度越小。核心重述和注册会计师变更正相关，注册会计师发生变更则出现核心重述的可能性较大，这在一定程度上表明更换后的注册会计师更加关注核心重述，进而保证了审计质量。注册会计师变更、审计任期和盈余错报动机正相关，表明注册会计师任期越长的公司盈余错报动机越强烈，注册会计师发生变更的公司盈余错报动机越强烈。公司规模和盈余错报动机负相关，与初始差错年一致，规模越小的公司盈余错报动机越强烈。另外，和初始差错年不同的是，报表重述年的会计师事务所规模和公司规模正相关，即公司规模越大，越倾向于聘请规模大的会计师事务所。

表 8-6　各变量间的 Pearson 相关系数及其显著性（报表重述年）

变量		*Opinion*	*Reraito*	*Corere*	*Motive*	*Switch*	*Tenure*	*Big*10	*Size*
Opinion		1.000	0.120**	0.081*	0.304***	0.181***	0.119**	-0.053	-0.295***
		0.000	0.014	0.098	0.000	0.000	0.014	0.279	0.000
Reraito			1.000	0.099**	0.065	0.070	0.015	-0.019	-0.199***
			0.000	0.044	0.183	0.152	0.766	0.701	0.000
Corere				1.000	0.044	0.132***	-0.072	0.068	-0.027
				0.000	0.362	0.007	0.138	0.163	0.582
Motive					1.000	0.141***	0.212***	0.031	-0.251***
					0.000	0.004	0.000	0.520	0.000
Switch						1.000	0.122**	0.030	-0.063
						0.000	0.012	0.536	0.199

续表

变量	Opinion	Reraito	Corere	Motive	Switch	Tenure	Big10	Size
Tenure						1.000	−0.005	0.021
						0.000	0.919	0.665
Big10							1.000	0.170**
							0.000	0.000
Size								1.000
								0.000

注：*、**、***分别表示在10%、5%、1%的水平下存在显著差异。

2. Logistic 回归分析

从表8-7可见在初始差错年、报表重述年两个特殊期间发生财务报表重述的上市公司的 Logistic 回归结果。由其回归结果可知，回归模型系数的综合检验中，其 Chi-square 统计量在初始差错年在5%的水平下显著，在报表重述年在1%的水平下显著；R^2在初始差错年为0.110，在报表重述年为0.287，报表重述年的解释效果相对更好。此外，通过上述对各解释变量之间的 Pearson 相关系数的分析也可看出，各解释变量之间的相关系数即便显著，也均较低，据此推测回归模型存在多重共线性问题的可能性很低。以审计意见为被解释变量时，Reraito、Motive、Switch、Tenure 以及 Big10 五个变量的符号与预期符号相符，且在初始差错年、报表重述年，Reraito、Motive、Switch 的估计参数统计显著，这表明在错误发生年，盈余错报程度、盈余错报动机、注册会计师变更和非标审计意见正相关，注册会计师对盈余错报程度较高的公司更有可能出具非标审计意见，注册会计师在一定程度上能够识别财务报表重述公司的盈余错报动机，并在审计意见中有所反映，发生注册会计师变更的公司更有可能被出具非标审计意见。而在报表重述年，盈余重述程度也会影响注册会计师的审计意见，盈余重述程度越大，越有可能被出具非标审计意见，比之错误发生年，盈余错报动机和注册会计师变更更能影响注册会计师的审计意见。Size 的估计参数仅在报表重述年显著，与非标审计意见的出具负相关，表明在报表重述年，公司规模越大，越不太可能被出具非标审计意见。

表 8-7 Logistic 回归结果

变量	预测符号	初始差错年 (N=424)		报表重述年 (N=424)	
		回归系数	Wald 检验	回归系数	Wald 检验
α	?	1.143	0.074	8.419 **	5.306
Reraito	+	11.300 **	6.448	17.647 **	9.136
Corere	+	−0.397	0.621	0.283	0.694
Motive	+	0.630 *	3.011	1.113 **	11.820
Switch	+	0.650 *	3.623	0.665 **	5.281
Tenure	+	0.091	2.453	0.057	1.137
Big10	+	−0.051	0.013	−0.315	0.414
Size	?	−0.203	1.045	−0.550 **	10.070
Chi-square		22.377 **		81.147 ***	
R^2		0.110		0.287	
模型正确判别率		88.2%		83.3%	
因变量 = Opinion					

注：*** 、** 、* 分别表示通过1%、5%、10%的显著性水平检验。

(四) 结论

从以上检验结果分析，对照本节提出的假设，可以得出如下结论。

第一，盈余错报程度在初始差错年和报表重述年得到了不同的解释效果。在错误发生年度，非标审计意见与盈余错报程度正相关。在错误发生年度，注册会计师对盈余错报程度较高的公司更有可能出具非标审计意见。这表明有可能在错误发生年度，注册会计师发现了被审计客户的错报行为，而被审计客户不愿调整年报中的错报，却在以后年度发生财务报表重述，在某种程度上反映了上市公司盈余管理的动机和行为，同时也反映了错报年度外部审计的质量，注册会计师保持了一定程度的独立性，但外部审计质量还有待进一步提高。虽然报表重述年是按照企业会计准则对差错进行调整，但是财务报表重述的程度对非标审计意见的出具显然也有显著的影响力。

第二，无论是错误发生年度还是报表重述年度，是否进行核心重述对非标审计意见的出具都没有显著的解释力。但从变量间的相关性来看，在错误发生年度核心重述与盈余错报程度正相关。这表明核心重述是影响盈余错报程度的关键因素。而在报表重述年度，核心重述和盈余错报程度正相关，表明核心重述金额和比例越大，盈余错报程度越大。

第三，在初始差错年和报表重述年，注册会计师都能在一定程度上识别上市公司的盈余管理动机，并在审计意见中有所反映。

第四，事务所规模和非标审计意见的相关性并不显著，结论没有支持大事务所更有可能对重述公司出具非标审计意见的观点。

第五，非标审计意见与注册会计师变更呈正相关。这表明发生注册会计师变更的公司更有可能被出具非标审计意见。

第六，审计任期和非标审计意见呈正相关，但结果并不显著。这说明审计任期和财务报表重述公司被出具非标审计意见之间并没有显著的相关性。

另外在研究中还发现，在错误发生年度，核心错报越多且盈余错报动机越强烈的公司盈余错报程度越严重。而公司规模和盈余错报程度负相关，即公司规模越小，盈余错报程度越大；盈余错报动机和公司规模负相关，即规模越小的公司盈余错报动机越强烈。在报表重述年，盈余错报程度和核心重述正相关，和公司规模负相关。这表明核心重述占的比重越大，盈余错报程度越大；公司规模越大，盈余错报程度越小。

二　财务报表重述与外部审计质量的经验证据（2007~2017 年）

（一）研究假设

根据现有的研究文献以及审计独立性的特征，结合财务报表重述公司的特点，在此针对初始差错年、报表重述年两个时间期间，对审计独立性特征与财务报表重述的相关性做出假设。

1. 盈余错报程度

本书将重大会计差错对留存收益的影响（包括未分配利润和盈余公积）称为盈余错报的程度（Reraito）。财务报表重述的发生意味着上市公司之前年度存在错报，那么在错报发生年度，注册会计师是否察觉了错报行为，并反映到当年的审计意见中，在一定程度上反映了审计质量的高低。罗党论和黄旸杨研究发现，注册会计师发现问题的能力越低，或报告所发现问题的可能性越小，上市公司管理层越有"空间"对利润水平进行盈余管理，会计报表中的盈余数据越可能包括有意"粉饰"上市公司的财务状况和经营成果的项目。[①] 也就是说，盈余错报程度（*Reraito*）越大，公司在错误发生年度被出具非标审计意见的概率越高。于是，本节给出第1个假设。

H1：在初始差错年、报表重述年，非标审计意见与盈余错报高报程度正相关。

2. 盈余错报动机

理查德森（S. Richardson）等人的研究发现，重述公司对未来盈余增长有更高的市场预期、更高的未偿还负债、更高的外部融资需求，进行盈余操纵的主要动机是获取较低成本的外部融资。[②] 重述公司倾向于采用激进的会计处理方法来满足市场预期。基于盈余管理动机对财务报表重述公司进行研究后发现，相对于非重述公司，重述公司的盈余错报动机显著偏高，并且被出具非标审计意见和被 ST 的可能性更高。[③] 于是，本节针对盈余错报动机和程度、非标审计意见及公司规模之间的相互关系，提出以下假设。

H2：在初始差错年、报表重述年，非标审计意见与盈余错报动机正相关。

3. 事务所规模

迪安格罗（L. E. DeAngelo）认为，会计师事务所的规模越大，其审计质量相对越高。他认为会计师事务所的规模越大，其签约客户的"准租金"越高，独立性也就越强。[④] 此后，有学者在研究事务所规模与审计质

---

① 罗党论、黄旸杨：《会计师事务所任期会影响审计质量吗？——来自中国上市公司的经验证据》，《中国会计评论》2007 年第 2 期，第 233~248 页。

② S. Richardson, Irem Tuna, and Min Wu, "Predicting Earnings Management: The Case of Earnings Restatements," *Working Paper*, 2002.

③ 周晓苏、周琦：《基于盈余管理动机的财务重述研究》，《当代财经》2011 年第 2 期，第 109~117 页。

④ Linda Elizabeth DeAngelo, "Auditor Size and Audit Quality," *Journal of Accounting and Economics* 3 (1981): 183-199.

量中考虑了其他因素。崔（Jong-hag Choi）等人从盈余操纵的角度，以可操纵应计利润的绝对值作为审计质量的替代变量，通过实证研究发现，事务所规模对审计质量的提高有积极影响。① 还有学者在考察盈余操纵的基础上将事务所按照一定的标准细化为"十大"和"非十大"（或"四大"和"非四大"），分组研究事务所规模对审计质量的影响。② 实证研究表明，"非十大"（或"非四大"）会计师事务所对盈余管理的容忍程度较高，即"非十大"（或"非四大"）会计师事务所更容易出具修饰的审计报告，而"十大"（或"四大"）会计师事务所为了维护自己的声誉和品牌形象，更注重对审计质量的保证。因此，本节假定规模越大的事务所越能提供高质量的审计服务。

H3：事务所规模与非标审计意见正相关，即在其他条件相同的情况下，大事务所更有可能对重述公司出具非标审计意见。

4. 注册会计师变更

理论界和实务界对注册会计师变更的报告动因更加关注。埃特雷奇（M. L. Ettredge）等人的研究表明，客户收到持续经营不确定性审计意见（GCO）后更可能解雇现任注册会计师。③ 克里希南（G. V. Krishnan）和维斯瓦纳坦（G. Visvanathan）发现，客户收到重大内部控制缺陷或未遵循法律法规的审计报告后，更可能变更注册会计师。④ 伍利娜等发现，注册会计师对集团内的某家上市公司出具非标审计意见，很可能导致"连锁反应"，即企业集团内的多家上市公司变更事务所。⑤ 结合研究期间的特殊性，本节主要检验初始差错年与其前一年的注册会计师是否变更，以及初始差错年与报表重述年的注册会计师是否变更。前者是考察具有盈余错报

---

① Jong-Hag Choi, Chansog Kim, Jeong-Bon Kim, and Yoonseok Zang, "Audit Office Size, Audit Quality, and Audit Pricing," *Auditing: A Journal of Practice & Theory* 29 (2010): 73-97.

② 王良成、韩洪灵：《大所的审计质量一贯的高吗？——来自我国上市公司配股融资的经验证据》，《审计研究》2009 年第 3 期，第 55~66 页。

③ Michael L. Ettredge, Chan Li, and Scholz Scholz, "Audit Fees and Auditor Dismissals in the Sarbanes-Oxley Era," *Accounting Horizons* 21 (2007): 371-386.

④ Gopal V. Krishnan, Gnanakumar Visvanathan, "Reporting Internal Control Deficiencies in the Post-Sarbanes-Oxley Era: The Role of Auditors and Corporate Governance," *International Journal of Auditing* 11 (2007): 73-90。

⑤ 伍利娜、王春飞、陆正飞：《企业集团审计师变更与审计意见购买》，《审计研究》2013 年第 1 期，第 70~78 页。

动机的公司是否存在更换注册会计师的倾向，更换注册会计师后的审计质量是否得到保证；后者是考察报表重述年的注册会计师揭露曾在初始差错年未揭露会计差错的概率大小。这也从某种程度上反映了审计质量是不是通过更换注册会计师才得到提高的。于是提出以下假设。

H4：在初始差错年、报表重述年，注册会计师变更与非标审计意见正相关，即发生注册会计师变更的公司更有可能被出具非标审计意见。

5. 审计任期

审计任期也是影响审计质量的一个重要因素。美国政府问责局（GAO）2003 年强调了事务所审计任期延长对审计独立性的可能影响，建议审计委员会考虑更换审计任期过长的会计师事务所。2002 年，美国安然事件的发生更加加剧了这种担心，并最终导致美国《萨班斯－奥克斯利法案》（SOX 法案）的推出。根据 SOX 法案，负责审计项目的合伙人或负责复核审计项目的合伙人不得连续超过 5 年对同一公司提供审计服务，即强制主审注册会计师进行轮换。但是，有关审计任期对审计质量的影响并没有得出一致性的结论。盖格（M. A. Geiger）和拉古南丹（K. Raghunandan）认为，由于审计人员的经验影响，较短的审计任期极可能引发审计失败。[①] 另一些学者有不同的观点：戴维斯（L. R. Davis）等、陈信元和夏立军则发现过长的审计任期对审计质量会造成负面影响。[②] 江伟和李斌认为，无论是注册会计师任期还是事务所任期，审计任期越长，审计独立性就越低。[③] 这为我国已实施的签字注册会计师强制轮换政策的合理性提供了经验支持。由于较多的实证研究结论支持审计任期对审计质量有明显的负面影响，因此本节做出以下假设。

H5：审计任期越长，对财务报表重述公司出具非标审计意见的可能性越小。

---

① Marshall A. Geiger, Kaumandur Raghunandan, "Auditor Tenure and Audit Reporting Failures," *Auditing: A Journal of Practice and Theory* 21 (2002): 67-78.

② Larry R. Davis, Billy S. Soo, and Gregory M. Trompeter, "Auditor Tenure and the Ability to Meet or Beat Earnings Forecasts," *Contemporary Accounting Research* 26 (2009): 517-548；陈信元、夏立军：《审计任期与审计质量：来自中国证券市场的经验证据》，《会计研究》2006 年第 1 期，第 44~53 页。

③ 江伟、李斌：《审计任期与审计独立性——持续经营审计意见的经验研究》，《审计与经济研究》2011 年第 2 期，第 47~55 页。

6. 审计费用

审计费用是指会计师事务所与被审计单位双方遵循政策规范和既定标准进行协商，为审计产品确定的最终价格。影响审计费用的因素，总体来说可以分为两个方面：一是被审计单位的外部因素，包括被审计单位公司规模、经营业务复杂程度、公司风险和公司治理结构等；二是会计师事务所的内部因素，包括会计师事务所规模等。① 弗朗西斯（J. R. Francis）的研究认为，自 2001 年以来，美国的审计费用由于《萨班斯-奥克斯利法案》而增加了 50%多，但没有足够证据表明审计费用的增加给审计质量的提高带来积极的影响。② 2001 年证监会颁布《公开发行证券的公司信息披露规范问答第 6 号——支付会计师事务所报酬及其披露》，对上市公司年度财务报告审计中支付给会计师事务所报酬的内容和形式做了具体的规定，并要求上市公司应当分别按照财务审计费用和财务审计以外的其他费用进行披露。在国内，陈杰平等研究发现，异常审计收费的提高与不利审计结果的改善正相关。③ 曹琼等人研究发现，较高的审计费用降低了盈余管理与非标审计意见之间的相关性。④ 一般认为，财务报表重述是注册会计师审计的失误，注册会计师弥补失误的方式是对重述公司要求更高的审计费用。较高的审计费用，可以弥补事务所的风险损失，但会降低审计质量，提高财务报表重述的概率，因此注册会计师更有可能出具好的审计报告。

H6：审计费用越高，对财务报表重述公司出具非标审计意见的可能性越小。

7. 内部控制缺陷

赖斯（S. C. Rice）和韦伯（D. P. Weber）研究发现，内部控制缺陷披露与年报重述之间有显著的正相关关系，所有进行财务报表重述且财务报表重

① 伍利娜：《审计定价影响因素研究——来自中国上市公司首次审计费用披露的证据》，《中国会计评论》2003 年第 00 期，第 113~128 页。
② Jere R. Francis, "A Framework for Understanding and Researching Audit Quality," *Auditing: A Journal of Practice & Theory* 30（2011）：125–152.
③ 陈杰平、苏锡嘉、吴溪：《异常审计收费与不利审计结果的改善》，《中国会计与财务研究》2005 年第 4 期，第 1~54 页。
④ 曹琼、卜华、杨玉凤、刘春艳：《盈余管理、审计费用与审计意见》，《审计研究》2013 年第 6 期，第 76~83 页。

述是由内部控制缺陷引起的公司之前都未及时披露内部控制缺陷。[①] 国内学者杨有红和陈凌云认为，做出会计差错更正的公司，其内部控制存在缺陷的可能性显著大于没有出现会计差错更正的公司。[②] 埃尔德（R. J. Elder）等发现，非标审计意见的变化与报告的内部控制缺陷的变化之间也呈现正相关关系。[③] 随着上市公司内部控制质量的提高，注册会计师对盈余管理发表非标审计意见的概率显著下降。[④] 这说明内部控制与独立的外部审计之间存在一定的替代效应，内部控制质量的提高往往伴随审计监督功能的弱化。

H7：内部控制缺陷越多，对财务报表重述公司出具非标审计意见的可能性越大。

（二）研究设计

1. 模型设计

本节检验了财务报表重述与外部审计质量的关系。审计意见作为被解释变量，设置为二元虚拟变量，这是本节设定的反映审计质量的替代变量。具体解释变量根据上述假设有：盈余错报程度（*Reraito*）、盈余错报动机（*Motive*）、注册会计师变更（*Switch*）、审计任期（*Tenure*）、事务所规模（*Big*10）、审计费用（*Auditfee*）、内部控制缺陷（*ICD*）。考虑到公司规模（*Size*）、公司盈利能力（*Roa*）、公司成长能力（*Grow*）、公司偿债能力（*Lev*）也会影响到注册会计师的选择，在此将其作为控制变量。因此本节构建了回归模型（1）检验财务报表重述与外部审计质量的关系，采用Probit混合面板回归进行检验。

$$Opinion = \beta_0 + \beta_1 Reraito_i + \beta_2 Motive_i + \beta_3 Switch_i + \beta_4 Tenure + \beta_5 Big10 + \\ \beta_6 Auditfee + \beta_7 ICD + \beta_8 Size + \beta_9 Roa + \beta_{10} Grow + \beta_{11} Lev + \varepsilon \tag{1}$$

[①] Sarah C. Rice, David P. Weber, "How Effective Is Internal Control Reporting under SOX 404? Determinants of the (Non-) Disclosure of Existing Material Weaknesses," *Journal of Accounting Research* 50 (2012): 811–843.

[②] 杨有红、陈凌云：《2007 年沪市公司内部控制自我评价研究数据分析与政策建议》，《会计研究》2009 年第 6 期，第 59~60 页。

[③] Randal J. Elder, Yan Zhang, Jian Zhou, and Nan Zhou, "Internal Control Weaknesses and Client Risk Management," *Journal of Accounting, Auditing and Finance* 24 (2009): 543–579.

[④] 杨德明、胡婷：《内部控制、盈余管理与审计意见》，《审计研究》2010 年第 5 期，第 90~97 页。

2. 变量定义

各变量的类型、名称及含义如表 8-8 所示。

表 8-8 变量的类型、名称及含义

变量性质	变量名称	符号	变量描述
被解释变量	审计意见	$Opinion_i$	$Opinion_1$、$Opinion_2$ 分别表示报表重述年、初始差错年的审计意见，出具非标审计意见取值为 1，否则为 0
解释变量	盈余错报程度	$Reraito_i$	$Reraito_1$ 表示报表重述年对留存收益的累计影响额除以更正前的总资产；$Reraito_2$ 表示初始差错年对留存收益的累计影响额除以当年的总资产
	盈余错报动机	$Motive_i$	在初始差错年或报表重述年当年和前一年是否被冠以"ST"或"PT"，以及在这两个时间区间的前后年（2 年及以内）准备上市、发行新股或配股（包括未批准）、并购重组等，存在上述情形之一时，$Motive_1$、$Motive_2$ 均取值为 1，否则为 0
	注册会计师变更	$Switch_i$	报表重述年与初始差错年的注册会计师发生变更，$Switch_1$ 取值为 1，否则为 0；初始差错年与其前一年的注册会计师发生变更，$Switch_2$ 取值为 1，否则为 0
	审计任期	$Tenure$	报告期内主审会计师事务所连续担任样本公司主审会计师的年数
	事务所规模	$Big10$	报告期内的主审会计师事务所是该年"十大"会计师事务所之一，$Big10$ 值为 1，否则为 0
	审计费用	$Auditfee$	企业在报告期年末实付审计费用总额的对数
	内部控制缺陷	ICD	企业在报告期当年的内部控制评价报告中披露内部控制缺陷时取值为 1，否则为 0
控制变量	公司规模	$Size$	期末资产总额取自然对数
	公司盈利能力	Roa	净资产收益率
	公司成长能力	$Grow$	营业收入增长率＝（营业收入本年本期金额－营业收入上年同期金额）/（营业收入上年同期金额）
	公司偿债能力	Lev	资产负债率
	行业	IND	虚拟变量
	年份	$Year$	虚拟变量

注：i 取值范围为 1、2，$i=1$ 为报表重述年，$i=2$ 为初始差错年。

（1）被解释变量：审计意见（*Opinion*）

界定：在初始差错年、报表重述年，将样本公司被出具的审计意见区分为标准无保留意见和非标审计意见，非标审计意见取值为1，否则为0。

（2）解释变量

①盈余错报程度（*Reraito*）：从财务报表重述的内容来看，财务报表重述与盈余管理的关系十分密切，且在初始差错年，大多数重述公司都是主要通过会计核算错误（含税收）、政策误用等手段高报盈余（留存收益），尤其是相当一部分手段涉及虚构收入、成本及费用。

界定：*Reraito* 取值为财务报表重述对留存收益的累计影响额除以重述前的总资产，保留其正负号，*Reraito* 取值大于零表示盈余错报高报，*Reraito* 取值小于零表示盈余错报低报。在错误发生年度，*Reraito* 代表盈余错报的程度；在报表重述年，代表重述的程度。

②盈余错报动机（*Motive*）：从发生财务报表重述的样本来看，发生重大会计差错的公司，其盈余错报动机主要包括：中国证监会对连续亏损的上市公司有"PT"或"ST"的特别处理规定，所以上市公司首次亏损时，为了给将来扭亏为盈打下基础，往往会采用巨额冲销的方法；当上市公司上一年度发生亏损时，为避免"戴帽"会有一定的扭亏动机；当上市公司已经被戴上"ST"或"PT"的"帽子"时，会想方设法"摘帽"，因而在这种情况下，还会存在显著的摘牌动机；准备上市、发行新股或配股和并购重组的公司也可能存在较强的盈余操纵动机。本节将财务报表重述公司是否存在盈余错报动机作为解释变量，以检验注册会计师在审计中是否关注和识别到上市公司的盈余错报动机。

界定：*Motive* 代表盈余错报动机，样本公司在初始差错年、报表重述年当年和前一年是否被冠以"ST"或"PT"，以及在这两个时间区间的前后年（2年及以内）准备上市、发行新股或配股（包括未批准）等，存在上述情形之一的，可认为样本公司可能存在盈余错报动机，*Motive* 取值为1，否则为0。

除以上因素外，影响审计意见的还有注册会计师变更、审计任期、会计师事务所规模、审计费用以及内部控制缺陷等用于反映审计质量的主要指标。

③注册会计师变更（*Switch*）：注册会计师变更主要考察某两个期间对年度会计报表进行审计的会计师事务所是否一样。

界定：对于会计师事务所名称变更、合并及更换会计师事务所而主审注册会计师未变等情况视为注册会计师未发生变更。注册会计师发生变更，*Switch* 取值为1，否则为0。

④审计任期（*Tenure*）：审计任期表示当期主审会计师事务所连续担任样本公司主审会计师的年数。迈尔斯（James N. Myers）等、李爽和吴溪也曾采取类似的变量设定。[①]

界定：*Tenure* = 报告期内主审会计师事务所连续担任样本公司主审会计师的年数。

⑤事务所规模（*Big*10）：在实证研究中，事务所规模的衡量可以用事务所的营业收入，也可以用被审计客户的资产规模等作为替代变量。在本节中会计师事务所规模以报告期的主审会计师事务所是否为大型会计师事务所作为替代指标，若其排在前十名，*Big*10 取值为1，否则为0。2007~2017年"十大"会计师事务所排名情况如表8-9所示。

表8-9 2007~2017年"十大"会计师事务所

年份	"十大"会计师事务所
2007	普华永道中天、安永华明、德勤华永、毕马威华振、立信、岳华、信永中和、中审、中瑞华恒信、万隆
2008	普华永道中天、安永华明、德勤华永、毕马威华振、中瑞岳华、立信、信永中和、大信、万隆、利安达信隆
2009	普华永道中天、安永华明、德勤华永、毕马威华振、中瑞岳华、立信、万隆、浙江天健东方、大信、信永中和
2010	普华永道中天、德勤华永、毕马威华振、安永华明、中瑞岳华、立信、信永中和、天健、国富浩华、大信
2011	普华永道中天、德勤华永、安永华明、毕马威华振、中瑞岳华、立信、国富浩华、天健、信永中和、大信

---

① James N. Myers, Linda A. Myers, and Thomas C. Omer, "Exploring the Term of the Auditor-Client Relationship and the Quality of Earnings: A Case for Mandatory Auditor Rotation?" *The Accounting Review* 78（2003）：779-799；李爽、吴溪：《审计定价研究：中国证券市场的初步证据》，中国财政经济出版社，2004。

续表

年份	"十大"会计师事务所
2012	普华永道中天、德勤华永、安永华明、毕马威华振、立信、中瑞岳华、天健、信永中和、国富浩华、大华
2013	普华永道中天、德勤华永、瑞华、安永华明、立信、毕马威华振、大信、天健、信永中和、大华
2014	普华永道中天、德勤华永、瑞华、立信、安永华明、毕马威华振、天健、大华、信永中和、大信
2015	普华永道中天、德勤华永、安永华明、瑞华、立信、毕马威华振、天健、信永中和、天职国际、大华
2016	普华永道中天、瑞华、德勤华永、立信、安永华明、毕马威华振、天健、信永中和、天职国际、大华
2017	普华永道中天、德勤华永、立信、安永华明、毕马威华振、瑞华、天健、大华、致同、信永中和

注：由于自 2002 年起中国注册会计师协会（CICPA）以总收入、注册会计师人数、培训完成率、行业领军人才后备人选数、处罚和惩戒情况等为事务所的综合评价指标，公开披露了每年会计师事务所百家信息，客观反映了注册会计师级差水平。于是，将各年百家会计师事务所位于前十名的会计师事务所称为"十大"。

资料来源：2007~2017 年事务所排名来源于中国注册会计师协会网站发布的《会计师事务所综合评价前百家信息》的通告。

⑥审计费用（Auditfee）：审计费用是指审计服务的提供方（注册会计师）在提供审计服务后，向审计服务的接受方（被审计单位）收取的用于弥补在审计过程中审计服务提供方（注册会计师）付出的成本的一定数额的费用。

界定：企业在报告期年末实付审计费用总额的对数。

⑦内部控制缺陷（ICD）：内部控制缺陷是指公司内部控制的设计或运行无法合理保证内部控制目标的实现。它是内部控制过程存在的缺点或不足，这种缺点或不足使得内部控制无法为控制目标的实现提供合理保证。内部控制缺陷按其成因可分为设计缺陷和运行缺陷，按其影响程度可分为重大缺陷、重要缺陷和一般缺陷。

界定：企业在报告期当年的内部控制评价报告中披露内部控制缺陷时取值为 1，否则为 0。

（3）控制变量

①公司规模（Size）：不同规模的上市公司可能对盈余错报动机的强烈程度不一样。本节参照大多数研究采用的方法，以上市公司的总资产金额大小作为上市公司规模大小的替代指标。为了避免总资产与其他变量间的非线性关系，取其自然对数。

界定：Size 取值为上市公司期末总资产金额的自然对数值。

②公司盈利能力（Roa）：我国对上市公司的监管过程中，往往要求公司的盈利能力达到一定的水平和标准，否则就可能受到证券监管部门的退市风险警告。对于那些盈利能力处于证监会所定标准边缘的企业而言，它们有动力通过财务报表重述进行盈余管理以达到证监会的盈利要求。另外，由信号传递理论可知，当上市公司向资本市场传递盈利的利好消息时，公司的股价有可能上涨；相反，当上市公司传递的是盈利的"坏消息"时，公司的股价将会下跌。这样公司就有粉饰财务报表的动机。当公司存在增发和配股等需求时，这种压力会更大，利用财务报表重述进行盈余管理的动机也就越强烈。

界定：净资产收益率＝净利润/所有者权益。

③公司成长能力（Grow）：企业的发展能力，也称企业的成长性。它是企业通过自身的生产经营活动，不断积累而形成的发展潜能。企业能否健康发展取决于多种因素，包括外部经营环境、企业内在素质及资源条件等。

界定：用营业收入增长率表示 Grow，它是指企业本年营业收入增加额与上年营业收入总额的比率。

④公司偿债能力（Lev）：注册会计师更可能辞聘那些资产负债率较高的客户，而资产负债率较高的客户又不倾向于解聘注册会计师。因此，资本负债率与注册会计师变更有关联，但关系较复杂。[①] 本节选择资产负债率来衡量企业的资本结构，但不预测资产负债率与注册会计师变更的关系。

界定：资产负债率，指上市公司年末总负债与总资产之间的比率，即

---

① 曹强、葛晓舰：《事务所任期、行业专门化与财务重述》，《审计研究》2009 年第 6 期，第 59~68 页。

Lev = 总负债/总资产。

3. 样本选取

本节根据对我国 2007～2017 年 A 股上市公司（包含既发行 A 股又发行 B 股的上市公司）发布年报的查阅，筛选出年报附注中披露了对前期会计差错留存收益金额进行调整的上市公司，累计 655 家。在选取过程中，依照所遇到的问题做出如下说明。

（1）有关信息披露不完整、不规范的考虑

考虑到我国上市公司年报披露会计差错（含重大会计差错）事项的信息存在不完整性、不规范性，确定研究检验的是对财务成果产生影响的重述，所以对财务成果不造成影响的重述并没有包括在实证检验的样本当中。结合实证研究中对相关数据的收集要求，以及本书的研究需要，对会计差错公司中存在差错年、差错原因以及财务影响不明等的情形进行剔除。

（2）会计差错（含重大会计差错）研究报告期间的界定

会计差错（含重大会计差错）事项披露当年是财务报表重述年。但由于重大会计差错是对前期差错的追溯调整，所以差错的发生年和报表重述年是不一致的，并且会计差错（含重大会计差错）事项的发生年实际上不止 1 年，研究发现，部分上市公司甚至追溯了前几年的会计差错。由于财务报表重述公司会计差错（含重大会计差错）事项的发生年年数不同，如何对会计差错（含重大会计差错）事项的研究报告期间进行界定，可能将影响部分实证结果。基于可比性、一致性原则的考虑，通常会选择差错发生的初始年或最后一年作为研究报告期间。迪丰德（M. L. DeFond）和贾姆巴沃（J. Jiambalvo）认为，会计差错动机在数年差错年的第一年显得尤为直接、强烈，且影响的性质、程度也显得尤为关键、重要。① 因此，本书核实了每项会计差错的发生年份，特别是最早的差错事项的发生年份。

本章拟选择差错年的第一年作为初始差错年，将首次披露更正发生年

---

① 类似于 DeFond 和 Jiambalvo 选取会计差错发生最早的一期年报［Mark L. DeFond, James Jiambalvo, "Incidence and Circumstances of Accounting Errors," *The Accounting Review* 66 (1991): 643-655］。

的会计差错（含重大会计差错）事项的年报年份作为报表重述年；并将拟选取的样本在其报表重述年与初始差错年报告期间得到的实证结果进行比较分析。

（3）研究对象观察期的考虑

本章拟将样本的初始差错年、报表重述年界定为 2007~2017 年。其原因在于，财务报表重述的发展经历了三个阶段：第一，1999 年，我国企业会计准则中首次提出的会计差错更正，除了对会计差错的处理有详细要求外，准则只要求披露重大会计差错的内容和更正金额；第二，2003 年，证监会发布《公开发行证券的公司信息披露编报规则第 19 号——财务信息的更正及相关披露》，专门规定公司应以重大事项临时公告的方式及时披露更正后的财务信息，但是还未建立针对财务报表重述的相关制度；第三，2007 年 1 月 1 日起，新颁布的《企业会计准则第 28 号——会计政策、会计估计变更和差错更正》改变了前期差错的会计处理，新准则取消了"重大会计差错"的定义，提出"前期差错"的概念，要求所有重要的前期差错都应采用追溯重述法进行调整。因此，选取年报财务报表附注中披露"前期差错"发生调整的公司作为财务报表重述样本。剔除初始差错年、报表重述年不属于 2007~2017 年的会计差错公司。

（4）特殊行业类别的考虑

由于金融保险行业的特点，其竞争情况明显区别于其他行业。为了确保样本的可比性、一致性，在选取样本时将不考虑此类特殊行业的重大会计差错公司。

基于对上述因素的考虑，剔除存在上述问题之一的重大会计差错公司后，实际研究样本为 483 家。

4. 研究方法和数据来源

本节运用统计软件 SPSS 25.0 对上述模型中设定的变量数据采取多项统计方法进行了统计结果的比较、分析，并验证了上述提出的研究假设。本节主要进行了单变量检验、各变量间相关性检验以及 Probit 回归统计分析。数据来源说明：研究数据主要来源于中国证券监督管理委员会网站（http：//www.csrc. gov. cn）、中国证券网（http：//www.cnstock.com）、巨潮资讯网（http：//www.cninfo.com.cn）、上海证券交易所网站（http：//

www.sse.com.cn）、新浪财经网（http：//finance.sina.com.cn）、DIB 内部控制与风险管理数据库（http：//www.dibdata.cn）以及 CSMAR 数据库。

（三）实证研究结果及分析

1. 样本描述性统计分析

（1）初始差错年、报表重述年的单变量检验

从表 8-10 和表 8-11 的样本描述性统计分析中可见，选取 483 家样本公司，根据审计意见类型，做了标准无保留意见组和非标审计意见组的对比统计。Panel A 为连续变量的 t 检验，Panel B 为虚拟变量的曼-惠特尼 U 检验，都是检验标准无保留意见组与非标审计意见组下各解释变量均值之间是否存在显著差异，前者为 SPSS 的参数检验，后者为 SPSS 的非参数检验。

从表 8-10 的检验结果可见，初始差错年标准无保留意见组 $Reraito$、$Tenure$、$Size$、Lev、Roa、ICD、$Motive$、$Switch$、$Big10$ 解释变量的均值差的显著性明显，而 $Auditfee$、$Grow$ 的均值差则在两类公司样本间无显著差异。这说明初始差错年非标审计意见的出具可能受到盈余错报程度（$Reraito$）、公司规模（$Size$）、公司偿债能力（Lev）、公司盈利能力（Roa）、内部控制缺陷（ICD）、盈余错报动机（$Motive$）以及事务所变更（$Switch$）的主要影响，而审计任期（$Tenure$）和事务所规模（$Big10$）的影响较微弱。审计费用（$Auditfee$）、公司成长能力（$Grow$）基本上并不影响审计意见的类型。

从表 8-11 的检验结果可见，报表重述年非标审计意见组 $Reraito$、$Size$、Lev、ICD、$Motive$、$Switch$ 等解释变量的均值显著大于标准无保留意见组，Roa 的均值显著小于标准无保留意见组，而 $Tenure$、$Grow$、$Auditfee$、$Big10$ 的均值在两类公司样本间无显著差异。这说明报表重述年非标审计意见的出具可能受到盈余错报程度（$Reraito$）、公司规模（$Size$）、公司偿债能力（Lev）、公司盈利能力（Roa）、内部控制缺陷（ICD）、盈余错报动机（$Motive$）和注册会计师变更（$Switch$）的影响，而审计任期（$Tenure$）、审计费用（$Auditfee$）、公司成长能力（$Grow$）、事务所规模（$Big10$）并不影响审计意见的类型。

表 8-10　单变量检验（初始差错年，$N=483$）

Panel A　连续变量的 t 检验

变量	标准无保留意见组		非标审计意见组		均值差	t 统计量
	均值	标准差	均值	标准差		
Reraito	0.0070	0.0308	0.2522	1.9902	-0.2452***	-1.169
Tenure	4.0326	2.9973	2.9889	3.0186	1.0437*	2.931
Auditfee	13.3338	0.6630	13.2986	0.5854	0.0352	0.459
Size	22.1318	1.4820	22.2973	2.0315	-0.1655**	-0.723
Grow	0.2928	1.6921	-0.0914	0.4722	0.3842	2.131
Lev	0.5051	0.2040	2.3735	7.9740	-1.8684***	-2.223
Roa	0.1544	1.2647	-0.2777	2.3567	0.4321***	1.677

Panel B　虚拟变量的曼-惠特尼 U 检验（Mann-Whitney U）

变量	标准无保留意见组		非标审计意见组		均值差	z 统计量
	均值	标准差	均值	标准差		
ICD	0.2166	0.4126	0.3556	0.4814	-0.1390***	2.716
Motive	0.2789	0.4491	0.3889	0.4902	-0.1100**	2.016
Switch	0.0475	0.2130	0.1222	0.3294	-0.0747***	2.585
Big10	0.2641	0.4415	0.3556	0.4814	-0.0915*	1.709

注：***、**、*分别表示在 1%、5%、10%的水平下显著。

表 8-11　单变量检验（报表重述年，$N=483$）

Panel A　连续变量的 t 检验

变量	标准无保留意见组		非标审计意见组		均值差	t 统计量
	均值	标准差	均值	标准差		
Reraito	0.0075	0.0693	0.0285	0.3640	-0.0210***	-0.587
Tenure	3.4024	2.9244	2.9135	3.0881	0.4889	1.511
Auditfee	13.3681	0.6747	13.2642	0.6251	0.1039	1.427
Size	22.0712	1.5339	22.3014	1.9896	-0.2302**	-1.103
Grow	0.3944	2.6304	0.2754	3.6291	0.1190	0.381
Lev	0.5402	0.6082	2.3965	7.2103	-1.8563***	-2.623
Roa	0.0409	0.5552	-0.8296	4.9863	0.8705***	1.778

续表

Panel B　虚拟变量的曼-惠特尼 U 检验（Mann-Whitney U）

变量	标准无保留意见组		非标审计意见组		均值差	z 统计量
	均值	标准差	均值	标准差		
ICD	0.2235	0.4171	0.4231	0.4964	−0.1996 ***	4.140
Motive	0.3035	0.4603	0.3942	0.4911	−0.0907 *	1.774
Switch	0.1012	0.3019	0.1635	0.3716	−0.0623 *	1.794
*Big*10	0.2871	0.4529	0.2885	0.4552	−0.0014	0.028

注：*** 、 ** 、 * 分别表示在1%、5%、10%的水平下显著。

（2）各变量间的 Pearson 相关系数及其显著性

从表 8-12 可见初始差错年各变量间的 Pearson 相关系数及其显著性。在初始差错年，盈余错报程度（*Reraito*）、盈余错报动机（*Motive*）、注册会计师变更（*Switch*）、事务所规模（*Big*10）、内部控制缺陷（*ICD*）、公司偿债能力（*Lev*）与非标审计意见存在正相关关系，审计任期（*Tenure*）、审计费用（*Auditfee*）、公司盈利能力（*Roa*）、公司成长能力（*Grow*）与非标审计意见呈负相关。从解释变量之间的 Pearson 相关系数及其显著性来看，在初始差错年，注册会计师变更、公司偿债能力和盈余错报程度呈显著正相关，表明公司的注册会计师变更次数越多和偿债能力越强，则公司的盈余错报程度越严重。而注册会计师变更、审计任期、事务所规模、审计费用也和盈余错报动机呈显著正相关，即注册会计师变更次数越多、审计任期越长、事务所规模为前"十大"且审计费用越高，那么该公司的盈余错报动机越强烈。事务所规模、审计费用、内部控制缺陷、公司的偿债能力也和注册会计师变更呈正相关，即内部控制缺陷披露越多的公司其注册会计师变更次数更频繁。事务所规模和审计费用呈正相关，即事务所的规模越大，审计费用越高。

从表 8-13 可见报表重述年各变量间的 Pearson 相关系数及其显著性。在报表重述年，盈余错报动机（*Motive*）、注册会计师变更（*Switch*）、内部控制缺陷（*ICD*）、公司偿债能力（*Lev*）与非标审计意见存在正相关关系，公司盈利能力（*Roa*）与非标审计意见存在显著的负相关关系。从解释变量之间的 Pearson 相关系数及其显著性来看，注册会计师变更、审计任期、

表 8-12 各变量间的 Pearson 相关系数及其显著性（初始差错年）

变量	Opinion	Reraito	Motive	Switch	Tenure	Big10	Auditfee	ICD	Size	Roa	Grow	Lev
Opinion	1.000											
Reraito	0.109**	1.000										
Motive	0.098**	0.078	1.000									
Switch	0.125***	0.186***	0.248***	1.000								
Tenure	-0.141***	-0.0510	0.218***	-0.235***	1.000							
Big10	0.083*	0.081*	0.254***	0.114**	-0.068	1.000						
Auditfee	-0.022	0.021	0.347***	0.117**	0.049	0.306***	1.000					
ICD	0.132***	0.090*	0.063	0.142***	0.008	-0.021	0.035	1.000				
Size	0.042	0.019	-0.055	0.004	0.072	-0.048	-0.056	-0.040	1.000			
Roa	-0.113**	0.025	0.017	-0.018	0.073	-0.064	0.020	0.032	0.101**	1.000		
Grow	-0.103**	-0.005	-0.011	0.007	0.010	-0.060	-0.008	0.104**	-0.105**	-0.003	1.000	
Lev	0.205***	0.824***	0.028	0.134***	-0.069	0.038	-0.011	0.111**	0.002	0.017	-0.012	1.000

注：*，**，***分别表示在 10%，5%，1%的水平下存在显著差异。

表 8-13 各变量间的 Pearson 相关系数及其显著性（报表重述年）

变量	Opinion	Reraito	Motive	Switch	Tenure	Big10	Auditfee	ICD	Size	Roa	Grow	Lev
Opinion	1.000											
Reraito	0.049	1.000										
Motive	0.077*	-0.017	1.000									
Switch	0.078*	0.086**	0.316***	1.000								
Tenure	-0.066	-0.077*	0.166***	-0.273***	1.000							
Big10	0.001	0.021	0.198***	0.221***	-0.101**	1.000						
Auditfee	-0.062	-0.018	0.330***	0.254***	0.004	0.246***	1.000					
ICD	0.180***	0.017	0.113***	0.125***	-0.017	0.095**	0.126***	1.000				
Size	0.056	-0.094**	-0.014	-0.036	0.078*	-0.042	-0.035	-0.047	1.000			
Roa	-0.152***	0.786***	-0.040	0.040	-0.031	0.019	-0.001	-0.061	-0.096**	1.000		
Grow	-0.017	0.158***	-0.041	-0.003	0.001	-0.018	-0.007	0.124***	-0.008	0.037	1.000	
Lev	0.223***	0.104**	0.013	0.074*	-0.034	0.033	-0.028	0.056	0.017	0.014	0.047	1.000

注：*、**、***分别表示在 10%、5%、1%的水平下存在显著差异。

公司规模、公司盈利能力、公司成长能力、公司偿债能力和盈余错报程度
显著相关，说明注册会计师变更次数越多、审计任期越短、公司规模越
小、公司的盈利能力越强、公司的成长能力越强、公司的偿债能力越强，
则盈余错报程度越严重。和初始差错年一致，注册会计师变更、审计任
期、事务所规模、审计费用、内部控制缺陷与盈余错报动机呈正相关。审
计任期、事务所规模、审计费用、内部控制缺陷和注册会计师变更显著相
关，这表明审计任期越短、事务所规模越大、审计费用越高、公司内部控
制缺陷披露越多，则注册会计师更换次数越频繁。审计费用和事务所规模
呈正相关，事务所规模越大审计费用越高。

2. Probit 回归分析

从表 8-14 可见在初始差错年、报表重述年两个特殊期间发生财务报表
重述的上市公司的 Probit 回归结果。由其回归结果可知，在回归模型系数的
综合检验中，其 Chi-square 统计量在初始差错年和报表重述年中都在 1% 的水
平下显著；Pseudo R^2 在初始差错年为 0.384，在报表重述年为 0.265，报表
差错年的解释效果相对更好。此外，通过上述对各解释变量之间的 Pearson
相关系数的分析也可看出，各解释变量之间的相关系数即便显著，也均较
低，据此推测回归模型存在多重共线性问题的可能性很低。以审计意见为被
解释变量时，*Reraito*、*Motive*、*Switch*、*Tenure*、*Auditfee*、*ICD*、*Roa*、*Grow*、
Lev 的符号与预期符号相符，且在初始差错年、报表重述年，*ICD*、*Roa*、
Grow、*Lev* 的估计参数统计显著。在初始差错年，公司盈利能力、公司成长
能力与非标审计意见负相关，内部控制缺陷、公司偿债能力与非标审计意见
正相关，这表明在错误发生年，公司盈利能力、公司成长能力越差且内部控
制缺陷披露越多、公司偿债能力越好，公司越容易被出具非标审计意见。而
在报表重述年，审计任期、审计费用、内部控制缺陷、公司规模、公司盈
利能力、公司成长能力、公司偿债能力也与非标审计意见相关。相比初始
差错年，盈余错报程度、审计费用和公司盈利能力在报表重述年对非标审
计意见的影响更显著，注册会计师能很好地识别财务报表重述公司的盈余
错报程度，盈余错报程度越大、审计费用越低和公司盈利能力越差，更有
可能被出具非标审计意见。在初始差错年和报表重述年，盈余错报动机、
注册会计师变更、事务所规模与非标审计意见都没有显著的相关性。

表 8-14　Probit 回归结果

变量	预测符号	初始差错年（$N=483$）		报表重述年（$N=483$）	
		回归系数	z 值	回归系数	z 值
β_0	?	2.727	0.99	-1.797	0.54
Reraito	+	0.317	0.18	2.818 ***	3.26
Motive	+	0.045	0.15	0.225	0.81
Switch	+	0.522	1.38	0.121	0.51
Tenure	-	-0.046	-1.45	-0.050 *	-1.74
Big10	+	0.137	0.68	-0.108	-0.56
Auditfee	-	-0.228	-1.36	-0.305 **	-2.09
ICD	+	0.462 ***	2.44	0.658 ***	3.97
Size	?	-0.087	-1.34	0.035 **	0.68
Roa	-	-0.247 *	-1.53	-0.358 ***	-3.43
Grow	-	-0.596 **	-1.9	-0.128 **	-2.24
Lev	+	2.575 ***	6.73	0.391 *	1.76
Chi-square		118.73		76.46	
Prob>chi^2		0.000		0.000	
Pseudo R^2		0.384		0.265	
因变量 = Opinion					

注：***、**、* 分别表示通过 1%、5%、10%的显著性检验水平。

（四）研究结论

从以上检验结果分析，对照本节提出的假设，可以得出如下结论。

第一，盈余错报程度在初始差错年和报表重述年得到了不同的解释效果。在错误发生年度，盈余错报程度与非标审计意见没有显著相关性。而在财务报表重述年度，盈余错报程度与非标审计意见有显著正相关性。这表明有可能在错误发生年度，注册会计师没有发现被审计客户的错报行为；在财务报表重述年，注册会计师更加重视重述公司的盈余错报程度，并保持了一定程度的独立性，提高了错报年度外部审计的质量。

第二，在初始差错年和报表重述年，盈余错报动机、注册会计师变更与非标审计意见都没有显著的相关性。

第三，在报表重述年，审计任期和非标审计意见负相关。这说明审计任期越长，注册会计师出具非标审计意见的可能性越小。

第四，在初始差错年和报表重述年，事务所规模和非标审计意见的相关性并不显著，结论没有支持大事务所更有可能对重述公司出具非标审计意见的观点。

第五，在报表重述年，审计费用和非标审计意见负相关，但是在初始差错年的结果并不显著。财务报表重述是注册会计师审计的失误，注册会计师弥补失误的方式是对重述公司要求更高的审计费用。高的审计费用，可以弥补事务所的风险损失，但会降低审计的质量，提高财务报表重述的概率。因此审计费用越高，对财务报表重述公司出具非标审计意见的可能性越小。

第六，内部控制缺陷越多，注册会计师对财务报表重述公司出具非标审计意见的可能性越大。非标审计意见的变化与报告的内部控制缺陷的变化正相关，内部控制缺陷的多少代表着内部控制质量的高低。随着上市公司内部控制质量的提高，注册会计师对盈余管理发表非标审计意见的概率显著下降。

第七，公司的盈利能力、公司的成长能力与非标审计意见显著负相关，公司的盈利能力和公司的成长能力越高，其被出具非标审计意见的可能性越大。公司的偿债能力和非标审计意见呈正相关，说明公司的偿债能力越高也越容易被出具非标审计意见。

第九章

研究结论及政策建议

本章对主要研究结论进行总结，在此基础上提出相关政策建议，并指出研究的局限性和后续研究方向。

一 主要研究结论

（一）财务报表重述公司基本特征研究结论

从重述的数量来看，2002~2006 年，我国 A 股会计差错次数共计 991 次（沪市 517 次，深市 474 次），发生会计差错的公司共计 637 家（重述 1 次的公司为 389 家，累计重述 1 次以上的公司为 248 家），各年数量变化较大，整体上呈现逐年递减的趋势。2007~2017 年，我国 A 股会计差错次数共计 2062 次（沪市 1222 次，深市 840 次），发生会计差错的公司共计 919 家（重述 1 次的公司为 393 家，累计重述 1 次以上的公司为 526 家），各年会计差错合计次数大体上呈现先减后增的变化趋势。

从重述原因来看，研究发现，年报披露的会计差错事项的原因类别主要集中于税收计提（漏计、误计）、会计核算错误（税收计提除外）、相关政策误用、担保与诉讼及其他等，而且相当一部分公司的会计差错事项涉及数项原因。2002~2006 年，错报原因中成本、费用、税收及资产减值准备的占比都在 10% 以上，位于首位的是税收，占 28.13%；费用在所有差错原因中占 10.64%，其中财务和管理费用占 36%、营业费用占 23%、其他费用占 41%。2004 年以后，仅母公司发生会计差错所占的比重呈现递减趋势，而其他发生主体所占的比重却都呈现递增趋势。2007~2017 年，从 DIB 内部控制与风险管理数据库获取的财务报表重述数据可知，与 2006 年之前相比，其重述原因不仅是单项而且存在多项。2007~2017 年会计差错发生主体是非母公司的比重非常高，各年非母公司比重均高于 83%，会计差错发生主体主要分布在其分公司、子公司及合营、联营公司中。

从重述的提起者来看，991 次会计差错中，超过 50% 的差错在年报的会计报表附注中未披露会计差错事项由谁提起；由公司内部提起的仅占 13%，由公司外部提起的占 35%。2007 年之后，财务报表重述信息未涉及提起者，但均有上市公司主动进行财务报表重述。

从重述公司的审计意见来看，2002~2006 年，标准无保留意见占 77%，非标审计意见仅占 23%（带解释性说明无保留意见占 10%，保留意见占 6%，保留意见带说明段和无法表示意见分别占 3% 和 4%）。760 多次会计差错公司在更正年度的年报审计意见为"标准无保留意见"，剩余的 230 次左右差错的公司审计意见为"非标准"。从整体上看，自 2003 年起，非标审计意见的比重呈现上升趋势。根据 DIB 内部控制与风险管理数据库中的财务报表重述库，2007~2017 年，财务报表重述总次数为 2062 次。其中，标准无保留意见占 90.13%，非标审计意见仅占 9.87%（带强调事项段无保留意见占 6.89%，保留意见占 1.89%，无法表示意见占 1.10%）。这与 2007 年之前相比，标准无保留意见占比增加了 17% 左右，保留意见占比由原来的 6% 下降到不足 2%，无法表示意见由原来的 4% 下降到 1% 左右，变化较大。

从重述公司的行业分布来看，主要统计了会计差错公司的行业分布情况及每个行业中会计差错公司（不含重复数）在所属行业中所占的比重。2002~2006 年，农、林、牧、渔业，制造业——木材、家具和机械、设备、仪表，电力、煤气及水的生产和供应业，传播与文化产业，综合类等行业中会计差错公司数所占的比重均不低于 50.00%，综合类甚至高达 75.64%。也就是说，上述几大行业中几乎一半及以上的上市公司是会计差错公司。比重最小的行业是交通运输、仓储业（3.13%），其次是金融、保险业（6.25%）。其他行业会计差错公司数所占的比重主要在 40.00% 左右。2007~2017 年，制造业——石油、化学、塑胶、塑料和机械、设备、仪表以及房地产业重述次数占财务报表重述总次数的比例居于前三，分别为 9.32%、9.17%、8.05%；所占比重最小的行业是教育（0.10%），其次是卫生（0.29%）和制造业——其他（0.44%），其他行业财务报表重述次数占财务报表重述总次数的比重主要为 1%~5%。

从重述次数的地区分布来看，2006~2017 年，经济发达程度较高的地区由于上市公司重述次数相对比经济不太发达的地区多得多，该地域会计差错发生数相对更大。但从会计差错公司重述次数占该区上市公司重述总数的比重来看，经济发达的Ⅰ类、Ⅱ类地区的比重相对不发达地区更低。

从重述信息披露质量来看，研究发现，相当一部分上市公司的会计差错信息披露质量不高，主要表现为差错的发生年、原因以及财务影响等表述模糊，难以确定。2007 年之后，发生会计差错后在当期就进行财务报表重述的比例整体呈现下降的趋势，而在以后年度才进行财务报表重述的比例则整体呈现上升的趋势。

从重述方向来看，2002~2006 年，73% 的会计差错公司在其会计差错事项中高报盈余，低报盈余的仅占 15%。2007~2017 年，高报盈余的报告占比为 66.56%，低报盈余的报告占比为 33.43%。

在考虑注册会计师更换问题时，主要侧重考察了会计差错公司在差错年与更正年的注册会计师是否未发生变更。2002~2006 年，在差错年与更正年的注册会计师发生变更的会计差错公司约占 34%，将近 66% 的会计差错公司的注册会计师未发生变更。2007~2017 年，注册会计师发生变更的会计差错公司数量占比为 22.74%；未发生注册会计师变更的会计差错公司占比为 77.26%。2002~2017 年，注册会计师发生变更的会计差错公司数量呈现下降趋势。

（二）财务报表重述问题研究结论

我国上市公司财务报表重述存在的严重问题，具体表现为重述缺乏规范、报表重述信息披露滞后；重述金额巨大、利用重大会计差错调节利润较明显；重述错误表述含混不清；审计意见模糊、不准确；重大会计差错与非重大会计差错混淆；前后任会计师缺乏沟通；财务报表重述动机较隐蔽；重述结果真实性仍受到质疑等。

财务报表重述制度被滥用的原因在于以下六点。第一，财务报表重述的初衷是更正前期差错，还财务报表本来面目，但这一制度也给了上市公司调节利润的机会。避免连续亏损、实现扭亏为盈和保持其再融资资格成为上市公司滥用财务报表重述制度的主要原因。第二，报表重述所涉及的错弊认定比较复杂、处理周期较长，让部分上市公司有了可乘之机。第三，目前由于相关制度的不健全，财务报表重述成本较低，以重述方式来操纵利润成为一种较经济而安全的选择。第四，财务报表重述对公司所造成的影响也较小，由于重述信息的不显著、重述内容的模糊，以及投资者认知行为的偏误，上市公司初始年报的信息对投资者的影响超过了重述信息的影响；当然，还存在投资者无法判断重述信息的严重程度，也难以知晓重述的真正原因，尤其是对其中错误和舞弊的识别，很难对报表重述做出恰当反应的现象。第五，由于财务报表重述制度本身的缺陷，人们对差错追溯与否及差错重要性的判断标准不同。第六，财务报表重述制度本身的固有限制导致重述的发生。

（三）财务报表重述与公司治理实证研究结论

实证研究分为 2002~2006 年和 2007~2017 年两个时段来研究，主要是由于 2002~2006 年数据来源于手工收集以及 2007 年财政部新颁布并实行的《企业会计准则第 28 号——会计政策、会计估计变更和差错更正》正式提出了"追溯重述"的概念，标志着我国财务报表重述制度的正式建立。

1. 财务报表重述与公司治理实证研究结论（2002~2006 年）

第一，财务报表重述与非标审计意见正相关，即在差错年被出具非标审计意见的公司更可能属于随后发生报表重述的公司，但这一检验结果并不显著，主要原因可能是报表重述公司中非标审计意见所占比例较低。非标审计意见在一定程度上反映了上市公司报表错弊的情况，但解释力度不够，说明外部审计质量还有待提高。另外，在报表重述公司和无重述公司的描述性对比统计分析中也发现：两类公司标准无保留意见所占比重较大，非标审计意见所占比重较小，且不存在显著差异。审计复杂程度（Sqsubs）在重述公司和非重述公司之间存在显著差异，但和财务报表重述并不显著相关，说明它不是影响报表重述的主要因素。

第二，财务报表重述（Restatement）仅与第一大股东持股比例（Top1）达到显著负相关，表明第一大股东持股比例越高，属财务报表重述公司的可能性就越小。这说明股权集中度显然对财务报表重述有较大的影响，股权集中度越高的公司越不容易发生报表重述。另外，从解释变量之间的关系还可以看出，Top1即第一大股东持股比例与董事会规模（Brdsize）、董事会开会次数（Brdmt）、资产负债率（Lev）显著负相关，与净资产收益率（Roe）显著正相关，这表明第一大股东持股比例越高，董事会规模越小、董事会开会次数越少。

第三，审计委员会的设立与独立董事在董事会中的比例、董事会开会次数有关，表明设立审计委员会的公司独立董事在董事会中的比例较高，董事会开会次数也较多。审计委员会的设立情况在2002年之后得到显著改善，这一点得到了检验的支持，但其对财务报表重述的发生没有解释力，表明审计委员会作用的发挥非常有限。

第四，独立董事在董事会中的比例与董事会开会次数、资产负债率、公司规模正相关，表明资产负债率较高、规模大的公司，独立董事的比例相对较高，并且在2002年之后比较显著。但独立董事在董事会中的比例在报表重述公司和无重述公司间并没有显著差异，这表明独立董事在董事会中的比例不能很好地说明董事会的独立性，独立董事有可能存在"搭便车"的现象，并没有真正发挥其监督作用。这一结论也得到了其他文献的支持，如蔡宁等以财务舞弊上市公司为研究对象，发现发生财务舞弊和未发生财务舞弊的公司董事会中外部董事比例不存在显著差异。①

第五，董事会规模只与公司规模正相关，且在2002年之后比较显著。董事会开会次数与公司盈利状况负相关，与资产负债率正相关。这表明重述之前年度没有盈利的公司，召开的董事会次数就越多；同时，资产负债率较高的公司董事会开会次数较多。董事会会议是公司处于困境的反应，而不是主动的行为。

第六，董事长与CEO双职合一与财务报表重述，以及其他变量间没有

---

① 蔡宁、梁丽珍：《公司治理与财务舞弊关系的经验分析》，《财经理论与实践》2003年第6期，第80~84页。

显著的相关性，表明董事长与 CEO 双职合一对财务报表重述没有显著的影响。

总的来说，从 Logistic 回归结果来看，财务报表重述（Restatement）与独立董事比例（Indr）、董事会规模（Brdsize）、董事会开会次数（Brdmt）、董事长与 CEO 双职合一（Dual）、审计委员会（Audcom）等公司治理特征变量之间没有显著的相关性，即财务报表重述公司与非财务报表重述公司在公司治理结构上不存在显著的差异，尤其是董事长与 CEO 双职合一、董事会规模、董事会开会次数，说明董事会的独立性特征在财务报表重述上没有显著的解释力，也就是说，就目前而言，公司治理在报表重述预防上没有起到应有的积极作用。虽然从形式上看，独立董事在董事会中的比例在增加，审计委员会的设立情况与 2002 年之前相比大为改观，但形式上的变化并没有带来实质性的改变，只是满足了制度对形式上的要求。从监管的角度而言，可能要更加重视董事会功能的真正发挥。

2. 财务报表重述与公司治理实证研究结论（2007~2017 年）

第一，财务报表重述与非标审计意见不存在相关关系，主要原因可能是在重述公司组非标审计意见所占比重较低，另外在描述性统计中也可以发现，重述公司组和无重述公司组非标审计意见所占比重都比较低，并且两组之间不存在显著的差异。

第二，财务报表重述与第一大股东持股比例不存在显著关系。从解释变量之间的关系可以看出，第一大股东持股比例与董事长与 CEO 双职合一、独立董事比例、董事会开会次数、专门委员会设立个数之间显著负相关，与企业的业务复杂程度显著正相关。

第三，董事长与 CEO 双职合一、独立董事比例、专门委员会设立个数均与财务报表重述没有显著的相关性，表明董事长与 CEO 双职合一、独立董事比例以及专门委员会设立个数对财务报表重述没有显著的影响。

第四，财务报表重述与董事会开会次数存在显著负相关关系，与董事会规模存在正相关关系，相关系数分别为 -0.166、0.145，这表明董事会开会次数越多越不可能发生财务报表重述，董事会规模越大发生财务报表重述的可能性越大。这说明频繁的董事会会议并不是发现和解决公司已出现问题的一种事后补救行为，而是对公司发展战略进行事前决策和事中规划；也验证了董事会会议频繁，有助于董事成员之间的交流，促进其监督职能和控制职能的发挥，减少失误决策的观点。但是如果董事会成员人数过多，可能会使董事会成员之间的沟通不畅，不利于做出更好的决策，从而使财务报表重述的可能性增大。

总的来说，从 Logistic 回归结果来看，财务报表重述（Restatement）与审计意见（Opinion）、第一大股东持股比例（Top1）、董事长与 CEO 双职合一（Dual）、独立董事比例（Indr）、专门委员会设立个数（Sfc）等公司治理特征变量之间没有显著的相关性，仅与董事会特征变量中的董事会规模（Brdsize）、董事会开会次数（Brdmt）存在相关关系。

（四）财务报表重述与外部审计质量实证研究结论

1. 财务报表重述与外部审计质量实证研究结论（2002~2006 年）

第一，盈余错报程度在初始差错年和报表重述年得到了不同的解释效果。在错误发生年度，非标审计意见与盈余错报程度正相关。在错误发生年度，注册会计师对盈余错报程度较高的公司更有可能出具非标审计意见，这表明注册会计师保持了一定程度的独立性，但外部审计质量还有待进一步提高。虽然报表重述年是按照企业会计准则对差错进行调整，但是财务报表重述的幅度对非标审计意见的出具显然也有显著的影响力。

第二，无论是错误发生年度还是报表重述年度，是否进行核心重述对非标审计意见的出具都没有显著的解释力。但从变量间的相关性来看，在错误发生年度，核心重述与盈余错报程度正相关，表明核心重述是影响盈余错报程度的关键因素。而在报表重述年度，核心重述和盈余错报程度正相关，表明核心重述金额和比例越大，盈余错报程度越大。

第三，在初始差错年和报表重述年，注册会计师都能在一定程度上识别上市公司的盈余管理动机，并在审计意见中有所反映。

第四，事务所规模和非标审计意见的相关性并不显著，结论没有支持大事务所更有可能对重述公司出具非标审计意见的观点。

第五，非标审计意见与注册会计师变更呈正相关。这表明发生注册会计师变更的公司更有可能被出具非标审计意见。

第六，审计任期和非标审计意见正相关，但结果并不显著。这说明审计任期和对财务报表重述公司出具非标审计意见之间并没有显著的相关性。

另外在研究中还发现，在错误发生年度，核心错报越多且盈余错报动机越强烈的公司盈余错报程度越严重。而公司规模和盈余错报程度负相关，即公司规模越小，盈余错报程度越高。盈余错报动机和公司规模负相关，即规模越小的公司盈余错报动机越强烈。在报表重述年，盈余错报程度和核心重述正相关，和公司规模负相关。这表明核心重述占的比重越大，盈余错报程度越大；公司规模越大，盈余错报程度越小。

2. 财务报表重述与外部审计质量实证研究结论（2007~2017 年）

第一，盈余错报程度在初始差错年和报表重述年得到了不同的解释效果。在错误发生年度，盈余错报程度与非标审计意见没有显著的相关性；而在财务报表重述年度，盈余错报程度与非标审计意见有显著的正相关性。这表明有可能在错误发生年度，注册会计师没有发现被审计客户的错报行为；在财务报表重述年，注册会计师更加重视重述公司的盈余错报程度，且保持了一定程度的独立性，提高了错报年度外部审计的质量。

第二，在初始差错年和报表重述年，盈余错报动机、注册会计师变更与非标审计意见都没有显著的相关性。

第三，在报表重述年，审计任期和非标审计意见负相关。这说明审计任期越长，注册会计师出具非标审计意见的可能性越小。

第四，在初始差错年和报表重述年，事务所规模和非标审计意见的相关性并不显著，结论没有支持大事务所更有可能对重述公司出具非标审计意见的观点。

第五，在报表重述年，审计费用和非标审计意见负相关，但是在初始差错年的结果并不显著。财务报表重述是注册会计师审计的失误，注册会计师弥补失误的方式是对重述公司要求更高的审计费用。高的审计费用，可以弥补事务所的风险损失，但会降低审计的质量，提高财务报表重述的概率。因此审计费用越高，对财务报表重述公司出具非标审计意见的可能性越小。

第六，内部控制缺陷越多，注册会计师对财务报表重述公司出具非标审计意见的可能性越大。非标审计意见的变化与报告的内部控制缺陷的变化正相关，内部控制缺陷的多少代表着内部控制质量的高低。随着上市公司内部控制质量的提高，注册会计师对盈余管理发表非标审计意见的概率显著下降。

第七，公司的盈利能力、公司的成长能力与非标审计意见显著负相关，公司的盈利能力和公司的成长能力越高被出具非标审计意见的可能性越大。公司的偿债能力和非标审计意见呈正相关，说明公司的偿债能力越高也越容易被出具非标审计意见。

二 政策建议

（一） 政府监管角度

目前财务报表重述制度还不完善，既不便于执行，也不便于监督检查。因此，财务报表重述规范的建立是亟待解决的问题。真正的重述制度可以避免上市公司在重大会计差错上混淆视听。完整的财务报表信息披露应该是包括纠错制度在内的一个有机组合，当发现报表存在错弊之后，要遵循报表重述制度进行财务报表重述，重述的报表也必须经过注册会计师审计再重新发布，且重述前的报表和重述后的报表要重新公布，以便投资者能全面了解报表重述的情况，并进行对比分析。就目前而言，纠错机制不被重视，也没有发挥应有的作用，反而存在被滥用的情况，应进一步完善报表重述制度，减少政策性诱致的财务报表重述。

报表重述信息的滞后性加剧了信息不对称的现象。大部分上市公司要么不发布重大会计差错更正的临时公告，要么就是在会计报表附注中含混不清地表述重大会计差错。今后应加强会计差错更正的持续信息披露。我国《证券法》于1999年实施以来，证券发行市场的信息披露逐步确立了比较完善的强制性信息披露体系，但在持续性信息披露的及时性、立法和监管方面仍显不足。目前，对上市公司不发布会计差错更正公告的情况进行处罚的情况较少，因此实时监管在某种程度上并未完全实施。建议可以进行相应的调查研究，在条件成熟时制定统一的临时公告，包括格式和应有的内容，要求所有上市公司及时发布重大会计差错更正公告，并追踪其是否真正重述报表。

重视对会计报表附注披露信息规范的监管。目前，监管的主要对象放在报表上，对附注的关注较少。针对年报中重述信息披露模糊的情况，应加大重述披露的透明度，包括重述的提起者、重述的原因、重述的影响、重述的方法、重述的金额等。

对错弊的查处周期过长加剧了投资者的损失。如何缩短查处周期，及时警示投资者是需要监管部门重视的一个问题。

（二）公司治理角度

上市公司是财务报表发生错弊的源头，要预防财务报表重述的发生、提高报表质量，关键在于公司内部，即在报表信息的供给方，过分信赖外部监管力量会导致内部治理结构形同虚设。事前的预防，比事后的处罚更能有效提高财务报表的质量。因此，无论是对外部监管者而言，还是对上市公司内部而言，都应进一步加大对公司治理的力度，遏制财务报表错弊的发生。

公司治理效用的发挥不在于表面的治理特征，而在于治理的实效。为达到《上市公司治理准则》的要求，在表面上满足治理准则中的规定，反而在某种程度上掩盖了公司治理的缺陷。对于上市公司而言，不能仅仅以达到治理准则基本要求为目标。

董事会的独立性包括形式上独立和实质上独立。具体到独立董事和审计委员会，其实质上的独立远比形式上的独立更能发挥治理作用。而独立性的保持需要一套合理的约束和激励机制，内部公司治理只有注重这一机制的设计工作，才能使董事会保持高度的独立性，向投资者提供高质量的财务报表。

（三）外部审计角度

对审计报告行为的监管。经过注册会计师审计的财务报表仍然存在重大会计差错，一方面说明注册会计师的审计质量存在问题，另一方面也反映了对注册会计师审计报告行为的监管存在问题。重大会计差错的发生实际上与差错发生年度的会计师事务所在审计时未能严格按照外部审计准则的要求、未能充分履行相关审计程序有关。当然，也不排除部分会计师事务所对会计准则和有关法规理解不准确而导致以后年度发生重大会计差错追溯调整。财务报表是上市公司和注册会计师共同作用的结果，在财务报表公布之前，注册会计师如果能及时识别并阻止财务报表中的错弊，财务报表重述的现象就会减少。

注册会计师在审计中应根据外部审计准则的要求，以应有的职业谨慎态度实施审计，获取充分、适当的审计证据，对上市公司会计报表的公允性恰当地发表审计意见。发生重大会计差错更正的公司，注册会计师应在审计意见中有专项说明。另外，如果注册会计师能够发表合理、恰当的审计意见，在某种程度上能够起到防范上市公司利用重大会计差错操纵利润的作用。

研究发现，注册会计师受到盈余错报程度的影响，能在一定程度上识别上市公司的盈余管理动机，并在审计意见中有所反映。但从报表重述公司70%以上被出具标准无保留审计意见来看，注册会计师即使发现了重大错报，对重大错报进行披露的概率也较低，即在一定程度上丧失了独立性。建议相关部门重点调查对重述公司出具标准无保留意见的会计师事务所，要求其说明未发现重大错报的原因；在上市公司追溯以前年度差错的同时，也同时追究会计师事务所未发现重大错报的责任。

重视对重述报表的审计，在历史财务报表出现重大会计差错的情况下，应重视对重述报表的重新审计，并注重前后任会计师的沟通，前后任会计师沟通的情况应在重述审计意见中详细说明。

（四）投资者角度

监管部门关注的重点就是解决信息不对称问题，而较容易忽略的是投资者行为的非理性因素。行为金融学的研究发现，在证券市场中，即使在信息充分、拥有共同信息的情况下，公司管理层的财务行为和信息供给行为，以及投资者的投资行为也都有非理性的一面。为完善财务报表重述的监管，投资者行为的非理性因素是今后值得重点关注的问题。针对投资者的非理性行为，财务报表应力求首次公布的准确性，减少报表重述现象，减少更正公告和补充公告，以避免报表信息的锚点现象、过度反应及框架依赖等。

从信号传递理论来说，如果上市公司发布的报表存在大量的错误信息，那么投资者将无法做出正确的决策，甚至无法分辨出哪些是优质的公司，哪些是劣质的公司，不知道购买哪家公司的股票。从投资者认知行为的偏误，可以探索对财务报表信息披露的监管模式，不仅要从上市公司信息提供者的角度，也要从信息使用者的角度来改进和提高监管的有效性，特别是根据对投资者行为模式的分析来解决现存问题。

在投资者教育方面要引导投资者正确解读财务报表附注当中关于重大会计差错更正的内容。

三　研究的局限性

尽管本书得出了一些有益的结论，但是由于各个方面的限制，在研究的过程中也存在一定的局限性，具体而言，主要包括以下几个方面。

样本选取受我国上市公司年报披露不完整、缺乏规范性的影响，剔除了相当一部分财务报表重述公司。早期有些资料收集不全，信息披露不完善，尤其是对盈余差错事项、原因及影响金额的披露，有相当一部分数据是通过人工收集、筛选及分析得到的。这些可能会影响实证数据的客观性、严谨性。另外，由于我国上市公司在年报中对涉及以前多个年度的差错调整信息披露较模糊，本书选取的样本只涉及单个年度差错，没有考虑多年度差错的影响，故解释力有限；没有对不同类型的非标审计意见进行分类研究，无法说明注册会计师对存在重大会计差错的上市公司进行审计时，更偏向于出具哪一类非标审计意见，是否存在避重就轻的现象；检验过程中也没有将差错类型进行分类，不能判断注册会计师对哪一类差错更偏向于出具严格的审计意见；所选取的解释变量均为差错发生当期的数据，没有考虑以前年度的影响。会计差错的噪声影响也没有考虑在内。另外，也不排除没有发生报表重述的公司存在未被发现的重大差错，这一点很难识别。

对公司治理特征变量的选取可能不够全面，尽管本书已经选取了较有代表性的变量，但由于在现实中公司治理涉及的因素比较多，本书主要考虑了内部公司治理特征变量，因此，在变量的选择上有一定的局限性。

四　后续研究方向

其一，从有效市场假说来看，财务报表重述信息的披露应该会增加市场对这一信息的利用，也就是说重述信息会对股价产生影响。如果市场对此没有反应，那么这一信息的价值也就让人怀疑。因此，对财务报表重述的市场反应研究是一个值得研究的方向。通过研究还可以进一步确定投资者的损失金额，有利于投资者利益的保护及资本市场资源配置效率的提高。

其二，大量的重述样本中包括了由错误导致的重述和由舞弊导致的重述，这两种情况的区分也是今后研究的方向，即由错误导致的重述的影响以及由舞弊导致的重述的影响有何区别？投资者是否关注到这种区别？

其三，实施内部控制制度之后，将发生财务报表重述作为有重大内部控制缺陷迹象的体现，以此为切入点来进一步研究上市公司内部控制质量问题。

其四，结合行为经济学来进一步研究管理层对财务报表重述的印象管理行为。

参考文献

蔡春:《审计理论结构研究》,东北财经大学出版社,2001。

蔡春、黄益建、赵莎:《关于审计质量对盈余管理影响的实证研究——来自沪市制造业的经验证据》,《审计研究》2005年第2期。

蔡春、杨麟、陈晓媛、陈钰泓:《上市公司审计意见类型影响因素的实证分析——基于沪深股市2003年A股年报资料的研究》,《财经科学》2005年第1期。

蔡宁、梁丽珍:《公司治理与财务舞弊关系的经验分析》,《财经理论与实践》2003年第6期。

曹建新:《委托代理关系中的审计意见选择行为研究》,经济科学出版社,2006。

曹利:《中国上市公司财务报告舞弊特征的实证研究》,博士学位论文,复旦大学管理学院,2004。

曹强、葛晓舰:《事务所任期、行业专门化与财务重述》,《审计研究》2009年第6期。

曹琼、卜华、杨玉凤、刘春艳:《盈余管理、审计费用与审计意见》,《审计研究》2013年第6期。

曹廷求、孙宇光:《股权结构、公司特征与上市公司董事会规模》,《山东大学学报》(哲学社会科学版)2007年第3期。

陈婵、王思妍:《公司治理、财务重述与审计意见》,《湖南财政经济学院学报》2013年第1期。

陈春梅:《大股东会计信息披露质量的选择分析》,《财会通讯》(学术版)2007年第5期。

陈杰平、苏锡嘉、吴溪:《异常审计收费与不利审计结果的改善》,《中国会计与财务研究》2005 年第 4 期。

陈丽英：《非审计服务与财务重述——来自上市公司的证据》，《山西财经大学学报》2009 年第 3 期。

陈丽英、李婉丽：《错报风险、法律环境与重述可靠性》，《审计与经济研究》2018 年第 3 期。

陈凌云、李弨：《中国证券市场年报补丁公司特征研究》，《证券市场导报》2006 年第 2 期。

陈璐：《会计差错更正报告的股票市场反应实证研究》，硕士学位论文，浙江大学管理学院，2007。

陈信元、夏立军：《审计任期与审计质量：来自中国证券市场的经验证据》，《会计研究》2006 年第 1 期。

陈小悦、肖星、过晓燕：《配股权与上市公司利润操纵》，《经济研究》，2000 年第 1 期

房巧玲：《中国审计市场效率研究》，经济管理出版社，2006。

高雷、宋顺林：《董事会、监事会与代理成本——基于上市公司 2002~2005 年面板数据的经验证据》，《经济与管理研究》2007 年第 10 期。

高增亮、张俊瑞：《行为金融视角下投资者情绪对财务重述行为的影响》，《中南财经政法大学学报》2019 年第 3 期。

郭超贤：《会计差错更正与我国上市公司利润操纵实证研究》，《事业财会》2003 年第 4 期。

郭道扬编著《会计大典：会计史》，中国财政经济出版社，1999。

何威风、刘启亮：《我国上市公司高管背景特征与财务重述行为研究》，《管理世界》2010 年第 7 期。

何威风、刘巍：《企业管理者能力与审计收费》，《会计研究》2015 年第 1 期。

黄世忠、叶丰滢：《上市公司报表粉饰新动向：手段、案例与启示（上）》，《财会通讯》2006 年第 1 期。

黄世忠、叶丰滢：《上市公司报表粉饰新动向：手段、案例与启示（下）》，《财会通讯》2006 年第 2 期。

黄姝怡：《内部审计负责人性别特征与财务重述》，《时代金融》2017

年第 5 期。

黄志良、刘志娟：《股权结构、公司治理、财务状况与上市公司信息披露质量》，《财会通讯》（学术版）2007 年第 6 期。

黄志忠、白云霞、李畅欣：《所有权、公司治理与财务报表重述》，《南开管理评论》2010 年第 5 期。

〔美〕加里·S. 贝克尔：《人类行为的经济分析》，王业宇、陈琪译，上海三联书店、上海人民出版社，1995。

江伟、李斌：《审计任期与审计独立性——持续经营审计意见的经验研究》，《审计与经济研究》2011 年第 2 期。

蒋顺才、刘雪辉、刘迎新：《上市公司信息披露》，清华大学出版社，2004。

雷光勇：《证券市场审计合谋：识别与规制》，中国经济出版社，2005。

李彬、张俊瑞、马晨：《董事会特征、财务重述与公司价值——基于会计差错发生期的分析》，《当代经济科学》2013 年第 1 期。

李东平、黄德华、王振林：《"不清洁"审计意见、盈余管理与会计师事务所变更》，《会计研究》2001 年第 6 期。

李青原、赵艳秉：《企业财务重述后审计意见购买的实证研究》，《审计研究》2014 年第 5 期。

李世新、刘兴翠：《上市公司财务重述公告的市场反应与行业传递效应研究》，《管理评论》2012 年第 5 期。

李树华：《审计独立性的提高与审计市场背离》，上海三联书店，2000。

李爽、吴溪：《会计信息、独立审计与公共政策》，中国财政经济出版社，2004。

李爽、吴溪：《审计定价研究：中国证券市场的初步证据》，中国财政经济出版社，2004。

李爽、吴溪：《审计师变更研究：中国证券市场的初步证据》，中国财政经济出版社，2002。

李爽、吴溪：《中国证券市场中的审计报告行为：监管视角与经验证据》，中国财政经济出版社，2003。

李维安、王新汉、王威：《盈余管理与审计意见关系的实证研究——

基于非经营性收益的分析》,《财经研究》2004 年第 11 期。

李晓玲、牛杰:《财务重述的市场反应研究——来自中国上市公司的经验证据》,《财贸经济》2011 年第 12 期。

李心丹:《行为金融学:理论及中国的证据》,上海三联书店,2004。

李宇:《中国上市公司会计差错的发生动因研究》,硕士学位论文,重庆大学工商管理系,2005。

刘峰、林斌:《会计师事务所脱钩与政府选择:一种解释》,《会计研究》2000 年第 2 期。

刘明辉、李黎、张羽:《我国审计市场集中度与审计质量关系的实证分析》,《会计研究》2003 年第 7 期。

刘绍军:《上市公司年报会计差错更正的思考》,《财务与会计》2005 年第 12 期。

刘笑霞、李明辉:《公司治理对会计信息质量之影响研究综述》,《当代经济管理》2008 年第 7 期。

刘星、刘伟:《监督,抑或共谋?——我国上市公司股权结构与公司价值的关系研究》,《会计研究》2007 年第 6 期。

〔美〕罗伯特·K.莫茨、侯赛因·A.夏拉夫:《审计理论结构》(中译本),文硕等译,中国商业出版社,1990。

〔美〕罗斯·L.瓦茨、杰罗尔德·L.齐默尔曼:《实证会计理论》(第四版),陈少华等译,东北财经大学出版社,2016。

罗党论、黄旸杨:《会计师事务所任期会影响审计质量吗?——来自中国上市公司的经验证据》,《中国会计评论》2007 年第 2 期。

马晨、程茂勇、张俊瑞:《文化对财务重述行为的影响研究》,《管理工程学报》2018 年第 3 期。

马晨、程茂勇、张俊瑞、祁珺:《外部审计、媒介环境对财务重述的影响研究》,《管理工程学报》2015 年第 4 期。

马晨、张俊瑞:《管理层持股、领导权结构与财务重述》,《南开管理评论》2012 年第 2 期。

马晨、张俊瑞、李彬:《财务重述影响因素研究——基于差错发生期和差错更正期的分析》,《山西财经大学学报》2012 年第 5 期。

马晨、张俊瑞、李彬：《财务重述影响因素研究》，《软科学》2012 年第 8 期。

马晨、张俊瑞、杨蓓：《财务重述对会计师事务所解聘的影响研究》，《会计研究》2016 年第 5 期。

马贤明、郑朝晖：《重大会计差错、虚假陈述与会计信息失真——TCL 通讯财务风波透视》，《财会通讯》2005 年第 9 期。

莫冬燕、王纵蓬、李玲：《媒体关注对上市公司财务重述的影响差异——基于不同类型媒体的比较分析》，《东北财经大学学报》2019 年第 1 期。

宁向东：《公司治理理论》，中国发展出版社，2005。

潘克勤：《政治关联、财务年报恶意补丁与债务融资契约——基于民营上市公司实际控制人政治身份的实证研究》，《经济经纬》2012 年第 2 期。

秦江萍：《会计舞弊的市场反应与识别》，经济科学出版社，2006。

佘晓燕：《法律责任：太多还是太少——解读注册会计师法律责任的两种视角》，《云南财贸学院学报》（社会科学版）2006 年第 2 期。

佘晓燕：《投资者行为视角的财务报表重述监管研究》，《财会通讯》（学术版）2008 年第 11 期。

佘晓燕、毕建琴：《负面偏好与上市企业披露内部控制缺陷信息关系研究》，《管理科学》2018 年第 4 期。

孙铮、王跃堂：《资源配置与盈余操纵之实证研究》，《财经研究》1999 年第 4 期

田高良、齐保垒、李留闯：《基于财务报告的内部控制缺陷披露影响因素研究》，《南开管理评论》2010 年第 4 期。

汪祥耀、骆铭民：《中国新会计准则与国际财务报告准则比较》，立信会计出版社，2006。

王克敏、陈井勇：《股权结构、投资者保护与公司绩效》，《管理世界》2004 年第 7 期。

王立彦、林小驰：《上市公司对外担保行为的股权结构特征解析》，《南开管理评论》2007 年第 1 期。

王良成、韩洪灵：《大所的审计质量一贯的高吗？——来自我国上市公司配股融资的经验证据》，《审计研究》2009年第3期。

王清：《已审报表被重述影响审计质量吗？——基于签字注册会计师个体层面的研究》，《北京工商大学学报》（社会科学版）2019年第3期。

王守海、许薇、刘志强：《高管权力、审计委员会财务专长与财务重述》，《审计研究》2019年第3期。

王霞、张朋娟、于腾：《制度安排缺陷诱发会计差错频发》，《中国证券报》2005年12月14日，第A17版。

王霞、张为国：《财务重述与独立审计质量》，《审计研究》2005年第3期。

王啸、杨正洪：《论财务报告的重新表述》，《证券市场导报》2003年第2期。

王啸、赵雪媛：《会计差错更正问题初探》，《中国注册会计师》2003年第6期。

王洋洋、魏珊珊、闫焕民：《CEO与审计师"同姓一家亲"会损害审计质量吗？——基于财务重述视角的经验证据》，《华东经济管理》2019年第3期。

王毅辉、魏志华：《财务重述研究述评》，《证券市场导报》2008年第3期。

王英姿：《注册会计师审计质量评价与控制研究》，上海财经大学出版社，2002。

王玉翠、杜鑫、刘春华：《上市公司财务重述影响因素的实证研究》，《哈尔滨商业大学学报》（自然科学版）2017年第4期。

王跃堂、陈世敏：《脱钩改制对审计独立性影响的实证研究》，《审计研究》2001年第3期。

王泽霞：《管理舞弊导向审计研究》，电子工业出版社，2005。

〔加〕威廉·R.斯科特：《财务会计理论》（第3版），陈汉文等译，机械工业出版社，2006。

〔美〕威廉·H.比弗：《财务呈报：会计革命》（中译本），薛云奎主译，东北财经大学出版社，1999。

吴谦立：《公平披露：公平与否》，中国政法大学出版社，2005。

伍利娜：《审计定价影响因素研究——来自中国上市公司首次审计费用披露的证据》，《中国会计评论》2003 年第 00 期。

伍利娜、王春飞、陆正飞：《企业集团审计师变更与审计意见购买》，《审计研究》2013 年第 1 期。

夏冬林：《会计信息有用性与市场监管——债务重组准则修订的经验证据》，东北财经大学出版社，2007。

肖作平、王璐：《财务重述对银行贷款契约的影响研究——来自中国上市公司的经验数据》，《证券市场导报》2018 年第 6 期。

谢德仁：《上市公司审计委员会制度研究》，清华大学出版社，2006。

谢军：《第一大股东、股权集中度和公司绩效》，《经济评论》2006 年第 1 期。

谢盛纹、熊文曲、杨钦皓：《客户重要性、会计师事务所声誉与财务重述》，《中国注册会计师》2017 年第 1 期。

徐经长：《证券市场会计监管研究》，中国人民大学出版社，2002。

薛求知、黄佩燕、鲁直、张晓蓉：《行为经济学——理论与应用》，复旦大学出版社，2003。

薛祖云：《会计信息市场政府监管研究》，中国财政经济出版社，2005。

杨德明、胡婷：《内部控制、盈余管理与审计意见》，《审计研究》2010 年第 5 期。

杨清香、姚静怡、张晋：《与客户共享审计师能降低公司的财务重述吗？——来自中国上市公司的经验证据》，《会计研究》2015 年第 6 期。

杨有红、陈凌云：《2007 年沪市公司内部控制自我评价研究数据分析与政策建议》，《会计研究》2009 年第 6 期。

杨忠莲、徐政旦：《我国公司成立审计委员会动机的实证研究》，《审计研究》2004 年第 1 期。

杨忠莲、杨振慧：《独立董事与审计委员会执行效果研究——来自报表重述的证据》，《审计研究》2006 年第 2 期。

〔西〕因内思·马可—斯达德勒、J. 大卫·佩雷斯—卡斯特里罗：《信息经济学引论：激励与合约》，管毅平译，上海财经大学出版社，2004。

袁蓉丽、文雯、谢志华：《董事高管责任保险和财务报表重述》,《会计研究》2018 年第 5 期。

原红旗、李海建：《会计师事务所组织形式、规模与审计质量》,《审计研究》2003 年第 1 期。

曾莉：《上市公司会计差错更正的市场传导效应研究》,硕士学位论文,重庆大学会计学系,2003。

曾小青：《公司治理、受托责任与审计委员会制度研究》,东北财经大学出版社,2005。

〔美〕扎比霍拉哈·瑞扎伊：《财务报表舞弊：预防与发现》,朱国泓译,中国人民大学出版社,2005。

张洪辉、平帆：《独立董事地理距离、高铁开通与财务重述》,《会计与经济研究》2019 年第 5 期。

张慧莲：《证券监管的经济学分析》,中国金融出版社,2005。

张俊瑞、马晨：《股权结构与财务重述研究》,《审计与经济研究》2011 年第 2 期。

张为国、王霞：《中国上市公司会计差错的动因分析》,《会计研究》2004 年第 4 期。

章爱文、陈庚岸：《上市公司财务重述影响因素分析——基于我国食品饮料行业的经验数据》,《财会通讯》2013 年第 18 期。

赵艳秉、李青原：《企业财务重述在集团内部传染效应的实证研究》,《审计与经济研究》2016 年第 5 期。

郑波：《上市公司利润操纵手段的识别》,《商业会计》2002 年第 10 期。

钟昀珈、何小锋：《创业投资的传染效应研究——基于财务重述的分析视角》,《会计研究》2018 年第 11 期。

周方召、信荣珍、苏云鹏：《上市公司财务重述对 CEO 与 CFO 薪酬的影响》,《金融论坛》2017 年第 10 期。

周晓苏、周琦：《基于盈余管理动机的财务重述研究》,《当代财经》2011 年第 2 期。

朱国泓：《财务报告舞弊的二元治理》,中国人民大学出版社,2004。

Abbott, Lawrence J., Susan Parker, and Gary F. Peters, "Audit Committee Characteristics and Financial Misstatement: A Study of the Efficacy of Certain Blue Ribbon Committee Recommendations," *SSRN Electronic Journal*, 2002.

Abbott, Lawrence J., Susan Parker, and Gary F. Peters, "Audit Committee Characteristics and Restatements," *Auditing: A Journal of Practice & Theory* 23 (2004): 69–87.

Agrawal, Anup, Sahiba Chadha, "Corporate Governance and Accounting Scandals," *Journal of Law and Economics* 48 (2005): 371–406.

Ahmed, Kamran, John Goodwin, "An Empirical Investigation of Earnings Restatements by Australian Firms," *Accounting and Finance* 47 (2007): 1–22.

Akerlof, George A., "The Market for 'Lemons': Quality Uncertainty and the Market Mechanism," *The Quarterly Journal of Economics* 84 (1970): 488–500.

Almer, Elizabeth Dreike, Audrey A. Gramling, and Steven E. Kaplan, "Impact of Post-Restatement Actions Taken by a Firm on Non-Professional Investors' Credibility Perceptions," *Journal of Business Ethics* 80 (2008): 61–76.

Altarawneh, Marwan, Rohami Shafie, and Rokiah Ishak, "Chief Executive Officer Characteristics and Financial Restatements in Malaysia," *International Journal of Financial Research* 11 (2020): 173–186.

Anderson, Kirsten L., Teri Lombardi Yohn, "The Effect of 10K Restatements on Firm Value, Information Asymmetries, and Investors' Reliance on Earnings," *SSRN Electronic Journal*, 2002.

Arens, Alvin A., James K. Loebbecke, *Auditing: An Integrated Approach, Eighth Edition* (New Jersey: Prentice Hall, Inc, 2000).

Azzali, Stefano, Tatiana Mazza, "Effects of Financial Restatements on Top Management Team Dismissal," *Corporate Governance* 20 (2020): 485–502.

Baber, William R., Sok-Hyon Kang, and Lihong Liang, "Strong Boards, External Governance, and Accounting Restatement," *Working Paper*, 2005.

Bartov, Eli, Ferdinand A. Gul, and Judy S. L. Tsui, "Discretionary-Accruals Models and Audit Qualification," *Journal of Accounting and Economics* 30 (2000): 421-452.

Bauwhede, Heidi Vander, Marleen Eillekens, and Ann Gaeremynck, "Audit Firm Size, Public Ownership, and Firms' Discretionary Accruals Management," *The International Journal of Accounting* 38 (2003): 1-22.

Beasley, Mark S., Joseph V. Carcello, Dana R. Hermanson, and Paul D. Lapides, "Fraudulent Financial Reporting: Consideration of Industry Traits and Corporate Governance Mechanisms," *Accounting Horizons* 14 (2000): 441-454.

Beasley, Mark S., Joseph V. Carcello, and Dana R. Hermanson, "Fraudulent Financial Reporting: 1987 - 1997, An Analysis of U. S. Public Companies," *New York: COSO*, 1999.

Beasley, Mark S., "An Empirical Analysis of the Relation between the Board of Director Composition and Financial Statements Fraud," *The Accounting Review* 71 (1996): 443-465.

Beaver, William H., "The Nature of Mandated Disclosure," *Report of the Advisory Committee on Corporate Disclosure to the SEC*, 1977.

Benjamin, A. I., "The View from Taft," *Business World* 8 (2003): 1.

Burks, Jeffrey J., "Disciplinary Measures in Response to Restatements after Sarbanes-Oxley," *Journal of Accounting and Public Policy* 29 (2010): 195-225.

Callen, Jeffrey L., Joshua Livnat, and Dan Segal, "Accounting Restatements: Are They Always Bad News for Investors?" *Working Paper*, 2002.

Chan, K. Hung, Kenny Z. Lin, and Phyllis Lai Lan Mo, "An Empirical Study on the Impact of Culture on Audit-Detected Accounting Errors," *Auditing: A Journal of Practice & Theory* 22 (2003): 281-295.

Chen, Gongmeng, Michael Firth, Daniel N. Gao, and Oliver M. Rui, "Ownership Structure, Corporate Governance, and Fraud: Evidence from China," *Journal of Corporate Finance* 12 (2006): 424-448.

Choi, Jong-Hag, Chansog Kim, Jeong-Bon Kim, and Yoonseok Zang, "Audit Office Size, Audit Quality, and Audit Pricing," *Auditing: A Journal of Practice & Theory* 29 (2010): 73-97.

Chow, Chee W., Steven J. Rice, "Qualified Audit Opinions and Auditor Switching," *The Accounting Review* 57 (1982): 326-335.

Claessens, Stijn, Simeon Djankov, and Larry H. P. Lang, "The Separation of Ownership and Control in East Asian Corporations," *Journal of Financial Economics* 58 (2000): 81-112.

Coffee, John C., "What Caused Enron?: A Capsule Social and Economic History of the 1990's," *Working Paper*, 2003.

Collins, Denton, Austin L. Reitenga, and Juan M. Sanchez, "The Impact of Accounting Restatements on CFO Turnover and Bonus Compensation: Does Securities Litigation Matter?" *Advances in Accounting* 24 (2008): 162-171.

Cready, William M., Umit G. Gurun, "Aggregate Market Reaction to Earnings Announcements," *Journal of Accounting Research* 48 (2010): 289-334.

Dalton, Dan R., Catherine M. Daily, Jonathan L. Johnson, and Alan E. Ellstrand, "Number of Directors and Financial Performance: A Meta-Analysis," *Academy of Management Journal* 42 (1999): 674-686.

Davis, Larry R., Billy S. Soo, and Gregory M. Trompeter, "Auditor Tenure and the Ability to Meet or Beat Earnings Forecasts," *Contemporary Accounting Research* 26 (2009): 517-548.

DeAngelo, Linda Elizabeth, "Auditor Independence, 'Low Balling', and Disclosure Regulation," *Journal of Accounting Economics* 3 (1981): 113-127.

DeAngelo, Linda Elizabeth, "Auditor Size and Audit Quality," *Journal of Accounting and Economics* 3 (1981): 183-199.

Dechow, Patricia M., Richard G. Sloan, and Amy P. Sweeney, "Causes and Consequences of Earnings Manipulation: An Analysis of Firms Subject to

Enforcement Actions by the SEC," *Contemporary Accounting Research* 13（1996）：1–36.

Dechow, Patricia M., Richard G. Sloan, and Amy P. Sweeney, "Detecting Earnings Management," *The Accounting Reviews* 70（1995）：193–225.

DeFond, Mark L., James Jiambalvo, "Incidence and Circumstances of Accounting Errors," *The Accounting Review* 66（1991）：643–655.

DeFond, Mark L., K. R. Subramanyam, "Auditor Changes and Discretionary Accruals," *Journal of Accounting and Economics* 25（1998）：35–67.

DeFond, Mark L., "The Association between Changes in Client Firm Agency Costs and Auditor Switching," *Auditing：A Journal of Practice & Theory* 11（1992）：16–31.

Desai, Hemang, Chris E. Hogan, and Michael S. Wilkins, "The Reputational Penalty for Aggressive Accounting：Earnings Restatements and Management Turnover," *The Accounting Review* 81（2006）：83–112.

Diamond, Douglas W., Robert E. Verrecchia, "Disclosure, Liquidity and the Cost of Capital," *Journal of Finance* 46（1991）：1325–1359.

Egginton, Don, John Forker, and Paul Grout, "Executive and Employee Share Options：Taxation, Dilution and Disclosure," *Accounting and Business Research* 23（1993）：363–372.

Elder, Randal, Yan Zhang, Jian Zhou, and Nan Zhou, "Internal Control Weaknesses and Client Risk Management," *Journal of Accounting, Auditing and Finance* 24（2009）：543–579.

Elitzur, Ramy, Haim Falk, "Planned Audit Quality," *Journal of Accounting and Public Policy* 15（1996）：247–269.

Ettredge, Michael L., Chan Li, and Susan Scholz, "Audit Fees and Auditor Dismissals in the Sarbanes-Oxley Era," *Accounting Horizons* 21（2007）：371–386.

Faccio, Mara, Larry H. P. Lang, and Leslie Young, "Dividends and Expropriation," *American Economic Review* 91（1）（2001）：54–78.

Fama, Eugene F., Michael C. Jensen, "Separation of Ownership and

Control," *Journal of Law and Economics* 26 （1983）: 301-325.

Fama, Eugene F., "Agency Problems and the Theory of the Firm," *Journal of Political Economy* 88 （1980）: 288-307.

Feldmann, Dorothy A., William J. Read, and Mohammad J. Abdolmo-hammadi, "Financial Restatements, Audit Fees, and the Moderating Effect of CFO Turnover," *Auditing: A Journal of Practice & Theory* 28 （2009）: 205-223.

Francis, Jere R., Paul N. Michas, and Scott E. Seavey, "Does Audit Market Concentration Harm the Quality of Audited Earnings? Evidence from Audit Markets in 42 Countries," *Contemporary Accounting Research* 30 （2013）: 325-355.

Francis, Jere R., "A Framework for Understanding and Researching Audit Quality," *Auditing: A Journal of Practice & Theory* 30 （2011）: 125-152.

Geiger, Marshall A., Kaumandur Raghunandan, "Auditor Tenure and Audit Reporting Failures," *Auditing: A Journal of Practice & Theory* 21 （2002）: 67-78.

Gleason, Cristi A., Nicole Thorne Jenkins, and W. Bruce Johnson, "The Contagion Effects of Accounting Restatements," *The Accounting Review* 83 （2008）: 83-110.

Graham, John, Campbell R. Harvey, "How do CFOs Make Capital Budgeting and Capital Structure Decisions?" *Journal of Applied Corporate Finance* 15 （2002）: 8-23.

Healy, Paul M., A. P. Hutton, and K. G. Palepu, "Stock Performance and Intermediation Changes Surrounding Sustained Increases in Disclosure," *Contemporary Accounting Research* 16 （1999）: 485-520.

Healy, Paul M., Krishna G. Palepu, "Information Asymmetry, Corporate Disclosure, and the Capital Markets: A Review of the Empirical Disclosure Literature," *Journal of Accounting and Economics* 31 （2001）: 405-440.

Hennes, Karen M., Andrew J. Leone, and Brian P. Miller, "Determinants and Market Consequences of Auditor Dismissals after Accounting Restatements," *The Accounting Review* 89 （2014）: 1051-1082.

Hennes, Karen M., Andrew J. Leone, and Brian P. Miller, "The Importance of Distinguishing Errors from Irregularities in Restatement Research: The Case of Restatements and CEO/CFO Turnover," *The Accounting Review* 83 (2008): 1487-1519.

Hermalin, Benjamin E., Michael S. Weisbach, "Endogenously Chosen Boards of Directors and Their Monitoring of the CEO," *American Economic Review* 88 (1998): 96-118.

Hirschey, Mark, Kevin R. Smith, and Wendy M. Wilson, "Financial Reporting Credibility after SOX: Evidence from Earnings Restatements," *Social Science Electronic Publishing*, 2010.

Hribar, Paul, Nicole Thome Jenkins, "The Effect of Accounting Restatements on Earnings Revisions and the Estimated Cost of Capital," *Review of Accounting Studies* 9 (2004): 337-356.

Jensen, Michael C., William H. Meckling, "Theory of the Firm: Managerial Behavior, Agency Costs and Ownership Structure," *Journal of Financial Economics* 3 (1976): 305-360.

Jensen, Michael C., "The Modern Industrial Revolution, Exit, and the Failure of Internal Control Systems," *The Journal of Finance* 48 (1993): 831-880.

Kinney Jr., William R., Linda S. McDaniel, "Characteristics of Firms Correcting Previously Reported Quarterly Earnings," *Journal of Accounting and Economics* 11 (1989): 71-93.

Kinney Jr., William R., Zoe-Vonna Palmrose, and Susan Scholz, "Auditor Independence, Non-Audit Services, and Restatements: Was the U. S. Government Right?" *Journal of Accounting Research* 42 (2004): 561-588.

Kinney Jr., William R., "Auditor Independence and Non-Audit Services: What do Restatements Suggest?" *Working Paper*, 2003.

Kothari, S. P, "Capital Markets Research in Accounting," *Journal of Accounting and Economics* 31 (2001): 105-231.

Kravet, Todd, Terry Shevlin, "Accounting Restatements and Information

Risk," *Review of Accounting Studies* 15 (2010): 264-294.

Krishnan Gopal V., Gnanakumar Visvanathan, "Reporting Internal Control Deficiencies in the Post-Sabanes-Oxley Era: The Role of Auditors and Corporate Governance," *International Journal of Auditing* 11 (2007): 73-90.

Krishnan, Jagan, Jayanthi Krishnan, and Ray G. Stephens, "The Simultaneous Relation between Auditor Switching and Audit Opinion," *Journal of Accounting and Public Policy* 26 (1996): 224-236.

Li, Oliver Zhen, Yuan Zhang, "Financial Restatement Announcements and Insider Trading," *Working Paper*, 2006.

Lichtenstein, Sarah, Paul Slovic, "Reversals of Preference between Bids and Choices in Gambling Decisions," *Journal of Experimental Psychology* 89 (1971): 46-55.

Lipton, Martin, Jay W. Lorsch, "A Modest Proposal for Improved Corporate Governance," *Business Lawyer* 48 (1992): 59-77.

Mamun, Md Al., Balasingham Balachandran, and Huu Nhan Duong, "Powerful CEOs and Stock Price Crash Risk," *Journal of Corporate Finance* 62 (2020).

Mande, Vivek, Myungsoo Son, "Do Financial Restatements Lead to Auditor Changes?" *Auditing: A Journal of Practice & Theory* 32 (2013): 119-145.

Mautz, R. K., Hussein A. Sharaf, *The Philosophy of Auditing* (Sarasota, Fla.: American Accounting Association, 1961).

McMullen, Dorothy A., "Audit Committee Performance: An Investigation of the Consequences Associated with Audit Committees," *Auditing: A Journal of Practice & Theory* 16 (1996): 87-103.

McNicholes, Maureen, G. Peter Wilson, "Evidence of Earnings Management from the Provision for Bad Debts," *Journal of Accounting Research* 26 (1988): 1-31.

Merton, Robert C., "A Simple Model of Capital Market Equilibrium with Incomplete Information," *Journal of Finance* 42 (1987): 483-510.

Moriarty, George B., Philip B. Livingston, "Quantitative Measures of the Quality of Financial Reporting," *Financial Executive* 17 (2001): 53-56.

Murcia, Feernando D. R., Jose Alonso Borba, and Newton Amaral, "Financial Report Restatements: Evidences from the Brazilian Financial Market," *Working Paper*, 2005.

Myers, James N., Linda A. Myers, and Thomas C. Omer, "Exploring the Term of the Auditor-Client Relationship and the Quality of Earnings: A Case for Mandatory Auditor Rotation?" *The Accounting Review* 78 (2003): 779-799.

Myers, James N., Linda A. Myers, Zoe-Vonna Palmrose, and Susan Scholz, "Mandatory Auditor Rotation: Evidence from Restatements," *Working Paper*, 2004.

Oradi, Javad, Javad Izadi, "Audit Committee Gender Diversity and Financial Reporting: Evidence from Restatements," *Managerial Auditing Journal* 35 (2019): 67-92.

Palmrose, Zoe-Vonna, Susan Scholz, "Restated Financial Statements and Auditor Litigation," *Working Paper*, 2000.

Palmrose, Zoe-Vonna, Susan Scholz, "The Circumstance and Legal Consequences of Non-GAAP Reporting: Evidence from Restatements," *Contemporary Accounting Research* 21 (2004): 139-180.

Palmrose, Zoe-Vonna, Vernon J. Richardson, and Susan Scholz, "Determinants of Market Reactions to Restatement Announcements," *Journal of Accounting and Economics* 37 (2004): 59-89.

Porta, Rafael La, Florencio Lopez-de-Silanes, and Andrei Shleifer, "Corporate Ownership around the World," *Journal of Finance* 54 (1999): 471-517.

Raghunandan, Kannan, William J. Read, and Scott Whisenant, "Initial Evidence on the Association between Non-Audit Fees and Restated Financial Statements," *Accounting Horizons* 17 (2003): 223-234.

Rice, Sarah C., David P. Weber, "How Effective Is Internal Control

Reporting under SOX 404? Determinants of the （Non－）Disclosure of Existing Material Weaknesses," *Journal of Accounting Research* 50 （2012）: 811-843.

Richardson, Scott, Irem Tuna, and Min Wu, "Predicting Earnings Management: The Case of Earnings Restatements," *Working Paper*, 2002.

Robinson, H. W., *A History of Accountants in Ireland* （Ireland: Institute of Chartered Accountants, 1964）.

Scholz, Susan, "The Changing Nature and Consequences of Public Company Financial Restatements," *The Department of the Treasury Reporting*, 2008.

Shleifer, Andrei, Robert W. Vishny, "Large Shareholders and Corporate Control," *Journal of Political Economics* 94 （1986）: 461-488.

Simunic, D. A., M. T. Stein, "The Impact of Litigation Risk on Audit Pricing: A Review of the Economics and the Evidence," *Auditing: A Journal of Practice & Theory* 15 （1996）: 119-134.

Srinivasan, Suraj, "Consequences of Financial Reporting Failure for Outside Directors: Evidence from Accounting Restatements and Audit Committee Members," *Journal of Accounting Research* 43 （2005）: 291-334.

Stanley, Jonathan D., F. Todd DeZoort, "Audit Firm Tenure and Financial Restatements: An Analysis of Industry Specialization and Fee Effects," *Journal of Accounting and Public Policy* 26 （2007）: 131-159.

Tversky, Amos, Daniel Kahneman, "Judgment under Uncertainty: Heuristics and Biases," *Science* 185 （1974）: 1124-1131.

Vafeas, Nikos, "Board Meeting Frequency and Firm Performance," *Journal of Financial Economics* 53 （1999）: 113-142.

Wang, Ya Fang, Hung Chao Yu, "Do Restatements Really Increase Substantially after the SOX? How does the Stock Market React to Them?" *Social Science Electronic Publishing*, 2008.

Watts, Ross Leslie, Jerold L. Zimmerman, "Agency Problems, Auditing, and the Theory of the Firm: Some Evidence," *The Journal of Law and Economics*

26 (1983): 613-633.

Williamson, Oliver E., "Corporate Governance," *Yale Law Journal* 93 (1984): 1197-1230.

Wright, D. W., "Evidence on the Relation Corporate Governance Characteristics and the Quality of Financial Reporting," *Working Paper*, 1996.

Wu, Min, *Earnings Restatements: A Capital Market Perspective* (Ph. D. diss., New York University, 2002).

Yermack, David, "Higher Market Valuation of Companies with a Small Board of Directors," *Journal of Financial Economics* 40 (1996): 185-211.

图书在版编目（CIP）数据

上市公司财务报表重述：预防与发现 / 佘晓燕著
. -- 北京：社会科学文献出版社，2022.1
（云南省哲学社会科学创新团队成果文库）
ISBN 978-7-5201-9522-5

Ⅰ.①上… Ⅱ.①佘… Ⅲ.①上市公司-会计报表-
会计分析-研究 Ⅳ.①F276.6

中国版本图书馆 CIP 数据核字（2021）第 274324 号

云南省哲学社会科学创新团队成果文库
上市公司财务报表重述：预防与发现

著　　者 / 佘晓燕

出 版 人 / 王利民
组稿编辑 / 宋月华
责任编辑 / 袁卫华
文稿编辑 / 陈丽丽
责任印制 / 王京美

出　　版 / 社会科学文献出版社·人文分社（010）59367215
　　　　　地址：北京市北三环中路甲 29 号院华龙大厦　邮编：100029
　　　　　网址：www.ssap.com.cn
发　　行 / 市场营销中心（010）59367081　59367083
印　　装 / 唐山玺诚印务有限公司

规　　格 / 开　本：787mm×1092mm　1/16
　　　　　印　张：19.25　字　数：303 千字
版　　次 / 2022 年 1 月第 1 版　2022 年 1 月第 1 次印刷
书　　号 / ISBN 978-7-5201-9522-5
定　　价 / 148.00 元